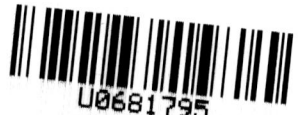

中国社会科学院老年学者文库

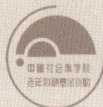

中国社会科学院老年科研基金资助

中国社会科学院老年学者文库

满族杨关赵三姓民间文本译注

宋和平 高荷红/译注

社会科学文献出版社
SOCIAL SCIENCES ACADEMIC PRESS (CHINA)

前　言

一

满族同我国及世界其他民族一样，在民族的发生、发展、壮大的历史过程中，创造和积累了雄厚的物质和精神文化的宝贵财富。满族在其深厚的文化底蕴中，用满文书写记录了大量民间萨满文本。这是人类世界文化中的奇葩，已被世界学者所重视。

1981 年初中国社会科学院民族文学研究所（前称少数民族文学研究所）建所不久，由富育光先生（当时借调在民族文学所主持科研工作）建议，经贾芝先生批准，召开了中国第一次萨满文化座谈会。黑龙江省宁安市满族故事家傅英仁，吉林省艺术研究院、吉林省三套丛书集成办公室主任、满族音乐家石光伟，偕同吉林省九台市的三位萨满①受邀来所，参加了萨满文化座谈会。会议期间石光伟先生将自己家族所藏及他所搜集到的 20 多部满族民间满文文本（有原件和复印件）送给本所。这批文本给懂满文、想研究满族民族文化的笔者极大的决心和勇气。贾芝先生也非常重视这批民间文本资料。他指出："我把这一活动，作为研究民族文学的重要着手点

① 即吉林省小韩乡石青山（萨满）、石清泉（族长兼助手）、石清民（老扎哩）三位萨满，现已离世。

之一。”他认为这些文本和这次活动“对探讨、研究民族文学和宗教的关系，及表演艺术的起源异常重要”。[①] 他为某些领域中的研究指明了方向，对这批满族民间文本也给予极大的肯定。这批民间文本就有我们译注出版的杨关赵（希林赵姓）三姓四种文本，其中杨姓有两种。

20 世纪 80 年代初，笔者所得到的民间文本中，杨姓文本共四种，即杨宪本，《芳裕堂记》文本，杨姓《十三篇》[②] 文本，《满语词汇》文本（也叫“栽立本”）。这些文本以保存文本者的姓名，或所居住之地，为区别文本种类而定。

第一，杨宪本是杨宪书写的文本。尹郁山等人认为：“此本是个兼容并包的综合文本，所以断定是母本”，并“推论是最早的汉字转写蓝本”。因此“杨宪本既可为萨满使用，也可为栽立使用”。[③] 此文本内容丰富、全面，篇目最多，是传承满族文化的宝贵财富，难得的文化遗产。

第二，《芳裕堂记》文本。《满族杨姓萨满祭祀神歌比较研究》指出，此文本与杨姓家族大萨满杨世昌（今已故）无关，其校写人“在屯中立过学堂，当过私塾先生，因为堂号叫‘芳裕堂’，故将他（杨凤九，懂满语）的萨满文本，称为‘芳裕堂记’”。

笔者曾将《芳裕堂记》文本和杨宪文本全部译注过，但因多次搬家已经遗失，现只将当时出版的《满族萨满文本研究》[④]（以下简称《文本研究》）一书中的《芳裕堂记》译文收入本书。

第三，杨姓《十三篇》文本。《满族杨姓萨满祭祀神歌比较研究》

① 宋和平译注《满族萨满神歌译注》，社会科学文献出版社，1993，“序”第 6 页。
② 《十三篇》得名是因为在此文本中使作了 1、2、3……13，即用数字明确标明“十三腓力”，“腓力”为满语，汉语为“篇”之意，所以称为《十三篇》文本。
③ 尹郁山、孙明、王姝编著：《满族杨姓萨满祭祀神歌比较研究》，吉林文史出版社，2011。
④ 宋和平、孟慧英：《满族萨满文本研究》，台湾“中华发展基金管理委员会”，五南图书出版公司，1997。

将其称为《十三匹（腓力）本》，即《十三篇》文本。该文本内容简单，但保留了祭祀仪式、神灵等，是一种概述性的文本。

第四，《满语词汇》文本。封面上写有“杨姓栽立本”，此本专为助手学习满语而用。

以上四种杨姓民间文本中，杨宪本和《十三篇》文本。被《满族民间萨满神书集成》[①] 一书编入。

《芳裕堂记》文本，据说只有复印件了，原文本不知去处。笔者将此文本，连同杨宪本等的“译注”编在一起，将此珍贵民族文化遗产保存下来。

现今出版问世的关姓民间文本，共有五册[②]，吉林省永吉县乌拉街韩屯村萨满关柏榕（今已故）将这些文本赠给石光伟，石光伟转赠我所。其中的关裕峰本，题有“敬仪神书　关裕峰氏　中华民国十七年正月”。该文本共有九页九篇萨满神歌，在第九篇神歌后有十二个月和十二属相等满语词语。

也是在座谈会上，与会者将赵姓民间文本赠予本所。文本封面写有“满语神谱”；第二页写有：“吉林省永吉县土城子公社渔楼大队五队杨宗哲”。内容包括“满语神谱”，朝一五位、晚二九位、夜三九位神灵；还有“换锁”和“祭祀天地”的内容，最后为简单满语词汇。

以上是《满族杨关赵三姓民间文本译注》一书所收四种文本大概的情况。

二

这些萨满文本，使用的满语为新满语。萨满文本应在 1632 年后产

① 富育光、张学慧主编《满族民间萨满神书集成》（上、下卷），吉林人民出版社，2011。
② 参见宋和平、孟慧英《满族萨满文本研究》，第 49 页。

生，迄今有三百多年的历史。当下，我们搜集到的萨满文本大多数为汉字转写的满语。清中期以后满文逐渐衰落，即使是满族人，懂得满文的人也越来越少。其转写时间大概为清代后期，迄今也有上百年历史了。《满族民间萨满神书集成》中近百篇萨满文本，几十个满族姓氏的文本，多数为汉字转写满文，内容有其历史价值。

为谋求自身生存和发展，满族先人拜天祭地求祖先保佑，产生了以万物有灵为思想基础、以萨满昏迷术为表现形式、以祭祀祝祷为主的萨满文化。它是一种地方性、民族性和历史性很强的原始文化习俗，至今在东北地区仍有所遗留，它是人类历史发展、文化传承的足迹、社会生活经验的总结，以及认识自然与人类相互关系的体验。

满族的萨满文化，包括以动物崇拜为主要内容的野神祭祀和以祖先崇拜为主要内容的家神祭祀。“家神祭祀是百神合祭，大神祭祀是单神单祭。”乾隆朝废除了以动物崇拜为内容的野神祭祀，代之以祭祀祖先神灵为主要内容的家神祭祀。《满族杨关赵三姓民间文本译注》中，关赵两姓就是典型的家神祭祀。关姓神谱共列 20 位神，赵姓神谱共列 26 位神。除了应祭祀的祖先神外即妈妈、玛法、师傅、瞒尼等神，两姓还祭祀野神（动物神），如鹰、雕、熊、马等。植物神柳枝祖母，是作为祖先神祭祀的。关赵两姓萨满神歌充分体现了百神合祭，而赵姓“朝一”祭祀神歌仅有仪式，不提及神灵。

与关赵两姓不同，杨姓民间文本内容除领牲篇、宴请神灵篇、送神篇以及准备祭器篇等仪式篇外，大部分篇目都是专神专篇。灶神、三大金佛神、瞒尼神、玛克鸡瞒尼，鹰、雕、虎、金钱豹等动物神，奥莫西妈妈等，都是一位神一篇神歌。这种单神祭祀神歌，都明确诵出神的特性、住处等，还有仪式内容。我们认为萨满祭祀原本不分野神祭祀和家神祭祀，只是随着社会发展文明程度的提高，崇拜动植物的部分内容逐渐被淘汰。

杨姓两种文本内容中，野神（即大神）和家神祭祀有两点不同。

其一，野神祭祀一定有萨满昏迷术，即神灵附体。杨宪文本第二十一篇“宴请不可他瞒尼神”中，神歌诵述“乞请聚于萨满之首，负于萨满之肩，集附在萨满腰里，降附于萨满之身”。有的篇目还诵述了萨满“头戴九只喜鹊神帽”，萨满附体的装束等。

其二，野神祭祀活动有舞蹈表演。杨宪文本第二十篇中，萨满“用白肉片”喂养金雕神；第二十四篇“宴请九庹蟒神”中，萨满跳动着、扭动着，手扶着金色、银色、钢铁马叉降临。

满族的野神和家神祭祀的区别在于萨满跳神中有无昏迷术，有昏迷术的为野神祭祀。萨满狂呼跳动，要表演各种舞蹈动作，如鹰飞、虎啸、爬行、蠕动、刺杀等模拟动作。家神祭祀时，萨满只是执鼓、穿上家神服装，在神坛前甩动腰铃、跳动，或走棱子步。

三

时至今日，在祖国边陲之地和深山僻野，仍有萨满祭祀活动，但大都以祭祀祖先为主。满族的野神和家神祭祀文本，已屈指可数。因此杨姓文本能将全部野神和家神祭祀文本保存下来，实属不易，难能可贵。

萨满文化的核心内容是神灵崇拜，祭祀仪式为神灵崇拜服务。我们将杨姓民间文本出现的民间神灵简述如下。

杨宪本和《芳裕堂记》文本内容相同，但简繁有别，神灵数量不同。我们将两个文本中的神灵合在一起，统一编入“杨姓神谱”，“杨姓神谱”以杨宪本的神灵为主，收入《芳裕堂记》文本中的全部神灵，对神灵不同者加以注明。该神谱共有 69 位神，包括动植物神、瞒尼神、师傅神和祖先神等，还有 53 位星神。

杨姓民间文本中出现的神灵可分为十类：

（1）森林文化神（林海神） （2）狩猎神
（3）战神 （4）女神
（5）动植物神 （6）瞒尼神
（7）氏族部落神 （8）文化艺术舞蹈神
（9）宇宙自然神 （10）香火神

1. 森林文化神（林海神）

《芳裕堂记》文本第十一篇和第十七篇中的“杀克窝出库”和“那大他拉”神，即是此类神灵。

需特别说明的是，满族民间文本使用的满语，虽是皇太极以后的规范化新满语，但其语法不规范也不正确，尤其是满语词汇的单词中，丢音、加音节、音节颠倒的现象很普遍。《芳裕堂记》文本的“杀克窝出库”中的“杀克”一词，应为“杀克色莫”（šake seme），在《清文总汇》中解释为:“凡树等物端、直、高而密密生的。”[①]《简明满汉辞典》中解释为“枝叶茂密状”。[②]总之，文本中的“杀克”，应译为“茂密森林”。文本的“窝出库”为“神主”，所以“杀克窝出库”应为“密林神主”，为森林神。

众所周知，蟒蛇多在大森林中生活。这篇神歌提到九庹蟒神，足以说明森林的广大和茂密。

“那大他拉”，“那”（na）为“地”，“大”（da）为“原、始”等。“他拉”（tala），《清文总汇》中解释为“野地有路者，野道”，[③]《简明满汉辞典》解释为“山野小路”，[④]总之是荒山野岭中的小路。所以，“那大他拉”应译为“原始古道荒野路神”。

---

① 《清文总汇》，光绪丁酉季夏新镌，板存荆州驻防翻译总学，卷六，第三十六页，全书第150页。

② 刘厚生、关克笑、沈薇、牛建强:《简明满汉辞典》，河南大学出版社，1988，第353页。

③ 《清文总汇》，卷七，第三页，全书第159页。

④ 刘厚生、关克笑、沈薇、牛建强:《简明满汉辞典》，第368页。

满族先人认为“万物皆有灵”，一个满语词后面若有“恩都立、玛法、妈妈、师傅、卧车库”等词语，该词语就意指一位神灵。神灵是否得到崇拜还要观其文本中上下文内容而定。“那大他拉用”独立成文，说明满族先人对“那大他拉”的重视，视之为神灵。其中“用”是汉语，此篇目是满汉兼用，在祭祀“原始古道荒野路神”时诵唱。

该篇神歌中，重点描述了“岸八他拉”（amba tala）的情景。“岸八他拉”直译为“大路”，笔者译为“旷野之路”，实际指满族先人打猎的环境“林海”。林海“如同飘带一样”“层层蠕动”，那蠕动声“如同铜铃声”，“跳动着”“摇摆着”。

2. 狩猎神

原始时代的满族先人过着狩猎生活，原始信仰中自然少不了狩猎神。

木兰神是狩猎神，杨宪本第一篇神歌为“宴请群居木兰之地的神灵、神主之篇”，此处主要指宴请“木兰神”。“木兰”原为“哨鹿”或“哨鹿围”，随着满族社会的发展，“木兰”变化为狩猎和围场的代名词。

杨宪本中的“木立木立干”（morin mergen），直译为“马的智贤者”，或“擅长骑马的猎人”，应指与养马、驯马、护马、狩猎相关的英雄或智者，所以“木立木立干”为“牧养马群的莫尔根（英雄）”。

杨宪本中的“舒穆鲁海东青”“海东青”为一种鸟，是满族先人狩猎时不可缺少的得力助手，满族先人有一套很规范、传统的驯练海东青捕猎的方法，“海东青”自然成了满族先人的信仰崇拜对象。

3. 战神

满族在氏族、部落时期，不知经过了多少次战争，才形成了部落联盟，所以在各个氏族历史上，都有特有的、独特的战神形象。此处仅探讨杨姓民间文本出现的战神。“朱垒哭兰”（julen kūwaran），译为“古代兵营神”。它与石姓等的“撮哈占爷”和“山眼玛法”等，有同样的含义。瞒尼神也是战神，如“按木巴瞒尼神”是武艺高强之战神。

4. 女神

相较口耳相传的神歌，满族民间萨满文本要稳定、可信，因此在文本中保留了较多的原始内容。杨宪文本的第六篇“排神”中，有“押亲哭论娘克处恨”（yacin gurun nekcute），“押亲”在《清文总汇》中解释为“圆青即乌青也，元青，皂青”[①]，实为“黑瞎”之义，“哭论”为国家之“国”或是“部落”。结合文本内容，“哭论”（gurun）既不是“国家”，也不是“部落”之义，应指原始先人们住的“洞穴”。此神应为“洞穴中舅母神”。这是一位母系氏族社会时期，主导氏族社会的女神。

还有“属蛇的祖母神”“属猴的靠得住的祖母神”“属兔的祖母神”“属猴的善于祭祀的祖母神”“顶针祖母”“柳枝祖母”等十来位女神。这些女神有擅长祭祀的，有氏族部落首领保护神，还有技术和医学神等。其中，“说勒库妈妈”（sorko mama）译为“顶针祖母”，此神专司神歌祭祀。神歌描写她为“矮心汤木秃七瓦卡说勒库妈妈”（aisin tangkitu ci waka sorko mama），译为“砍杀出金色疙瘩的祖母神”，据说此女神“善于扎古（医治）天花”[②]疾病者。“附多活妈妈”（fodoho mama），译为“柳树祖母”；“色四库妈妈”（soriku mama），译为“索利杀祖母”；“奥莫西妈妈”（omosi mama），译为“众子孙祖母”，是求子孙兴旺的保护女神。

---

① 《清文总汇》，卷七，第36页，全书第247页。
② 参见尹郁山、孙明、王姝编著《满族杨姓萨满祭祀神歌比较研究》，第140页。

5. 动植物神

历史上，作为狩猎民族的满族先人，尤其是东海女真人的后裔，在长时期与动物的交往中，不仅对动物了解透彻，而且产生了深厚情感。

满族先人崇拜的动物神，首先是虎神、野猪神、金钱豹神、大小兴安岭森林中的蟒蛇神，神歌中有专篇诵述。他们对鹰、雕，竟有四种称谓：一是展翅而飞的首雕神 [达其瞎莫多西哈打拉哈呆民（dasihime dosiha dalaha damin）]；二是飞于架上的安楚河鹰神 [阿押莫瓦西哈安楚勒交浑（ayame wasika ancuri giyahun）]；三是行走的金雕神 [押不勒爱心呆民（yabure aisin damin）]；四是圆满功能天鹅佛爷 [嘎尔干托你嘎勒佛也（gargan tongki garu fucihi）]。文中对它们的功能都有不同的描写，专篇专文的诵唱。《芳裕堂记》文本中记述首雕神："展翅遮日月，翘尾可捞到九海之物。"

杨宪文本的鹰神（或是雕神）有特殊的功能，可"赴阴取魂，回到阳间劈棺破腹，使人复活"。

6. 瞒尼神

瞒尼神是被满族民间广泛崇拜祭祀的一类神灵，它们很有民族特色，能代表民族特性。其中有满族古代英雄神。

战斗英雄神管理氏族部落，他们开地、挖地和筑造地窖，狩猎、养马、牧马、骑射，是有技术和文化的英雄。有时瞒尼神和莫尔根（智贤者）是同义词。杨姓民间文本中有七十岁、九十岁、驼背、哑巴、瘸腿和舞蹈瞒尼，其中"乌尖西瞒尼"和"七十岁瞒尼"值得分析。

乌尖西瞒尼（ulgiyen manni），译为"猪瞒尼"。据调查一位智贤者用经过特殊方法炮制的猪皮记录了人类的劳动知识，被后人崇拜而祭祀为猪瞒尼。

"七十岁瞒尼"的全称为"那泊都鸡勒那旦朱瞒尼"（na be tucire

nadanju manni)，直译为“让土地长出（禾苗等物）的七十岁的英雄”。《满族杨氏萨满祭祀神歌比较研究》中说他是“主管家族土地和财产的祖先英雄神”。

7. 氏族部落神

这一类神灵多为祖先神灵，共有 39 位，其中不少是有着各种生产技能、工艺技能、文化艺术技能和颇有智慧的老萨满。他们都是以属相和技能来区分的氏族、部落神。

人类社会早期社会分工不明确，各种技能、艺术人才因氏族部落社会的需要脱颖而出。在氏族部落神中，这些神灵通常是氏族长或部落长，或是神通广大救民于水火之中的萨满，更是掌握各种生产技能，如狩猎、养马、驯马，或知晓天文地理、宇宙万物的智者。39 位氏族、部落神中，竟有 17 位是师傅神。杨姓神灵崇拜就是以祖先神为核心的。

8. 文化艺术舞蹈神

民间信仰萨满，原本就需要跳跃和舞蹈。远古时期氏族、部落之间发生战争，都以萨满比武也就是以跳神分胜负，如跑火池、上刀山、走木桩、手指穿石板等。[①] 这种原始舞蹈艺术，被满族先人融为一体，体现在满族各姓氏都崇拜并祭祀的“玛克鸡瞒尼”（maksi manni）身上，杨宪文本和《芳裕堂记》文本中都有专篇诵述该神。凡有大神祭祀的满族各姓氏，都有专篇讲述“玛克鸡瞒尼”祭祀，可见他在满族原始信仰中的重要性。

9. 宇宙自然神

杨姓文本中宇宙自然神数量颇多，神歌内容丰富。

---

① 参见傅英仁讲述，宋和平、王松林整理《东海窝集传》，时代文艺出版社，1999。

首先是星神，杨宪本第三十七篇“宴请星神”中竟列出53位，有七星、北辰星、太白星、三尖星、室火猪星、奎木狼星、人星、牵牛星、织女星等。

其次是天神，天神祭祀是满族民间普遍祭祀的家神。杨宪本中第三十五篇，《芳裕堂记》文本中第十五篇，两种民间文本对天神的称谓相同，但有时也因祭祀情况的不同有着不同的称谓：杨宪本的“按八阿不卡”（amba abka）为“大天”；“登阿不卡”（den abka）为“高天”；“阿不卡寒”（abka han）为“天汗”。在《芳裕堂记》文本中汉字转写的神歌有翻译，即满文旁有汉字注明汉义，对后两种天神称谓为“四方天”和“天主”。

宇宙神灵中，还应提及商尖妈法和书可得立佛也两位神。

商尖妈法在杨宪本第三十三篇“宴请堂子神主”中出现。神歌为“商尖妈法是在祥云第九层天界神灵中降临受祭”。可以说“商尖妈法”是天上第九层的一位神灵，也就是“九层天神”。满族的乌苏关姓也有“尚（商）尖妈法”，文本对此神灵诵述得更清楚：“在散布着白云，飘浮着青云的空中，栖息着尚尖妈法”，应是“九层天神”或“云雾神”。

《重订满洲祭神祭天典礼》① 第一卷明确指出：“乾隆十四年谕，堂子之祭，乃我朝先代，循用通礼，所祭之神，即天神也。”“九层天神”应为“天神”中的成员，“堂子祭”主要是祭祀“天神”。杨姓文本中的“商尖妈法”应为“云雾神”或是“九层天神”。富育光认为是“白山主”神，也有一定道理，因为“商尖”可理解为“沙延”一词，即“白色”之义。

“书可得立佛也”由“书克敦”（sukdun）一词变化而来，《清文总汇》中解释为“气，乃天地人万物山川皆有，有声无声皆为气也”，“气”充满了宇宙万物。“书克敦”为“气”的单数，被满族先人认为是“吉祥”之气。《满语语法》② 中指出：“在指人名词的词干上缀以固定

① 《重订满洲祭神祭天典礼》，“康德”二年九月，薑园精舍刊行，第32页。

② 季永海、刘景宪、屈六生：《满语语法》，民族出版社，1986，第113页。

成分 si、ri 即构成该词的复数形式。”在“书克敦”的词干上缀以“ri”，便成了“书可得立”（sukduri），同样为“气”之义。所以，“书可得立”是“书克敦”一词的复数。

杨姓两种文本内容，对“书可得立”的记述有三种形式。

（1）在杨宪本第六篇“排神”中，已经将“书可得立”人格化了，作为神灵出现，即“书可得立佛也所立木”（sukduri fucihi solime），译为“宴请书可得立佛爷”，把他作为“佛爷”而崇拜。

（2）杨宪本第二篇中“书可得立敖木子非打笔”（sukduri amsun faidambi），译为“书可得立前供献了祭肉”，作为人格化的神灵祭祀。

（3）杨宪本第八篇中“那泊书可得立那拉浑先出”（na ba sukduri narhūn hiyan ci），译为“从地上升起的书可得立细香神”，香火神也是神灵。

前三种形式中“书可得立”，都是作为“神灵”而被崇拜祭祀。在原始先人看来，他们是神秘莫测的，值得畏惧和尊重，崇拜祭祀“书可得立”即可吉祥如意。笔者向富育光请教，他说：“‘书可得立’是一位瞒尼神，他能治病，治疗气血不通、头晕、头疼之病。”其正如中医所说“痛者不通，通者不痛”。

作为宇宙间的“吉祥气”对人身体健康有着保护作用，“书克敦”就不能作为神灵祭祀。杨宪本中“书克敦泊萨里搂”（sukdun bo salire），译为“承受着上气（吉祥气）”，此处就不是神灵了。什么时候是“神灵”，什么时候是“上气”，需观其上下文而酌定。不管是“上气”，还是作为“神灵”，它们都可用“吉祥如意”之气来概括。

10. 香火神

“香火”是人类与宇宙、天界神灵沟通的原始的、迄今仍存在的最佳物品，满族民间文本中表现很普遍，在杨姓两种文本中都有体现。

杨宪本第八篇为“从天而降的大香火神”。同篇又有“从地上升起的书可得立细香火神”。从天上降临的或从地上升起的香火，都与宇宙、气象有关，与“书可得立佛爷神”有着密切联系，是“吉祥如意”之气，如神灵一样保护着人们。

在满族其他姓氏的民间文本中，常出现的“香火”，是“纳尔浑先出”，或是“安春先”，如黑龙江省希林赵姓和舒穆鲁氏[①]民间文本所述“安春先”和“年祈香”，即“七里香火”神，郎姓文本中“纳尔浑先出”即细香火神，舒穆鲁氏文本的“那尔库先出”也是细香火神，杨氏赵的“那呀唔恩都立”也指细香火神，不管汉字如何转写，都是同一种香火神。

我们在调查萨满文本时，傅英仁明确指出“掌香案神”即掌管神案上的香火，就是“香火神”。

杨姓两种文本包括星神共有 121 位神灵，可称得上是“百神堂”。

四

就内容而言，杨姓民间文本有以下特点。

1. 充分表现原始古朴的东海文化

历史上的东海女真人，常将“吉林省以东的日本海”称为“东海”[②]。笔者在东北三省民俗调查时，常听说杨姓祭祀“先拜东，后拜西”，祭祀猪也是放东不放西，尹郁山等人在《满族杨姓萨满祭祀神歌比较研究》中明确指出，“东海文化之特征”为“先拜东海，后拜西墙”“杀猪在‘院东’，不在‘院中’”等[③]。

东海文化的另一表现是“木兰”在杨姓文本中的多次出现。“木

① 参见宋和平、孟慧英《满族萨满文本研究》，第 139、173 页。
② 参见尹郁山、孙明、王姝编著《满族杨姓萨满祭祀神歌比较研究》，第 13、14 页。
③ 参见尹郁山、孙明、王姝编著《满族杨姓萨满祭祀神歌比较研究》，第 13、14 页。

兰”是满族先人原始狩猎的方式之一。屈六生讲：“‘木兰’为哨鹿，是猎人穿着鹿皮衣服，学着鹿叫声而狩猎。”又说：“早期民间用‘木兰’一词，后来成了皇家狩猎的专用名词。”看来杨姓民间文本确是比较原始古朴的，所以“木兰”一词既指“狩猎”活动，也含有“围场”之地的意思。

杨姓文本中的原始古朴还表现在对“书可得立”神的人格化，属于满族先人对宇宙万物的认识范畴。

杨姓文本中对原始神的记述上，也颇为古朴。如洞穴众舅母神、密林深处神、荒野林海神、古代兵营神、古代师傅神、古代先知先觉神等，祭祀时用“整木槽盆，整猪献牲”等。

2. 充分体现了人性化特点

在《芳裕堂记》文本中，宴请鹰神、熊神时，叮嘱诸神，“首要是防备不好之人，设下的马尾套子”；又叮嘱瘸腿瞒尼“多活罗瞒尼，请避开宽广的田野，躲开高高的大山”。这些富有关怀爱护精神的话语，充分表现了人神之间的密切关系。

3. 充分表现了满族先人的虔诚之心

这种虔诚心态，在满族祭祖、敬天中，表现得特别真实。首先表明自己是纯真的满族某姓氏的后代，杨姓除了用“你妈叉哈拉”（nimaca hala）杨姓表示外，还用了一个满语词语“中己”[中吉（jingkini）]，此词在《清文总汇》中，解释为“切实，正项之正，正副之正”，可以理解为“切实、真实”，用“中己”一词表明是纯真的杨姓，还是“骨肉清洁”杨姓的后代。其次是表示虔诚细心地准备祭品，“连同茸毛也脱落除掉”，且将摆件猪放在“整木槽盆中”敬献。

在满族近百篇民间萨满文本中，有大神和家神祭祀的不多。杨姓民间文本中完全保留下大神和家神祭祀内容，原始古朴，资料稀有珍贵。

五

满族民间文本为民间文学的范畴，文本中的内容、形式随时间、地域、讲述人而变化，有时同一个人讲述，同一个人录写文本内容，在不同时间和地域，也有着不同变化。满族民间文本的汉字转写满语更是如此，变异很大。民间文本内容都是为萨满跳神时所用，即兴因素很多，这也是变异性大的原因。

杨姓文本中有两个满语词语需要加以说明，一个是“得不嫩恶真”（debren ejen），另一个是“彪根”“倍根”等。

1.“得不嫩恶真”译为“崽子主人”

有时前边又加“阿鸡歌”（ajige），为“小崽子主人”。但是“得不嫩恶真”不能译为“主人”，应是“小崽子主祭萨满”，因为此时的萨满是大萨满，即大神。如杨姓文本第十一篇神歌中“主祭萨满头戴九只喜鹊的神帽”，“聚于萨满之首，附于萨满之肩，集聚萨满腰里”。此时的主祭萨满就进入昏迷、神灵附身的状态了，所以，应为主祭萨满。

杨姓文本中还有只在“宴请灶神”篇中出现的“尊一 恶真”（jun i ejen），此处应为“灶神”，“恶真”即引申为“神灵”。总之，“恶真”的汉意随文本内容而定。

2.“彪根”“表根”“倍根”“贝棍”等，语音虽相近，但汉语意义并不相同

杨姓文本都是用汉字转写的满语，用方块形的汉字准确地转写拼音式的满文是一件难事，有些很难避免出现汉语转满语的词汇相同或相似的情况。

“彪根”与“贝棍”等词，在文本中只是一个词语，即“彪根”（boigoji），笔者大都译成“主家”，把“贝棍”（mukūn）大都译为“宗

族之族、帮、群伙”，即“家族”。

作为民间信仰的萨满文化是原始古老的，以万物皆有灵的思想表现在人类早期氏族社会，氏族长、萨满、助手以及生产中有技术、有文化的人物都聚为一身，所以前面所述“主家”、“家族”或是“宗族”，具体是什么人物，文本译注中都有注释，此处不赘述。

满族民间文化中，民族传承文化的文本应是重要文献之一，当然满族说部也应是民间文化传承的重要内容。杨姓文本在民间萨满文化中的重要性，在于它能全方位反映满族先人的社会、生产、生活及其精神生活、宇宙观念、审美艺术思想的方方面面，还在于它对大神、家神全部内容的呈现，在于它完整、忠实地记录在文本中。

六

本书还收录了关姓和杨氏赵姓的民间文本，虽然仅是家神祭祀，但它也有不同角度和历史层次的价值。

关、赵（杨氏赵）两姓家神祭祀特征首先表现在“百神合祭”，除祭星、背灯祭和佛多妈妈祭外，其他祭项没有单神单祭的篇目。其次，家神祭祀主要祭“祖先神”，也就是祭妈妈神（祖母神）、玛法神（祖爷神）和瞒尼神（英雄神）等。绝大部分动植物神都被历史淘汰了，动植物神作为祖先神被后人崇拜，如雕、鹰神和佛多妈妈（柳树祖母）神，都是应祭祀、受香火的祖先，只是他们都被人格化了。

在满族人的心目中，原始的萨满文化与当今的萨满文化，已相差甚远。当今的满族将祭祖、怀念先人的功绩，作为传承文化、娱人乐神的民间习俗。

满族民间保存几百年的手抄传承文本，也称萨满文本，皆属民间文学的范畴。有地域性、民族性、历史性和即兴性，所以，满族传承文本中，既有新老满文，又有地方方言土语；在汉字转写满文中，丢音、音节颠倒的现象也经常出现。本书中有三种不同字体为一组，共三行。第一行为汉字转写满文（又称“汉字记音满文”），如第一章，“杨姓民间文本译注”的“第一部分杨宪文本译注”中的“告白”一篇中“杀克打沙莫”二字满文词汇，为汉字转写满文（汉字记音满文）；第二行“sakda saman”为“拉丁文转写”，完全按照规范化的新满文注成是满学界通用转写满文文字；第三行为汉语译文，为“老萨满”。汉字转写满文时，所用汉字，此处只能作为一个音节。在汉字转写满文时所用汉字皆随各姓文本所用汉字，尤其神灵称谓更是如此。

《满族杨关赵三姓民间文本译注》采用满族流传几百年的、用汉字转写的、民间传承人用的满文记录文本，具有百科全书性质，价值很高。附录为“杨关赵”三姓四种汉字转写的满语文本。由于笔者学术浅薄，不到位之处和错误可能不少，请有识者指正。

目　录

第一章　杨姓民间文本译注

第一部分　杨宪文本译注

告　白

杀克打	沙莫	浑春	托克托不莫[①]
sakda	saman	hūncun	toktobume
老	萨满	珲春	使定
卧立何	恩都立	卧车库	得
werihe	enduri	weceku	de
留下	神灵	神主	在
卧车勒	团义笔也	必特哈	阿拉哈分
wecere	tuwambi	bithe	arahabu
祭祀	看	书	使写

---

① 民间文本因由不同人记录书写，对同一个满语词语选择使用音近的汉语表达，因此各文本间无法统一，本书中保留民间记录的原貌，不予改动。

得	波娑库	土瓦莫	土瓦其瞎莫
de	bolgo	tuwame	tuwancihiyame
在	清楚	看	端正

也可	也不哈	哈勒根	阿勒哈
yeke	yabuha	hergen	araha
唱词	行	字	写

娘们	杨宪
niyalma	yanghiyan
人	杨宪

【译文】

告白①

杨姓老萨满是从珲春迁移而来。

祭祀神灵神主之书，

校正唱词和书写之人是杨宪。

【注释】

① 这是书写在神歌前面的话。

第一篇　宴请木兰神

头	匹利
tou	fiyelen
第一	篇

木兰	德	特笔	恩都立
muran	de	tembi	enduri
木兰（哨鹿围场）	在	居住	神灵
卧出库	泊	娑立勒	乌咀笔
weceku	be	solire	ukumbi
神主	把	宴请	围聚
也嫩	你吗人	哈	得
fiyelen	mimaca	hala	de
篇	杨	姓	在
特勒	阿宁阿	哈哈	依
tere	aniyangga	haha	i
那个（东家）	属年	男人	的
恶林	得	特勒	阿宁阿
erin	de	tere	aniyangga
此时	在	他（萨满）	属年

何意	彪根	得	恩都立
ai	boigoji	de	enduri
什么	主家	在	神灵
煞颏勒涉笔	而何	太平	卧不笔
solinumbi	elhe	taifin	obumbi
众人宴请	太	平	可为
彪滚	娘们	泊	颏勒涉
boigoji	niyalma	be	solifi
主家（族人）	人	把	宴请
波滚	山因	卧不笔	巴烟
bolgo	šanyan	obumbi	bayan
清洁	白色	可为	富
波罗立	卧可多木托	说莫	卧因
bolori	okdome	seme	orin
秋	迎来	因为	二十
遂何	泊	卧罗立	街笔
suihe	be	werire	gaimbi
穗	把	留下	取
得西	遂何	泊	得勒立
dehi	suihe	be	deleri
四十	穗	把	上边（神）

书法笔	法浑	得	法立笔
šufambi	fahūn	de	falimbi
均摊	肝胆	在	交结
乌夫呼	得	乌立笔	娘们
ufuhu	de	ulimbi	niyalma
肺	在	穿	心
得	特不笔	折库	泊
de	tebumbi	jeku	be
在	放	粮食	把
搭吗笔	威勒何	折库	泊
tamambi	weilehe	jeke	be
收拾	制作	供糕	把
卧心不笔			
wesibumbi			
向上举起			

【译文】

第一篇　宴请木兰神

宴请群居木兰之地的神灵、神主之篇。

东家何属相①？

萨满何属相②？

杨姓子孙的萨满在宴请神灵，

为杨姓家族祈祷众神灵③，

为祈求太平请神，

杨姓全族人等宴请[④]，
今已是迎来了富秋之时，
精心选择了二十穗谷子，
选择了四十穗谷子，
为制作供品所用。

敬献了清洁白色祭肉，
肝、胆连结，
穿心结肺，
放入猪腔中供献神灵[⑤]。
高举祭糕敬献神灵。

【注释】

① 东家何属相：满语音转汉语为“特勒阿宁阿哈哈依恶林得”。直译为“那个男人此时属什么?”“那男人”是指主管这次萨满祭祀的“东家”。因此译为“东家何属相?”

② 萨满何属相：满语音转汉语与前一句基本相同，即“特勒阿宁阿何意”，直译为“他何属相?”其中的“他”，我们理解是“家萨满”，故译为“萨满何属相?”当然也可以有其他意思的理解，如“为何属相的人请神及为何属相的人，什么事情请神”等。

③ 为杨姓家族祈祷众神灵：满语音转汉语为“彪根得恩都立煞安勒涉笔”。直译为“主家众人宴请神灵”，其中的“主家”，音转汉语指杨姓家族全体人员都参加的祭祀活动，所以我们译为“杨姓家族请神”。

“东家何属相? 萨满何属相? 为杨姓家族请神。”三句话，下文还有如此句式。不再另注，皆为此意。

④ 杨姓全族人等宴请：满语音转汉语为“彪根娘们泊颏勒涉”，其中“彪根”即主家。

⑤ 放入猪腔中供献神灵：满族原始信仰的萨满文化中，敬献神灵，一定是整猪，即全猪献牲，也就是译文中所说的将“肝、胆连结，穿心结肺”的内脏，全部放回宰杀后的猪腔中，敬献神灵，即整猪献牲。

第二篇　祭祀仪式的供品

窄	笔也嫩
juwe	fiyelen
第二	篇

阿拉	泊	阿纳笔	阿烟
ala	be	anambi	ayan
令诉	把	逐一	大
敖木子	为勒笔	书兰	泊
amsun	weilembi	suran	be
祭肉	制作	泔水	把
遂塔笔	书可得立	敖木子	非打笔
suitambi	sukduri	amsun	faidambi
倒	气（宇宙）	祭肉	摆上
爱心	笔拉	得	阿叉不莫
aisin	bira	de	acabume
金	河	在	会合
特不哈	蒙文	笔拉	得
tebuhe	menggun	bira	de
盛了	银	河	在

木路	各涉	煞哈笔	占出浑
muru	gese	saišambi	jancuhūn
形状	各自	称赞	甜
奴勒	泊	铡卡得	多不笔
nure	be	jakade	dobombi
米酒	把	跟前	供献
哈谈	阿其	泊	寒其
hatan	arki	be	hanci
烈性	烧酒	把	跟前
多波笔	朱录	现	泊
dobombi	juru	hiyan	be
供献	朱录	香	把
朱勒立	西西笔	年其	现
juleri	sisimbi	niyanci	hiyan
前面	插入	年祈	香
泊	押罗莫	打不笔	
be	yarume	dabumbi	
把	引燃	点燃	

【译文】

第二篇　祭祀仪式的供品①

诵唱着②逐一宴请了众神灵，
敬做了大祭肉③，
在书可得立④前摆上。
从银河中取来净水，
从金河中取来清水，
淘净了神谷，
倾倒了泔水⑤。
蒸熟了供饭，
敬献神灵。
奉上米酒、烧酒，
点燃了朱录香，
引着了年祈香，
一切应供之物，摆于神坛之前，
乞请众神灵纳享。

【注释】

① 从神歌内容来看，是一篇家神神歌篇。

② 诵唱着：满语音转汉语为“阿拉”，即“令诉”，此处应是“诵唱”之意。

③ 大祭肉，满语音转汉语为“阿烟敖木子”，这里是指摆件猪或是燎毛猪。

④ 书可得立：满语音转汉语为“上气”，此处是作为神灵而用，故译为“书可得立前摆上（祭肉）”。

⑤ 泔水：满语音转汉语为“书兰”，是淘米的水。在信仰萨满教的满族人来看，敬神的一切用物，都是神圣的，淘米之泔水也不能随便倾倒之，须倒在村外清净的地方。

第三篇　宴请祖先神

衣拉其	匹也嫩
ilaci	fiyelen
第三	篇

妈法利	阿哭拉	泊	嘎鸡匹
mafari	agūra	be	gajifi
众祖先	器具	把	取来
阿林阿	打利沙哈笔	哈尊	泊
alingga	darišahambi	hajun	be
山的	经过	器械	把
嘎鸡	哈打意	阿打利	匹也打匹
gaji	hadai	adali	fiyentefi
取来	山峰顶的	相同	绕过
妈法利	朱可登	泊	朱勒利
mafari	jukten	be	juleri
众祖先	神坛	把	前面
朱可登木必	窝西浑	得	窝车木必
juktembi	wesihun	de	wecembi
祭祀	上边	在	祭祀

嗽利哈	恩都利	泊	嗽利
soliha	enduri	be	soli
宴请	神灵	把	令请
得	推不笔	胡可赊何	朱克登
de	tuibumbi	oksehe	jukten
在	背灯	忽然	神坛
泊	温得	窝心不木必	阿木孙
be	unde	wasimbumbi	amsun
把	早早	降临了	祭肉
泊	阿立楼	书克敦	泊
be	alire	sukdun	be
把	纳享	上气	把
萨里楼	敦音	活嗽	泊
salire	duin	hošo	be
承受	四	角	把
打其瞎莫	衣兰	活嗽	泊
dasihiyame	ilan	hošo	be
清除干净	三	角	把
衣其瞎莫	活水	胡图	泊
icihiyame	hūsun	hutu	be
收拾干净	力量	鬼	把

洪哭木必	乌咀	胡图	泊
hokobumbi	uju	hutu	be
使离去	头等	鬼	把

乌克萨拉木必	阿宁	也	多克孙
uksalabumbi	aniya	i	tokso
使离开	年	的	屯庄

泊	乒音	恶何	得
be	bing	ehe	de
把	声音	恶坏	在

恶何凌乌	你莫库	泊	图门
ehelinggu	nimeku	be	tumen
庸碌、糊涂	疾病	把	万里

得	图其不搂	明安	得
de	tucibure	minggan	de
在	使出	千里	在

米拉拉不楼
milarabure
使远离

【译文】

第三篇 宴请祖先神[①]

取来祖先的祭器，
恭敬地摆在如山一样的众祖先的神坛前，
设坛祭祀宴请。
乞请众神灵、玛法，
绕过[②]山林、绕过山峰降临，
今已闭灯火[③]，
准备了祭肉，
望众神灵承受着上气[④]，
早早降临神坛，
纳享供品。

清除干净四角，
收拾干净三角，
使有威力之鬼远远离去，
把头等恶鬼赶出村外，
将一切疾病、恶事、祸源[⑤]赶出千里万里，
千载万载永不回。

【注释】

① 这一篇从神歌内容来看，是祭祀西墙上的祖先神，属家神祭祀的内容。

② 绕过：满语音转汉语为“匹也打匹”。原意为“流传着乱说”，与此处神歌内容不相符，我们联系杨姓神歌内容特点，即故事性很强，所以我们采用了它的引申意义，即“绕过”。

③ 闭灯火：满语音转汉语为“推不笔”。杨姓祭祀西墙祖先时，有一背灯祭，据说是祭祀明朝万历妈妈。她因救过努尔哈赤而被活活打死，死时身上一丝未挂，故闭灯火祭祀。

④ 承受着上气：满语音转汉语为“书克敦泊萨里楼”。此处的“上气”指宇宙之气，长白山之气，是指健康吉祥、富贵之气降临杨姓家族。

⑤ 恶事、祸源：满语音转汉语为“乒音恶何得恶何凌乌”。

“乒音恶何”是恶声音，指祸源。“恶何凌乌”是“庸碌、糊涂”，这里是指一些残疾之人和恶事。信仰萨满教的满族，希望子孙繁荣、健康，所以希望杜绝“恶事祸源”之事发生。

第四篇　（原文本少第四篇）

第五篇　求太平

孙扎其	笔也嫩
sunjaci	fiyelen
第五	篇

阿你押	哈兰	必其	而打阿
aniya	hala	bici	aldangga
年	令换	曾是	远
卧不莫	别箸勒己	泊	郭勒
obume	bijare	be	goro
可为	断之	把	远
卧不莫	左托勒	胡图	朱滚
obume	juduran	hutu	jugūn
可为	道	鬼	道路
泊	匹也他莫	亚不勒	胡图
be	faitame	yabure	hutu
把	截断	行走	鬼
亚拉	泊	哜特笔	嘎鸡
yala	be	niorombi	gaji
真正	把	棒打	拿来

沙勒	嘎四哈	阿库	不何
sere	gashan	akū	buhe
叫着	灾难	没有	给了
涉勒	泊克敦	阿库	衣拉各
sere	bekdun	akū	irgen
说了	债务	没有	黎民
涉	衣其西	阿库	波勒
se	icihi	akū	bura
们	瑕疵	没有	倒灌
各涉	波勒亲	阿库	胡图利
gese	burki	akū	huturi
如	尘土	没有	众鬼
都卡	泊	亚克西笔	新达
duka	be	yaksimbi	sinda
院门	把	关闭	令放开
胡图立	昂阿	泊	嫩笔
hūturi	angga	be	neimbi
福	口	把	开
心打	八图路	都卡	泊
sinda	baturu	duka	be
令放	勇敢	门	把

押克西笔	新打	班吉不非	朱滚
yaksirakū	sinda	benjibufi	jugūn
不关闭	令放	生活	道路

泊	八哈不楼
be	bahabure
把	得到

【译文】

第五篇 求太平[①]

在那久远的年代里[②]，
恶鬼作践人间[③]。
人们重病缠身，呻吟声四起，
为截断恶鬼之路，赶走恶鬼[④]，
乞请神灵保佑。
今设神坛祭祀，
全族人员都献给祭品[⑤]，
祭品干净无尘。
乞请神灵保佑，
全族人员无灾难。
关闭恶鬼之门，
放开勇敢、福寿之路，
得到生活之道。

【注释】

① 从标号来看应为第四篇，这是民间笔者的笔误。译注者为尊重原笔写者，此篇仍为第五篇。从这篇神歌内容来看，应为家神祭祀的祭天神歌。

② 在那久远的年代里：满语音转汉语为“阿你押哈兰必其而打啊卧不莫”。直译为“曾是更换年代可为远呀！”这里我们采用

了意译。

③ 恶鬼作践人间：满语音转汉语为“别箸勒己泊郭勒卧不莫左托勒”，直译为“可为遥远的折断并划道子”。我们理解为：恶鬼将人们生活之路给断送了，并用巫术的办法划道子，将人们围起来，所以无法生活。我们采用意译。

④ 赶走恶鬼：满语音转汉语为“胡图亚拉泊牛特笔”，直译为“棒打真正的鬼”。我们采用意译。

⑤ 全族人员都献给祭品：满语音转汉语为“不何涉勒泊克敦阿库”，直译为“都说给了，没有债务”。这里是表示本族对祭祀神灵的虔诚之心。因为在祭祀时，须向每户人家收集钱财，富有的很容易交出了钱财，穷者也不是为祭祀而借钱财，也就是债务，而是早已准备好所交祭祀的钱财了。此句我们采用意译。

第六篇 排神

宁温其	笔也嫩
ningguci	fiyelen
第六	篇

而得克	孙	阿米勒	阿林
eldeke	šun	emilebure	erin
光亮	太阳	遮挡	时候
图其克	孙	图何克	恶林
tuheke	šun	tuheke	erin
倒了	太阳	落下了	时候
图闷	衣立根	托木笔	乌勒授
tumen	irgen	tomombi	urse
万	黎民	歇息	众人们
古论	娘们	阿莫	乌朱
kulu	niyalma	aname	uju
强壮	人们	逐一	头
泊	不克书笔	佛克西勒	古鲁古鲁
be	buksimbi	feksire	gūi gūi
把	埋伏	跑着	赶兽声

佛根	泊	洼勒笔	图闷
furgi	be	warambi	tumen
套子	把	取回	万
乌西阿	图西笔	明按	乌西阿
usiha	tucimbi	minggan	usiha
星	出来	千	星
米他笔	那旦	乌西哈	骂立笔
mitambi	nadan	usiha	marimbi
翻起	七	星	回转
衣兰	乌西阿	音嘎	恶林
ilan	usiha	sinda	erin
三	星	令放	时候
得	而得客	乌西哈	得
de	eldeke	usiha	de
在	光亮了	星	在
恩都立	涉	泊	嗽利哈兵
enduri	se	be	solihabi
神灵	等	把	宴请
木都利	阿宁阿	得不林	恶真
muduri	aniyangga	deberen	ejen
龙	属年	幼小	主祭（萨满）

我图哭	阿独不	泊	胡克勒笔
etuku	etumbi	be	hungkerembi
衣服	穿戴	啊	铸成
得勒	押涉	泊	卧不笔
tere	yangse	be	obumbi
那	美丽	把	可为
昂阿	泊	新嘎笔	胡亲胡
angga	be	sindambi	hūsihan
口	把	放开	裙子
赊阿	泊	泊也	得
sehe	be	beye	de
等等	把	身	在
胡西匹	西林	西散	泊
hūsifi	silin	siša	be
围系	精致	腰铃	把
西哈拉	得	西佛涉拉笔	乌扔你
sihali	de	sibkelembi	unenggi
腰间	在	抬起	果真（响）
你木亲	木何乱	泊	扎法笔
imcin	muheliyen	be	jafambi
手鼓	圆的	把	拿、抓

孩滨夜	鸡孙	泊	嘎拉
hailan	gisun	be	gala
榆树	鼓锤	把	手
得	孩嘎笔	特库	得
de	gajimbi	teku	de
在	拿	座位	在
特笔	八克其拉莫	白仍恶	木兰
tembi	bakcilame	bairengge	muran
坐	对坐之	乞求	木兰
得	特笔	衣四胡仍莫	嗽里仍恶
de	tembi	isheliyeken	solirengge
在	居住	窄处	宴请
特诺	阿宁阿	得不林夜	恶真
tere	aniyangga	deberen	ejen
那个	属年	小	主祭（萨满）
而得客	乌西哈	得	阁林
eldeke	usiha	de	geren
光亮了	星	在时	各位
恩都立	涉	泊	赊林必
enduri	se	be	solimbi
神灵	们	把	宴请

阿不卡	其	瓦其卡	衣兰
abka	ci	wasika	ilan
天上	从	降临	三
按八	爱心	扶七西	恩都利
amba	aisin	fucihi	enduri
大	金色	佛	神
阿不卡	其	瓦其卡	按八
abka	ci	wasika	amba
天上	从	降临	大
瞒矣	爱心	爱心	书不路
manni	aisin	aisin	šomuru
瞒尼	金色	金色	舒穆鲁
松坤	西嫩	兴根	安出利
šongkoro	silin	sihin	ancuri
海东青	精致	树顶	安楚河
木立干	木立	木立干	
mergen	morin	mergen	
智贤者	马	（智贤者、擅猎者）莫尔根	
朱垒	哭兰	朱垒	生恶
julen	kuwaran	julen	šengge
古时候	兵营	古时候	先知先觉

朱垒	涉夫	押亲	哭论
julen	sefu	yacin	gurun
古时候	师傅	黑暗	国
娘克处恨	达其瞎莫	多西哈	打拉哈
nekcute	dasihime	dosiha	dalaha
众舅母	翅击着	进入	为首者
呆民	阿押莫	瓦西哈	安出勒
daimin	ayame	wasika	ancuri
雕	架上飞	降临	安楚河
交浑	活泊	泊	活托勒楼
giyahūn	hobo	be	hontoholoro
鹰	棺	把	劈开
刻夫	泊	恶夫勒楼	不车何
hefeli	be	efulere	bucehe
肚腹	把	破坏	死了
古论	得	各喏笔	法音
gurun	de	genembi	šanyan
国家	在	去	白色
敖木	泊	佛勒	郭嗽莫
amsun	be	welile	gūwašašame
祭肉	把	令作	切肉片

嘎鸡勒	阿吉阁	恶真	得
gajire	ajige	ejen	de
拿取	小	主祭（萨满）	在

阿打莫	押不勒	爱心	呆泯
adame	yabure	aisin	daimin
陪伴	行走	金色	雕

嘎勒干	托你	嘎勒	佛也
gargan	tongki	garu	fucihi
（树）枝	圆点（圆满）	天鹅	佛爷

书不何	托你	书可得立	佛也
subuhe	tongki	sukderi	fucihi
解脱	圆点（圆满）	舒克得立	佛爷

所立木林	打	特何	乌尖西
solime	da	tehe	ulgiyen
宴请	原始	居住	猪

瞒也	翁古	妈法	嗽立哈
manni	unggu	mafa	soliha
瞒尼	曾	祖	宴请

乌云祝	瞒也	那	泊
uyunju	manni	na	be
九十	瞒尼	地	把

都鸡勒 tucire 出来了	那旦朱 nadanju 七十	瞒也 manni 瞒尼	随分 suifun 绥芬
活落浑 holo 谷道	得 de 在	活立哈 soliha 宴请	不可他 bukda 弯曲
瞒也 manni 瞒尼	翁古 unggu 曾	妈法 mafa 祖	乌奴 unu 令背
何勒也 hele 哑巴	瞒也 manni 瞒尼	问错 uce 房门	泊 be 把
卧利莫 solime 宴请	登 dengjan 灯	泊 be 把	打不莫 dabume 点燃
多嗽勒 dosire 进入了	多西哈 dosiha 进入了	多活落 doholon 瘸腿	瞒也 manni 瞒尼
扎坤朱 jakūnju 八十	贝根 beigen 家族	得 de 在	栽立哈 jariha 诵祷

涉夫	乌云朱	贝根	得
sefu	uyunju	beigen	de
师傅	九十	家族	在
卧车何	涉夫	寒其哈	妈法
wecehe	sefu	hacihiya	mafa
祭祀	师傅	令速	祖神
嗽利哈	涉夫	恩克	妈法
soliha	sefu	eke	mafa
宴请	师傅	想着	祖神
故亚哈	涉夫	乖登阿	马法
guyaha	sefu	guwendengge	mafa
吟唱	师傅	秧鸡（山鸡）	祖神
我非何	涉夫	活宁	阿宁
efihe	sefu	honin	aniyangga
玩耍	师傅	羊	属年
翁古	玛法	朱克登	波宁
unggu	mafa	jukten	bonio
曾	祖	神坛	猴
阿宁阿	马法爷	涉夫	吽何
aniyangga	mafa	sefu	meihe
属年	祖爷	师傅	蛇

阿宁阿	妈妈	衣	恩都利
aniyangga	mama	i	enduri
属年	祖母	的	神
乌勒尖	阿宁阿	妈法	衣
ulgiyan	aniyangga	mafa	i
猪	属年	祖先	的
涉夫	波牛	也	阿宁阿
sefu	bonio	i	aniyangga
师傅	猴	的	属年
妈妈	也	宁克	古鲁妈浑
mama	i	nike	gūlmahūn
祖母	的	令靠	兔
阿宁阿	妈妈爷	恩都利	活宁
aniyangga	mama	enduri	honin
属年	祖母	神	羊
也	阿宁阿	妈法	也
i	aniyangga	mafa	i
的	属年	祖先	的
涉夫	心恶立	阿宁阿	古押哈
sefu	singgeri	aniyangga	gūyaha
师傅	鼠	属年	龙吟

涉夫	波牛	也	阿宁阿
sefu	bonio	i	aniyangga
师傅	猴	的	属年
妈妈	卧车何	卧臣	心恶立
mama	wecehe	wecen	singgeri
祖母	祭祀	祭	鼠
阿宁阿	墨你	恶真	也
aniyangga	meni	ejen	i
属年	我们的	主人	的
涉夫	涉夫	莫利	也
sefu	sefu	morin	i
师傅	师傅	马	的
阿宁阿	米你	恶真	也
aningga	meni	ejen	i
属年	我们的	主人	的
涉夫	乌勒尖	阿宁阿	米你
sefu	ulgiyan	aniyangga	meni
师傅	猪	属年	我们的
恶真	也	涉夫	木都利
ejen	i	sefu	muduri
主子	的	师傅	龙

阿宁阿	莫勒根	也	涉夫
aniyangga	mergen	i	sefu
属年	莫尔根	的	师傅

古鲁妈浑	阿宁阿	洒杀	意
gūlmahun	aniyangga	saisa	i
兔	属年	贤者	的

米你	恶真	也	涉夫
meni	ejen	i	sefu
我们的	主人	的	师傅

我林	娘莫	而射楼	彪根
erin	niyalma	eršere	beigen
此时	人	保佑	家族

娘莫	坎马搂	波牛	阿宁阿
niyalma	karmara	bonio	aniyangga
人	保护	猴	属年

吞多	一	米你	恶真
tondo	i	meni	ejen
公正	的	我们的	主人

也	涉夫	莫利	阿宁阿
i	sefu	morin	aniyangga
的	师傅	马	属年

郭心	义	米你	恶真
gosin	i	meni	ejen
仁爱	的	我们的	主人
也	涉夫	按八	其
i	sefu	amba	ci
的	师傅	大	从
扶七浑	阿其根	七	卧西浑
fusihūn	ajigen	ci	wesihun
下	小	从	下
阁木	我立涉笔	心恶立	阿宁阿
gemu	eršembi	singgeri	aniyangga
都	照看	鼠	属年
朱勒干	义	栽立哈	涉夫
jurgan	i	jariha	sefu
仁义	的	祝祷	师傅
汤乌	阿宁阿	他拉嘎	阿库
tanggū	aniya	targa	akū
百	年	令戒	无
吟朱	阿你亚	你妈库	阿库
ninju	aniya	nimeku	akū
六十	年	病	无

阁若何	八	得	各阁肯
genehe	ba	de	getuken
去	地方	在	明白
卧不莫	亚不哈	八	得
obume	yabuha	ba	de
可为	行走	地方	在
押勒尖	也	卧不莫	卧立
yargiyan	i	obume	orin
真实	的	可为	二十
哈哈	泊	卧落立	卧不莫
haha	be	oilori	obume
壮士	把	平空	为
得西	哈哈	泊	得勒立
dehi	haha	be	deleri
四十	勇汉	把	上边
卧不莫	图何克	泊	图乔楼
obume	tuheke	be	tucire
为	跌倒了	把	出
阿法触	泊	阿里楼	恩都立
afandu	be	alire	enduri
相战	把	承担	神

涉	恶勒赊笔	卧车哭	涉
se	eršembi	weceku	se
们	照看（保佑）	神主	等
二合	太平	卧不匹	打里笔
elhe	taifin	obufi	dalimbi
太	平	可为	遮蔽
押路哈	莫林	泊	羊丧阿
yaluha	morin	be	yangsangga
骑着	马	把	英俊
三音	卧不莫	他哭拉哈	衣输
sain	obume	takūraha	ihan
好	可为	差	牛
泊	太平	三音	恶勒射笔
be	taifin	sain	eršembi
把	太平	吉祥	照看（保佑）
花音	招路	花沙不莫	温
hūwai	jalu	hūwašabume	honin
庭院	满	养育	羊
意	招勒	福赊不莫	温音
i	jalu	fusebume	un
的	满	繁生	猪窝

招路	乌鸡不莫	他莫	者莫
jalu	ujibume	taman	jeme
满	使养育	公猪	吃
他浑	卧不莫	我敦	者莫
tarhūn	obume	adun	jeme
肥壮	可为	马群	吃
我滨不莫	阿哭意	特屯	得
ebibume	agūra	tetun	de
使饱	器	皿	在
爱心	蒙文	特木必	温图浑
aisin	menggun	tembi	untuhun
金	银	盛装	空
特屯	得	乌林	那旦
tetun	de	ulin	nadan
器皿	在	财物	财帛
泊	特不必	阿哈	泊
be	tebumbi	aha	be
把	使盛装	奴才	把
他哭拉莫	阿克打	泊	押路莫
takīrame	akdan	be	yarume
差之	可靠	把	引导

卧莫	卧心不木笔	八克他拉库	八得
ome	wasimbumbi	badalarakū	bayan
可为	降下	无过分	丰富
卧不莫	我他拉库	阿尖金	卧不莫
obume	eterakū	alifi	obume
可为	辞不得	接受	可为
卧车库	得	卧车其	乌勒滚
weceku	de	wececi	urgun
神主	在	祭祀	欢喜
涉不真	卧不摟	阿鸡歌	得泊嫩
sebjen	obure	ajige	deberen
快乐	可为	小	幼小
恶真	那旦	乌其哈	佛鸡勒
ejen	nadan	usiha	fejile
主祭（萨满）	七	星	下
阁喏笔	那胡	涉	八
genembi	narhūn	se	ba
去	细细	令说（诵唱）	把
赊林必	登	鸡干	意
solimbi	den	jilgan	i
宴请	高	声音	的

戈夜笔	得勒己	恩都利	赊
geyembi	dergi	enduri	se
敲	高高	神	等
泊	赊林必	按八	鸡干
be	solimbi	amba	jilgan
把	宴请	大	声音
泊	阿你亚笔	按八	涉
be	anambi	amba	se
把	逐一	大	等
恩都立	泊	赊林必	妈法立
enduri	be	solimbi	mafari
神	把	宴请	众祖宗
朱可登	泊	阿鸡歌	得不嫩
jukten	be	ajige	deberen
神坛	把	小	幼小
恶真	押涉	泊	押涉拉不匹
ejen	yekse	be	yangselabufi
主祭（萨满）	神帽	把	打扮
妈法	朱登	泊	乌朱
mafa	jukten	be	uju
祖先	神坛	把	头

得	翁哭莫	吽林	得
de	ukume	meiren	de
在	围	肩	在
吽何勒莫	打拉	得	扎鸡莫
meihereme	dara	de	jajime
承担	腰	在	背之
非涉	得	乌奴莫	押打拉
fisa	de	unume	yarhūdara
背上	在	背之（驮）	引导
表根	娘门	得	押路莫
boigoji	niyalma	de	yarume
主家（助手）	人	在	引行
作不勒	我林	得	作立莫
solime	erin	de	solime
宴请	此时	在	宴请
多西笔	郭民	法兰	得
dosimbi	golmin	falan	de
进入	长的	庭院	在
古爷木必	木何林	法兰	得
gūyambi	muheliyen	falan	de
吟诵	圆的	庭院	在

木爷莫必	我木	洎也	洎
muyambi	gemu	beye	be
吟诵	都	身体	把
恶射搂	打	洎也	洎
eršere	da	beye	be
保佑	原	身体（萨满）	把
打里搂	图何勒	洎	图乔搂
darire	tuhere	be	tucire
遮挡	倒下	把	出来
阿法拉	洎	阿里搂	
afara	be	alira	
参战	啊	享用	

【译文】

第六篇　排神[①]

当太阳出来之后，
又落下去的时候，
当太阳光亮被遮挡住的时候，
万民埋头歇息之际，
当猎人取回套子时，
鸟飞巢，兽回窝的时候。
当千星、万星出现时，
当三星、七星显现时，
乞请光亮闪闪的群星降临。
属龙的萨满[②]穿戴整齐，
身穿美丽神裙、腰系精美腰铃[③]，
放声诵唱[④]。

左手执圆鼓，右手执榆木鼓锤[⑤]，

鼓声传四方。

老萨满坐在凳子上，口中诵唱着。

一次一次的乞请众神灵。

乞请：

居住在木兰[⑥]之地的祖先神。

乞请：光亮闪闪的星神。

主祭小萨满乞请各位神灵。

宴请由天而降的三大金佛神[⑦]。

宴请由天而降的手执金色双铜镜的按八瞒尼神[⑧]。

宴请舒穆鲁氏的海东青神[⑨]。

宴请手执流星锤的安楚河莫尔根神[⑩]，

宴请牧养马群的莫尔根神（擅猎莫尔根神）[⑪]，

宴请古代兵营神[⑫]，

宴请古代先知先觉神[⑬]，

宴请古代师傅神[⑭]，

宴请山洞众舅母神[⑮]，

宴请展翅而入的首雕神[⑯]，

宴请飞行于架上的安楚河鹰神[⑰]，

宴请赴阴取魂，回到阳间能劈棺破腹，将灵魂放入人体内，使人复活，萨满手执片片白肉而祭祀的金色雕神，

小萨满[⑱]跳神祈祷，

宴请各枝上圆满天鹅佛爷神[⑲]，

宴请圆满舒克得立佛爷神[⑳]，

宴请曾祖先神，

宴请原始居住地的乌尖西瞒尼[㉑]，

宴请由地中而出来的九十岁的瞒尼[㉒]，

宴请主管土地财物的七十岁的瞒尼[㉓]，

宴请绥芬谷道弯曲瞒尼[㉔]，

宴请曾祖神哑巴瞒尼[㉕]，

宴请点燃灯光，由房门而入的多活落瞒尼[㉖]，

宴请家族善于诵唱的八十岁师傅[㉗]，

宴请家族善于祭祀的九十岁师傅[㉘]，

宴请从速办祭宴的祖先神师傅[29]，

宴请善于吟唱的祖先神师傅[30]，

宴请善于玩耍秧鸡（山鸡）的祖先神师傅[31]，

宴请属羊的管神坛祖先神[32]，

宴请属猴的祖先神师傅，

宴请属蛇的祖母神，

宴请属猪的祖先神师傅，

宴请属猴的靠得住的祖母神[33]，

宴请属兔的祖母神，

宴请属羊的祖先神师傅，

宴请属鼠的善于吟唱的师傅，

宴请属猴的善于祭祀的祖母神[34]。

宴请属鼠的我们族长师傅的师傅[35]。

宴请属马的我们主人的师傅。

宴请属猪的我们主人的师傅。

宴请属龙的神射手莫尔根师傅。

宴请属兔的贤者，我们族长师傅。

乞请众神灵保佑全族人员平安。

乞求属猴的公正，我们主人的师傅[36]。

乞求属马的我族仁爱师傅。

乞求属鼠仁义的祝祷师傅。

乞求众神灵保佑老老少少[37]平安。

百年无戒[38]，

六十年无疾，

处处太平吉祥。

外出之人所到之处吉顺，行走之道光明。

二十名壮士在前，四十名骑士随后。

不陷沟壑，战骑太平。

神主保佑，

战骑英俊，耕牛平安吉祥。

子孙满庭院，房内满儿孙。

猪羊满圈，喂养肥壮。

杨姓举行祭祀，

金、银器皿中，

盛满供物，敬献神灵。

差派奴才，为可靠助手引导行进，

乞请众神灵降临。

祭祀无过失之处供品丰富多彩。

合族诚心祭祀，

神主降临，欢喜快乐纳享供品。

主祭萨满[39]在七星下祈祷，

细声诵唱，宴请神灵。

大声诵唱，逐一宴请神灵。

敲击神鼓，高声宴请高天上的神灵。

宴请各处神坛的众祖先按八涉[40]神等。

小萨满打扮得整齐好看，头戴神帽，

乞请各处神坛的众祖先神，

聚于萨满之首，

负于萨满之肩，

集聚萨满腰间，

降附于萨满之身。

助手引行而入。

跳着进入长形的屋里，

吟诵着进入圆形的屋里。

请神灵保佑萨满平安，

保佑老少平安，

保佑太平[41]。

【注释】

① 从神歌内容来看是“排神”篇。

② 萨满：杨姓所用满语音转汉语是“得不林恶真”，直译为“小主人”，或是“年幼主子”，这是主祭萨满的自谦称呼。被称作“主人”或“主子”的人，一般是氏族、部落的族长、部落长，所以“小主人”不仅仅是萨满，而且是使神灵附体的大萨满，也是野萨满，还应是氏族长或部落长兼于一身之人。

③ 腰系精美腰铃：满语音转汉语为“西林西散泊西哈拉得西佛涉拉笔”，直译为“抬起精致腰铃在腰间”。在大萨满跳神时，因为腰铃铁铸而成，更早时是石制的，所以很重，有四十斤左右，需要用两人抬着给萨满系上。神歌中采用了真实的内容，用“抬起”，我们译为“系”。

④ 诵唱：满语音转汉语为“昂阿泊新嘎笔”，“新嘎笔”应转写为“新打木笔”。直译为“放开口”，即译为开口“诵唱”。

⑤ 左手执圆鼓，右手执榆木鼓锤：满语音转汉语为“你木亲木何乱泊扎法笔，孩滨夜鸡孙泊嘎拉得孩嘎笔”，直译为“拿着圆的手鼓，拿着榆木鼓锤”。我们加译了“左右手”。

⑥ 木兰：打猎的围场。

⑦ 三大金佛神：神歌中表明，此神为七星斗前宴请的第一位大神，神本中称该神神歌为“头篇”。

⑧ 按八瞞尼神：此神直译为“大英雄神”。（由大萨满杨世昌的徒弟跳神舞蹈已被录像。）

⑨ 舒穆鲁氏的海东青神：据说海东青神原为“舒穆鲁氏”即许姓的动物神，后为老杨家所收留并祭祀此神。

⑩ 手执流星锤的安楚河莫尔根神：满语音转汉语为“西嫩兴恨安出利木立干”。“木立干”为“智贤者”，也称“莫尔根”，此处指“神灵”。从某一棵树来看，茂密的枝叶，由下边看上去，是呈圆形的树顶。杨姓祖先即利用树顶的这种形态，来形容流星锤的“大”和“精美”，直译为“精致树顶的安楚河智贤者”。杨姓萨满将“西嫩兴恨”解释为“流星锤”，我们将其译为“手执流星锤的安楚河莫尔根神”。

⑪ 牧养马群的莫尔根神（擅猎莫尔根神）：满语音转汉语为“木立木立干”。“木立”为“马”，“木立干”有两种含义：一种是与“注释⑩”中的“木立干”相同，即“智贤者”，是“神”之意；另一种是“骑马者”，即直译为“马神”和“骑马者的马”。我们意译为“牧养马群的莫尔根神”。

⑫ 古代兵营神：满语音转汉语为“朱垒哭兰”，即译为“古代兵营神”，此神生前很可能是管理、治理兵营的领导者。

⑬ 古代先知先觉神：满语音转汉语为“朱垒生恶”，此神生

前可能是占卜者，更可能是萨满，因为萨满也具有占卜的能力。

⑭ 古代师傅神：满语音转汉语为“朱垒涉夫”，此神生前可能是萨满，因为萨满在各姓神本中都称为“师傅”。

⑮ 山洞众舅母神：满语音转汉语为“押亲哭论娘克处恨”。“押亲哭论”直译为“黑暗国”，此处指无亮光的，黑暗的“山洞”。“娘克处恨”应为“娘克处他”，即“众舅母”。所以译为“山洞众舅母神”。“押亲哭论娘克处恨”旁还有一词“娘克土恨”，此问在满文工具书中无从查找，很可能是抄写过程中的笔误，所以在其旁又修改为“娘克处恨”，但“娘克土恨”又未抹去，这是笔误。有人说是“山洞女神”也有道理。

⑯ 首雕神：满语音转汉语为“打啦哈呆民”，这是一位雕神中的首领神。

⑰ 安楚河鹰神：满语音转汉语为“安出勒交浑”，这是经过训练的安楚河地区的鹰神。

⑱ 小萨满：满语音转汉语为“阿吉阁恶真”。“阿吉阁”为“小”，“恶真”为“主子、主人”，直译为“小主子”。这里的“小”不是大小之“小”，而是一种谦虚之意，与古代人自称“愚者”相同。“主子”是对古代氏族部落中的“氏族长”或是“部落长”的称呼。又因为在古代氏族长（部落长）和萨满常是集于一人之身，所以神歌中的“恶真”在许多地方是指萨满而言的，此处便是，即译为“小萨满”。实为“主祭萨满”，与前面“得不林恶真”意义相同。

⑲ 各枝上圆满天鹅佛爷神：满语音转汉语为“嘎勒佛也”，译为“天鹅佛爷”。“嘎勒干托你”译为“各枝上圆满”。

⑳ 托你舒克得立佛爷神：满语音转汉语“托你”是“圆点”，应为“圆满”之意。“书可得立”在满文工具书中无从查找，有“书克敦”一词，《清文总汇》中解释为“气”。杨氏家族有“尼

玛察氏萨满栽立本”中解释“书可得立”为“上气”，与《清文总汇》解释相同，“书可得立”很可能是方言，也可能由于诵唱而演变等。总之，此词应为“气”，此神直译为“圆满气佛爷”，是一种吉祥的气之神。

㉑ 乌尔尖瞒尼：满语音转汉语为“乌尖西”为“猪”。直译为“猪英雄”，此神非动物神，据说他是一位很有文化知识的英雄，因为是他第一个用猪皮记录了人类所积累的劳动知识，因此后人崇拜他为神。

㉒ 九十岁的瞒尼：即“九十岁的英雄”神，富育光调查此神为“九庹蟒神”。

㉓ 七十岁的瞒尼：即“七十岁的英雄”神，此神从“地中而出”，很可能是动物神。

㉔ 不可他瞒尼：“不可他”是“弯曲”之意，直译为“弯曲着的英雄”，此神可能为“驼背瞒尼”。“不可他”也可能是“buktan”，为“一堆”之意。此神可能是一堆物体，也可能是管理堆积物，如草堆、帐篷之类等的神。

㉕ 何勒瞒尼：“何勒”为“哑巴”，即“哑巴瞒尼”。

㉖ 多活落瞒尼：“多活落”为“瘸腿”，即“瘸腿瞒尼”。

㉗ 家族善于诵唱的八十岁师傅：满语音转汉语为“扎坤朱贝根得载立哈涉夫”。“贝根”无从查找。根据该词在神歌中的作用和汉字转写满文的规律，它应是“boo”（贝）和“mukūn”（根）的音变，其意为“家族”。在萨满祭祀仪式中，因擅长诵唱神歌和主持祭祀，而被后人崇拜并祭祀为神灵。

㉘ 家族善于祭祀的九十岁师傅：满语音转汉语为“乌云朱贝根得卧车何涉夫”。此神应是主管祭祀仪式的神灵。

㉙ 从速办祭宴的祖先神师傅：满语音转汉语为“寒其哈妈法嗽利哈涉夫”。“寒其哈”一词无从查找，但与两个满文词相近：

一是“哈其阿”（hacingga），《清文总汇》中解释为“诸样、诸件”；二是“哈其瞎”（hacihiya），《清文总汇》中解释为“令速些、上紧些”。该神应是总管萨满祭祀事务，并负责监督迅速办理，所以是“从速办祭宴的祖先神师傅”或“主持诸项祭事的老师傅”。

㉚ 善于吟唱的祖先神师傅：满语音转汉语为“恩克妈法故亚哈涉夫”。“恩克”，无从查找，疑为“鄂克”，《清文总汇》中解释为“想而未出的口气”。“故亚哈”，《清文总汇》中释为“龙吟、乃龙鸣也”。看来此神是善于吟诵的祖先神。

㉛ 善于玩耍秧鸡（山鸡）的祖先神师傅：满语音转汉语为“乖登阿妈法我非合涉夫”。“乖登阿”疑为“乖登阿依图”，是“秧鸡”之意。看来此神与鸟有关。

㉜ 属羊的管神坛祖先神：满语音转汉语为“活宁阿宁翁古玛法朱克登”。此神是管理神坛的，译为“属羊的管神坛的祖先神”。

㉝ 靠得住的祖母神：满语音转汉语为“妈妈也宁克”。此神生前很可能是女氏族长，又使人信得过，所以被后人祭祀为神。

㉞ 善于祭祀的祖母神：满语音转汉语为“妈妈卧车何卧臣”。“卧臣”为“祭”，此处应作为“神”，此神是主管祭祀仪式的女神，所以译为“善于祭祀的祖母神”。

㉟ 族长师傅的师傅：满语音转汉语为“恶真也涉夫涉夫”。“恶真”为“主子”，此处为“族长”。直译为“我们主人师傅的师傅”。

㊱ 乞求属猴的公正，我们主人的师傅：满语音转汉语为“吞多一米你恶真也涉夫”，直译为“我们的公正族长师傅”，意译为“……公正，我们主人的师傅”。

㊲ 老老少少：满语音转汉语为“按八其扶七浑阿其根七卧西

浑”。其意为“从大到下，从小从下”，神歌指“老老少少”，故译为“老老少少”。

㊳百年无戒：这里指无病灾。

㊴主祭萨满：满语音转汉语为“阿鸡歌得泊嫩恶真”。“小”和“幼小”都是自谦。

㊵按八涉：即“大神等”。这里主要是指野神和英雄神。

㊶请神灵保佑萨满平安，……保佑太平：满语音转汉语为：“我木泊也泊恶射搂打泊也泊打里搂图何勒泊图乔搂阿法拉泊”，直译“保佑身体，遮挡萨满原身，倒下出来参战啊！”此段除了说明神保佑全族人员，保佑萨满跳神平安外，我们理解“参战”是“跳神”，应是指萨满跳神保平安之意。

第七篇　宴请灶神

宴请灶神（一）

尊	一	恶真	得
jun	i	ejen	de
灶	的	主子（神）	在
白勒	鸡孙	你妈叉	哈拉
baire	gisun	nimaca	hala
祈求	话（神歌）	杨	姓
得	特喏	阿宁阿	哈音
de	tere	aniyangga	ayan
在	那个（东家）	属年	大（吉祥）
恶林	得	特喏	阿宁阿
erin	de	tere	aniyangga
时间	在	他（萨满）	属年
何音	彪根	得	八音
ayan	boigoji	de	bayan
大（吉祥）	主祭萨满	在	丰富
也	波罗利	卧客多木托	说莫
i	bolori	okdome	seme
的	秋天	迎接	因为

波何	敖木	波何笔	何音
bolgo	amsun	belhembi	ayan
清洁	祭肉（神猪）	准备	大的
敖木孙	威勒笔	朱鲁	现
amsun	weilembi	juru	hiyan
祭肉	制作	朱录	香
莫	朱勒立	西西笔	卧西浑
be	juleri	sisimbi	wesihun
把	前面	插	上边
卧臣	泊	朱勒西	朱登必
wece	be	julesi	juktembi
令祭（神坛）	把	向前	祭祀
尊	一	恶真	朱勒缸阿
jun	i	ejen	julergingge
灶	的	主子（神）	前面的
生恶	富四乎	意	恶真
šengge	fusihūn	i	ejen
神	贱（小）	的	主子（灶神）
富勒鸡干	生恶		
fulgiyakan	šengge		
鱼红色	神		

【译文】

第七篇[①] 宴请灶神

宴请灶神（一）

祈祷灶神[②]神歌，
杨姓家族子孙举行祭祀，
东家何属相？
家萨满何属相？
在迎来了富秋之际，
在这吉祥的时间里。
把早已准备的清洁神猪，
制作了大祭肉[③]。
点燃了朱录香，
插上了汉香。
敬设祭坛，
向前乞求灶神——红色的神灵降临。
……

【注释】

①原文无篇目标号，本标号为笔者自拟，以下不再另注。

②灶神：满语音转汉语为“尊一恶真”，直译为“灶的主子”，此处“恶真”原为“主子”，实为“神灵”，故译“灶神”。

③大祭肉：满语音转汉语为“何音敖木孙”，这里指摆件猪或燎毛猪，即整猪献祭。

【说明】

从“富勒鸡干生恶”（即鱼红色神）之后其意难以把握，未收录且未译。

宴请灶神（二）

二四利
fiyelen
篇

阿鸡歌	得不嫩	恶真	乌买
ajige	deberen	ejen	umai
小	幼小	主祭（萨满）	并
白	白仍恶	瓦卡	乌拉授
bai	bairangge	waka	ulesu
平白	乞求	不是	乌拉授
古论	乌西拉库	乌鲁他	杀哈连
gurun	ušaburaku	uruta	saharin
古论	不为恶念牵滞	乌鲁他	萨哈连
古论	杀拉库	乌鲁他	扶西乎
gurun	saraku	uruta	fucihi
古论	不知	乌鲁他	扶西乎
法兰	得	木臣	波
falan	de	mucen	be
屋内地	在	锅	把
哈西勒	得恶何	南图浑	木克
hašara	denggehe	nantuhūn	muke
刷	扔了	污	水

泊	卧西浑	拉西	拉瞎
be	wasihūn	lahin	lafihiyan
把	下边	杂乱	气软
得	衣里鸡何	恩都立	衣叉库
de	ilijihe	enduri	icakū
在	来站立	神	不合适
托哈	我奔	鸡何	恩都利
tawaha	efi	jihe	enduri
火	要	来了	神
涉	而何	何库	托哈
se	elhe	akū	tawaha
等	太平	没有	火
恩得	不库	八	恩出
ede	buku	ba	encu
在上边	布库	地方	另样
嘎马搂	叉兰不哈	八	叉四浑
gamara	calabuha	ba	cashū
拿出	差错	地方	背之
瓦里楼	恶何	难土浑	扎卡
waliyare	ehe	nantuhūn	jaka
丢之	坏	藏污	物件

必其	图闷	得	土七不搂
bici	tumen	de	tucibure
若有	万	在	赶出

明按	得	明拉拉不搂
minggan	de	milarabure
千	在	弄远些

【译文】

宴请灶神（二）

我族为什么举行祭祀？

小崽子主祭萨满①为什么祈祷？

乌拉授古论乌西拉库，

乌鲁他杀哈连古论，

杀拉库乌鲁他扶西乎②

将刷锅水乱扔倒，

污水满地，杂乱不堪，

对神是不敬，对要火神降临是不恭。

今乞请在上的灶神保佑平安。

将一切背理之事，差错之处赶出万里之外，

将一切坏物、污物拿出千里之外，

抛掷远点。

【注释】

① 小崽子主祭萨满：满语音转汉语为“阿鸡歌得不嫩恶真”，直译为“小崽子主人”。“恶真”为现代人所称“大萨满”“主祭萨满”，是神灵附体而昏迷的萨满，所以译为“主祭萨满”。“小崽子”为谦虚之意。

② 乌拉授……扶西乎：满语很难理解，未译。

宴请灶神（三）

一兰	匹利
ilan	fiyelen
三	篇

而得克	孙	恶米勒克	我林
eldehe	šun	emilebuke	erin
光亮了	太阳	遮挡了	时候
图其克	孙	图何可	我林
tucike	šun	tuheke	erin
出来了	太阳	落下	时候
阿鸡歌	得不嫩	恶真	我图哭
ajige	deberen	ejen	etuku
小	幼小	主祭（萨满）	衣
阿都	泊	洪阔勒匹	得勒
adu	be	hengkilefi	tere
衣服	把	叩头	他（萨满）
押涉	泊	卧不匹	昂阿
yangšen	be	obufi	angga
英俊	把	可为	嘴
泊	新加匹	胡亲	胡沙阿
be	sindafi	hūsi	hūsihan
把	放开了	围	裙子

泊	泊也	得	胡西匹
be	beyen	be	hūsifi
把	身体	在	围系
西林	西散	泊	西哈拉
silin	siša	be	sihali
精美	腰铃	把	腰间
得	西不杀拉匹	乌仍你	你某亲
de	sibkelefi	unenggi	imcin
在	两人抬着穿之	真实（响亮）	鼓
木何乱	泊	扎法匹	孩滨
muhaliyan	be	jafafi	hebe
圆的	把	拿着	一伙
意	鸡孙	泊	嘎拉
i	gisun	be	gala
的	鼓锤	把	手
得	孩加匹	妈法立	朱登
de	gajifi	mafari	jukten
在	拿来	众祖先	神坛
泊	乌朱	得	翁故莫
be	uju	de	ukume
把	头	在	聚一处

吽林	得吽	何勒莫	打
holin	delihun	hengkileme	dara
里腮	连贴	跪叩	腰
得	札鸡莫	西涉	得
de	jajame	siša	de
在	背着	腰铃	在
乌奴莫	押打拉	贝根	娘门
unume	yadahūn	mukūn	niyalma
背着	穷人	族（助手）	人
得	押路莫	多西笔	作不轮恶
de	yarume	dosimbi	juwaburengge
在	引行	进	使张口的（祝祷）
得	左立莫	多西笔	我木
de	jurame	dosimbi	emu
在	起行	进入	一
泊也	泊	恶勒射搂	打押
beye	be	ešere	daya
身体	把	保护	令附
泊也	泊	打里搂	图何勒
beyen	be	darire	tuhere
身体	把	经过	跌倒

泊	图乔搂	阿法兰	泊
be	tukiyere	afanggala	be
把	抬起	临（坛）	把

阿里搂
alire
接受

【译文】

宴请灶神（三）

当太阳光亮被遮挡了的时候，
当太阳出来又落下去的时候。
小崽子主祭萨满穿戴整齐，
系上神裙，
两人抬着精美腰铃，
戴在萨满腰间。
手执响亮的圆鼓、鼓锤，
击鼓跳动，放开喉咙高声诵唱。
头聚一处，脸腮相贴的人群，跪地叩头，
乞请众玛法神降临。

家族全体人员来了，
穷人也来了①，
萨满祝祷着，在助手②的引导之下进屋了，
乞请神灵降附萨满之身，
保佑平安，
乞请临坛纳享供品。

【注释】

① 穷人也来了：满语音转汉语为“押打拉”，是“穷人”。此处指过路的讨饭者。满族举行萨满祭祀时，除了本家族的人员全部参加外，邻近其他家族人也可以参加，尤其欢迎讨饭人参加，满族认为这是行善积德之事，所以在神歌中特意记述了此事。规范化满语为“押打浑”，“押打拉”为满语历史变化所致。

② 助手：满语音转汉语为“贝根”，满文工具书中，未查找到。我们理解为“贝”应为“包”（boo），是满语的“家”之意，“根”为“母昆”（mukūn），是宗族之“族”，“贝根”应为“家族”。为简单化直接用了“主家”即“包国济”（boigoji）即译为“家族”。此处的“家族”之后“娘们”（niyalma），意为“人”。所以实际是“助手”作用，译文中用了“助手”。因为上古原始时期，社会分工极不明确，那时人人可为萨满，人人可以参加跳神，当然除了神灵附体萨满之外了。所以这里的“贝根娘们”，即“家族人”，当时起“助手”作用。下文中贝根、表根、倍根等多数为此意，“贝根”的作用，有时需在文中决定其意。

第八篇　宴请三大金佛神

乌车	昂阿拉	阁喏何	乌朱
uce	angga	genehe	uju
房门	嘴、口	去（在）	头
非烟嫩	衣兰	按八	矮心
fiyelen	ilan	amba	aisin
篇	三	大	金
扶七西	恩都立	说立哈	非烟嫩
fucihi	enduri	soliha	fiyelen
佛	神灵	宴请	篇
乌车	寒其	恩都立	扶其西
uce	hanci	enduri	fucihi
房门	近（处）	神灵	佛
涉	泊	何里勒	非也利
se	be	alire	fiyelen
诸位	把	承受（祭祀）	篇
阿不卡	其	瓦西哈	按八
abka	ci	wasika	amba
天	从	降临	大

先	出	那	泊
hiyan	ci	na	ba
香（火）	从	（土）地	地方

书可得勒	那拉浑	先	出
sukduri	narhūn	hiyan	ci
上气	细	香（火）	从

你妈叉	哈拉	特喏	阿宁阿
nimaca	hala	tere	aniyangga
杨	姓	那个（萨满）	属年

哈烟	恶林	得	特喏
ai	erin	de	tere
什么	时候	在	他（东家）

阿宁阿	何哈	你	贝根
aniyangga	aha	i	mukūn
属年	奴才	的	家族

得	八音	波罗利	卧客多木
de	bayan	bolori	okdome
在	丰富	秋天	迎接

托说莫	波罗滚	敖木孙	泊何笔
tosome	bolgo	amsun	belhembi
预先	清洁	祭肉（神猪）	准备

阿烟	敖木孙	泊	微拉笔
ayan	amsun	be	weilembi
大	祭肉	把	制作
占出浑	奴勒	泊	扎卡得
jancuhūn	nure	be	jakade
甜	酒	把	跟前
多托不笔	哈谈	阿其	泊
dobombi	hatan	arki	be
供献	烈性	酒	把
寒其	多不笔	朱鲁	现
hanci	dobombi	juru	hiyan
近处	供献	朱录（双）	香（火）
泊	朱罗利	西西笔	念其
be	juleri	sisimbi	niyanci
把	前边	插上	年祈
现	莫	押芦莫	打不笔
hiyan	be	yarume	dabumbi
香（火）	把	引（燃）	点燃
阿鸡葛	得不嫩	也	我真
ajige	deberen	i	ejen
小	幼小	的	主祭（萨满）

而得客	乌西哈	得	葛利
eldeke	usiha	de	geli
明亮	星	在	又
恩都利	萨	泊	说林必
enduri	se	be	solimbi
神	等	把	宴请
阿布卡	其	瓦西卡	衣兰
abka	ci	wasiha	ilan
天	从	降临	三
按八	矮心	扶七西	恩都立
amba	aisin	fucihi	enduri
大	金	佛	神灵
倍棍	娘瞒	以	泊
mukūn	niyalma	i	boo
家族	人	的	家
泊	多勒己	得	阿烟
boo	dosinji	de	ayan
家	进来了	在	蜡（烛）
灯占	打不匹	乌莫西	南土浑
dengjan	dabufi	umesi	nantuhūn
灯	点燃了	很	不干净

一七西 icihi 疵瑕	矮 ai 什么（任何）	阁浑 gelhun 不敢	意 i 的
阿库 akū 没有	扶七西 fucihi 佛	恩都立 enduri 神	押路莫 yarume 引导
多西疋 dosifi 进入	乌图 udu 多次	卧匹 ofi 因为	恒七涉莫 hengkišeme 只管叩头
扶得莫 fudeme 送去	得勒己 dergi 上面	阿不卡 abka 天	得 de 在
卧西疋 wesifi 上升	美莫 meni 我们	你 i 的	说林 soli 令请
得 de 在	姑勒木必 solimbi 邀请		

【译文】

第八篇　宴请三大金佛神

在房门口宴请三大金佛神，
房门近处祭祀诸位神、佛篇。

宴请从天而降的大香火神[①]，
宴请从地上升起的书可得立，宴请吉祥上气、细香火神。
杨姓子孙举行祭祀，
萨满何属相？
东家何属相？
今已是迎来了丰富的秋天，
早已准备了清洁神猪[②]，
制作了大的祭肉[③]。
甜酒供于神前，
烈性酒献于神案。
引燃了朱录香，
点燃了年祈香[④]。
杨姓小崽子主祭萨满在星光闪闪之时，
宴请众神灵。
宴请从天而降的三大金佛神。
杨姓家族人员全到了。
蜡灯早已点上了，
庭院干净，室内清洁[⑤]。
全族老少叩头[⑥]，
乞请神佛纳享供品。

助手引导着进入，
族人们多次叩头。
应送神佛回各自的住地了，
回到天上去吧！
我族子孙定会恭敬再宴请。

【注释】

① 从天而降的大香火神：满语音转汉语为“阿不卡其瓦西哈按八先出”。此处的“香火神”指与繁衍子孙后代有关的“香火”神。

② 神猪：满语音转汉语为“敖木孙”，译为“祭肉”，因此处

是指神猪而言，故译为“神猪”了。

③ 大的祭肉：满语音转汉语为“阿烟敖木孙”，指供于神前的摆件祭肉，即整猪献于神，故译为“大的祭肉”。

④ 年祈香：满语音转汉语为“朱鲁现”和“念其现”。是一种香的不同使用方法而引出不同的名称，都是粉末香，是长白山上的一种棘刺，晒干后磨成粉末，作为祭祀时使用的粉末香，香味浓郁。

⑤ 庭院干净，室内清洁：满语音转汉语为“乌莫西南土浑一七西矮阁浑意阿库”，直译为“不敢有很不干净和疵瑕之处”，其意是说明院子里和室内都很干净，连一点小地方不干净的也没有，请神灵降临。意译为“庭院干净，室内清洁”。

⑥ 全族老少叩头：满语音转汉语为“倍棍娘瞒以泊泊多勒己得”，直译为“家族人家家进来了”，即“全族老少”之意。

第九篇　宴请按八瞒尼神

阿不卡	七	瓦西哈	按八
abka	ci	wasiha	amba
天	从	降临	大
先出	那	泊	书勒得勒
hiyancu	na	ba	sukduri
香（火）	（土）地	地	上气
那勒浑	先	出	打书
narhūn	hiyan	ci	dasusu
细	香（火）	从	原籍
哈拉	你妈叉	哈拉	得
hala	nimaca	hala	de
姓	杨	姓	在
特勒	阿宁阿	哈因	恶林
tere	aniyangga	ai	erin
他（萨满）	属年	什么	时候
特勒	阿宁阿	何	意
tere	aniyangga	ai	i
他（东家）	属年	什么	的

彪根	得	八因	波罗立
boigoji	de	bayan	bolori
家族	在	丰富	秋天

卧客多木	托说莫	波滚	敖木子
okdome	tosome	bolgo	amsun
迎接	预先	清洁	祭肉（神猪）

波何笔	阿因	敖子	威勒笔
belhembi	ayan	amsun	weilembi
准备	大	祭肉	制作

占出浑	奴勒	泊	扎卡得
jancuhūn	nure	be	jakade
甜	酒	把	跟前

多不笔	哈谈	阿七	泊
dobombi	hatan	arki	be
供献	烈性	酒	把

寒七	多不笔	朱鲁	先
hanci	dobombi	juru	hiyan
近处	供献	朱录（双）	香

泊	朱勒立	西西笔	年七
be	juleri	sisimbi	niyanci
把	前边	插上	年祈

现	泊	牙罗莫	打不笔
hiyan	be	yarume	dabume
香	把	引（燃）	点燃
阿吉戈	恶真	而得客	乌西哈
ajige	ejen	eldeke	usiha
小	主人	明亮	星
得	恩独立	泊	说林木必
de	enduri	be	solimbi
在	神	把	宴请
阿不卡	七	瓦西卡	按八
abka	ci	wasika	amba
天	从	降临	大
瞒也	乌朱	得	翁哭莫
manni	uju	de	ukume
瞒尼	头	在	聚围
梅林	得	梅何勒莫	达拉
meiren	de	meihereme	dara
肩膀	在	担负	腰
得	扎吉莫	笔萨	得
de	jajame	bengsen	de
在	背负	才干	在

乌奴莫	表棍	娘门	得
unume	boigoji	niyalma	de
背着	主祭萨满	人	在
牙路莫	多西笔	我林	娘门
yarume	dosimbi	ere	niyalma
引行	进入	这里	人
得	作里莫	多西笔	
de	solime	dosimbi	
在	宴请	进入	

【译文】

第九篇　宴请按八瞒尼神

宴请从天而降的大香火神[1]，
宴请地上的书勒得勒，吉祥上气风水神，
宴请细香火风水神[2]。

原为杨姓子孙，
举行祭祀敬神。
萨满属什么？
东家属什么？
今已是迎来了丰富的秋天，
早已准备了神猪[3]，
今制作了大的祭肉[4]，
甜酒供于神前，
烈性酒献于神案。
引燃了朱录香，
点燃了年祈香[5]，
杨姓主祭萨满在星光闪闪之时，
宴请从天而降的大瞒尼神[6]，
聚于萨满之首，
负于萨满之肩，

集聚在萨满腰里，	众助手在前引行，
降附于萨满全身。	请临坛纳享供品。

【注释】

①② 参见第八篇注 ①。此篇是专请这两位神灵的。

③④⑤ 分别参见第八篇注释 ②③④。

⑥ 大瞒尼神：满语音转汉语为“按八瞒尼”，直译为“大英雄”。此神是满族普遍信仰的神灵，据说是众瞒尼神的首神。满族萨满祭祀宴请某位神时，还须捎带请其他的神灵。

第十篇　再宴请三大金佛神

阿不卡	其	瓦西卡	衣兰
abka	ci	wasika	ilan
天	从	降临	三
按八	瞒矣	爱心	扶七西
ambai	manni	aisin	fucihi
大的	瞒尼	金	佛
恩独立	表根	娘门	泊
enduri	boigoji	niyalma	be
神	家族（萨满）	人	把
多勒	吉	得	乌朱
doroloro	ji	de	uju
行礼	令来	在	头
得	翁公莫	叶林	得
de	ukume	meiren	de
在	聚围	肩膀	在
叶何勒关	打拉	得	扎鸡莫
meihereme	dara	de	jajame
负	腰	在	背负

笔涉	得	乌奴莫	押打拉
bengsen	de	unume	yadara
聚集	在	背着	引导
倍根	得	押落莫	多西笔
mukūn	de	yarume	dosimbi
家族（助手）	在	引行	进入
者泊勒	恶林	得	者立莫
jabdure	erin	de	solime
得闲空儿	时候	在	宴请
多西笔			
dosimbi			
进入			

【译文】

第十篇　再宴请三大金佛神①

宴请从天而降的三大金佛神，
杨姓萨满及家族子孙，
叩头行礼。
请聚于萨满②之首，
负于萨满之肩，
集聚在萨满腰间，
降附于萨满全身。
随和的助手在引行，
请进入神坛纳享供品。

【注释】

① 此篇神歌很像宴请三大金佛神的提要，因为第八篇是宴请

三大金佛的专篇神歌，此处不知为何又出现一篇。

② 萨满：满语音转汉语为“表根”（boigoji），为“家族”之义，但文中实指“主祭萨满”，即“恶真”，为附体的大萨满或野祭萨满。“表根”如何理解，酌文而译。

第十一篇　宴请双铜镜神

爱心	爱心	书路	松坤
aisin	aisin	šomuru	šongkoro
金	金	舒穆鲁	海东青
西林	新肯	安出立	某干
silin	sihin	ancuri	mergen
精致	树顶	安楚河	莫尔根
木立	某立干	朱垒	哭兰
morin	mergen	julen	kuwaran
骑马	莫尔根	古代	兵营
朱垒	生恶	朱垒	赊夫
julen	šengge	julen	sefu
古代	先知先觉	古代	师傅
押亲	哭路	娘年克车库	那旦
yacin	gurun	nekcute	nadan
黑暗	国	众舅母	七
嫩浑	作立哈	中已	你妈叉
naihū	soliha	jingkini	nimaca
星斗	宴请	切实	杨

哈拉	得	特喏	阿宁阿
hala	de	tere	aniyangga
姓	在	他（萨满）	属性
哈音	恶林	得	特喏
ai	erin	de	tere
什么	时候	在	他（东家）
阿宁阿	何意	彪根	得
aningga	ai	boigoji	de
属性	什么	家族	在
八音	波罗利	卧客多木	托说莫
bayan	bolori	okdome	tosome
丰富	秋天	迎接	预先
波何	敖木孙	泊何笔	哈烟
bolgo	amsun	belhembi	ayan
清洁	祭肉（神猪）	准备	大
敖孙	泊	非他笔	朱鲁
amsun	be	weilembi	juru
祭肉	把	制作	朱录
现	泊	朱勒立	西西匹
hiyan	be	juleri	sisifi
香	把	前边	插上

卧西浑	卧车必	朱勒立	朱登必
wesihun	wecembi	juleri	juktembi
向上	祭	前边	祀
阿鸡歌	得不嫩	恶真	而得客
ajige	deberen	ejen	eldeke
小	幼小	主祭（萨满）	明亮
乌西哈	得	恩都立	泊
usiha	de	enduri	be
星	在	神	把
说林必	活龙欧	也赊	泊
solimbi	horonggo	yekse	be
宴请	有威的	神帽	把
活托	得	恶图笔	乌云
hoto	de	etumbi	uyun
头骨	在	穿戴	九
杀叙杀	泊	乌朱	得
saksaha	be	uju	de
喜鹊	把	头	在
翁故笔	阿勒赊	鸡干	得
ukumbi	alafi	jilgan	de
围戴	说（诵唱）	声音	在

阿似哈	泊	涉拉其	阿不卡
asha	be	saraci	abka
翅膀	把	若展开	天
孙	笔亚乒	泊	打林必
šun	biya	be	dalimbi
太阳	月亮	把	遮挡
温车根	泊	涉拉其	乌云
uncehen	be	saraci	uyun
尾巴	把	若展开	九
莫得立	泊何	勒根必	胡图
mederi	behe	lakiyambi	hutu
海	墨（蓝）	吊挂	鬼
得	胡松阿	衣不干	得
de	hūsungga	ibagan	de
在	有力的	妖怪	在
衣长阿	打其瞎莫	多西哈	打拉哈
icangga	dasihime	dosiha	dalaha
顺当	展翅	进入	为首者
呆泯	乌朱	得	翁公莫
daimin	uju	de	ukume
雕神	头	在	聚围

咩林	得	咩何勒莫	打拉
meiren	de	meihereme	dara
肩膀	在	担负	腰
得	扎鸡莫	笔萨	得
de	jajame	isan	de
在	背负	聚集	在
乌奴莫	押打拉	倍根	得
unume	yadara	mukūn	de
背着	软（和善）	家族（助手）	在
押路莫	多西笔	作不勒	我林
yarume	dosimbi	jabure	erin
引行	进入	回话（诵唱）	时候
得	作里摸	多西笔	
de	solime	dosimbi	
在	宴请	进入	

【译文】

第十一篇　宴请双铜镜神

宴请双铜镜神[①]，
宴请舒穆鲁氏海东青神[②]，
宴请手执流星锤的安楚河
莫尔根神[③]，
　宴请牧马神[④]，
　宴请古代兵营神[⑤]，

宴请古代先知先觉神⑥，
宴请古代师傅神⑦，
宴请山洞众舅母神⑧。

杨姓族人在七星斗前宴请神灵。

萨满何属相？
东家何属相？
什么家族？
何时祭祀？
今已是迎来了丰富的秋天，
早已准备了神猪，
今制作了大祭肉。
神坛前点燃了朱录香，
插上了汉香⑨，
应献祭品供于前边。
杨姓小崽子主祭萨满在星光闪闪之时，
宴请神灵。

主祭萨满头戴九只喜鹊的神帽，
威严美丽。
腰间围戴腰铃，
哐哐作响，
诵唱神歌，
歌声嘹亮。

那雕神啊⑩！
展翅能遮挡天上的太阳、月亮，
翘尾如墨蓝的九海吊挂。
首雕神啊！
战胜一切恶魔鬼怪的雕神，
乞请顺利降临，
聚于萨满之首，
负于萨满之肩，
集聚萨满腰里，
降附于主祭萨满之身。
温良和善的萨满（助手）诵唱着在前宴请引行，
请进入神坛纳享供品。

【注释】

① 双铜镜神：满语音转汉语为“爱心爱心”，直译为“金金”。杨姓老萨满认为指“双铜镜”，是按木巴瞒尼神所使用的神器。此处以神器“双铜镜”来代表按木巴瞒尼神灵，所以译为“双铜镜神”。

②舒穆鲁氏海东青神：参见第六篇的注释⑨。

③安楚河莫尔根神：参见第六篇的注释⑩。

④牧马神：参见第六篇的注释⑪。

⑤古代兵营神：参见第六篇的注释⑫。

⑥古代先知先觉神：参见第六篇的注释⑬。

⑦古代师傅神：参见第六篇的注释⑭。

⑧山洞众舅母神：参见第六篇的注释⑮。

⑨插上了汉香：满语音转汉语为“西西匹卧西浑”，直译“向上插上”，即“插上了汉香”。满族使用粉末状的年祈香时，用动作“滤”。所以此处不是指年祈香。

⑩雕神：满语音转汉语为“呆泯”，即“雕”。本篇为主要宴请雕神的神歌。但在前面列举了其他神灵，如“双铜镜神”等。在宴请雕神的同时，这些神灵也可以降临纳享供品。

第十二篇　宴请瞒尼神等

翁古	妈法	嗽立哈	乌云朱
unggu	mafa	soliha	uyunju
曾	祖	宴请	九十（岁）
瞒也	那	旦	都立鸡
mamni	na	be	durgire
瞒尼（爷）	土地	把	振动
得	那旦朱	瞒也	嘎勒干
de	nadanju	manni	gargan
在	七十（岁）	瞒尼（爷）	（树）枝
托你	嘎路	佛也	书不何
tongki	garu	fucihi	subuhe
圆点（圆满）	天鹅	佛爷	解脱
托你	书可得立	佛也	亥兰
tongki	sukduri	fucihi	hailan
圆点（圆满）	书可得立	佛爷	海兰
木打	特何	乌尖西	瞒也
mudan	tehe	ulgiyan	manni
木打	居住	猪	瞒尼

那旦	乌西哈	作里哈	中吉
nadan	usiha	soliha	jingkini
七	星（斗）	宴请	切实（真正）
你妈叉	哈拉	特喏	阿宁阿
nimaca	hala	tere	aningga
杨	姓	他（萨满）	属相
哈音	恶林	得	特喏
ai	erin	de	tere
什么	时候	在	他（东家）
阿宁阿	何	意	彪根
aniyangga	ai	i	mukūn
属相	什么	的	家族
得	八音	波罗利	卧客多没
de	bayan	bolori	okdome
在	丰富	秋天	迎接
托说莫	波浑	敖木子	波何笔
tosome	bolgo	amsun	belhembi
预先	清洁	祭肉	准备
阿音	敖木子	威勒笔	朱鲁
ayan	amsun	weilembi	julu
大	祭肉	制作	朱录

现	莫	朱勒立	西西笔
hiyan	be	juleri	sisimbi
香	把	前边	插上
卧其浑	卧臣必	朱勒立	朱可谈必
wesihun	wecembi	juleri	juktembi
向上	祭	前边	祭祀
阿吉歌	得不林	恶真	而得客
ajige	deberen	ejen	eldeke
小	幼小	主祭（萨满）	明亮
乌西哈	得	恩都涉	泊
usiha	de	endurise	be
星	在	众神	把
说林必	阿勒赊勒	吉干	得
solimbi	eršere	jirga	de
宴请	保护（佑）	令安乐	在
爱心	吉打	泊	爱米勒莫
aisin	gida	be	alamime
金色	枪	把	斜背着
多西笔	蒙文	也	吉打
dosimbi	menggun	i	gida
进入	银色	的	枪

泊	米他都莫	多西笔	胡图
be	mitabume	dosimbi	hutu
把	翻转着	进入	鬼
得	图松阿	衣不干	得
de	hūsungge	ibagan	de
在	有力者（威严）	妖怪	在
衣长阿	乌朱	得	胡赊何
icangga	uju	de	hūsihe
顺利	头	在	包裹着
扎坤	打	扎不占	也
jakūn	da	jabjan	i
八	庹	蟒	的
泊	嗽立哈		
be	soliha		
把	宴请		

【译文】

第十二篇 宴请瞒尼神等

宴请曾祖神，
宴请九十岁的瞒尼神①，
宴请振地的七十岁的瞒尼神②，
宴请树枝圆满的天鹅佛爷神③，
宴请解脱圆满舒克得立佛爷神④，
宴请居住在海兰木打之地的乌尖西瞒尼神⑤，
杨姓子孙在七星斗前宴请众神灵。
东家何属相？
萨满何属相？
什么家族？何时祭祀？
今已是迎来了丰富的秋天，
早已准备了神猪，
今制作了大祭肉，
神坛前点燃了朱录香，
插上了汉香。
应献祭品供于前边。
杨姓小崽子主祭萨满在星光闪闪之时，
宴请神灵，祈祷保佑安乐。
杨姓主祭萨满跳神舞蹈，
他斜背着金枪进来了，
他翻转着银枪进来了。
他神奇威严地行进，
顺利地降临附着萨满身。
它是八庹蟒神，附于萨满头上⑥，
乞请纳享供品。

【注释】

① 九十岁的瞒尼神：参见第六篇的注释㉒。

② 振地的七十岁的瞒尼神：不管是“振地”，还是“由地中而出来”，都与土地有关系，“都立鸡”除“振动”（durgire）之外，还有可能是“鸠鸣”。因此这位瞒尼可能是动物神。杨姓的瞒尼神中有动物神灵是可信的。参见第六篇的注释②③。

③ 天鹅佛爷神：参见第六篇的注释⑲。

④ 舒克得立佛爷神：参见第六篇的注释⑳。

⑤ 居住在海兰木打之地的乌尖西瞒尼神：参见第六篇的注释㉑。但两篇中所祭神的居住地不同。

⑥ 八庹蟒神，附于萨满头上：满语音转汉语为“乌朱得胡赊何扎坤打扎不占”，直译为“在头上包裹着八庹蟒”。这里指蟒神附在萨满头上，即神灵附体的意思。本篇与第八篇相同，除宴请的蟒神外，曾祖神、九十岁的瞒尼神也都可降临，“九十岁瞒尼”和“七十岁瞒尼”据说都是“蟒神”。

第十三篇 宴请玛克鸡瞒尼

那旦	乌沙	那旦	奈浑
nadan	usiha	nadan	naihū
七	星	七	星斗
左立哈	中己	你妈叉	哈拉
soliha	jingkini	nimaca	hala
宴请	切实（真正）	杨	姓
特喏	阿宁阿	哈音	恶林
tere	aniyangga	ai	erin
他（萨满）	属相	什么	时候
得	特喏	阿宁阿	何
de	tere	aniyangga	ai
在	他（东家）	属相	什么
意	彪根	得	八音
i	mukūn	de	bayan
的	家族（萨满）	在	丰富
也	波罗利	卧客多木	托说莫
i	bolori	okdome	tosome
的	秋天	迎接	预先

波浑	敖木	波何笔	阿音
bolgo	amsun	belhembi	ayan
清洁	祭肉（神猪）	准备	大
敖木子	威勒笔	朱鲁	现
amsun	weilembi	juru	hiyan
祭天	制作	朱录	香
莫	朱勒立	西西笔	卧西浑
be	juleri	sisimbi	wesihun
把	前边	插上	向上
卧臣必	朱勒立	朱克谈必	阿吉歌
wecembi	juleri	juktembi	ajige
祭	前边	祀	小
得不嫩	恶真	而	乌西哈
deberen	ejen	eldeke	usiha
幼小	主祭（萨满）	明亮	星
得	恩都涉	泊	说林必
de	endurise	be	solimbi
在	众神	把	宴请
活龙欧	也赊	泊	胡图
horonggo	yekse	be	hoto
有威风的	神帽	把	头骨

得	恶图笔	乌云	沙沙
be	etumbi	uyun	saksaha
在	穿（戴）	九	喜鹊
泊	乌朱	得	翁空笔
be	uju	de	ukumbi
把	头	在	围戴
阿勒赊	鸡干	得	爱心
alafi	jilgan	de	aisin
说（诵唱）	声音	在	金色
洪乌	泊	爱米勒莫	多西笔
honggon	be	alamime	dosimbi
神灵	把	斜背着	进入
蒙文	洪乌	泊	叶特肚莫
menggun	honggon	be	mitabume
银色	神铃	把	翻转着
多西笔	胡图	得	胡松阿
dosimbi	hutu	de	hūsungga
进入	鬼（恶魔）	在	有力者（战胜）
衣不干	得	衣长阿	扎坤朱
ibagan	de	icangga	jakūnju
鬼怪	在	顺当（不怕）	八十（岁）

彪根	得	栽立哈	赊夫
mukūn	de	jariha	sefu
家族（萨满）	在	诵神歌	师傅

乌云朱	彪根	得	卧车何
uyunju	boigoji	de	wecehe
九十（岁）	家族（萨满）	在	祭祀

赊夫	乌朱	得	翁空莫
sefu	uju	de	ukume
师傅	头（主祭萨满）	在	聚围

叶林	得	叶何勒莫	打拉
meiren	de	meihereme	dara
肩膀	在	担负	要

得	扎吉莫	笔涉	得
de	jajame	isan	de
在	背负	聚集	在

乌奴莫	倍棍	娘们	得
unume	mukūn	niyalma	de
背着	家族（萨满）	人	在

押落莫	多西笔	恶里	娘门
yarume	dosimbi	ere	niyalma
引行	进入	这里	人

得	左里得	多西笔
de	soli	dosimbi
在	令请	进入

【译文】

第十三篇　宴请玛克鸡瞒尼

虔诚[①]的杨姓子孙后代在七星下的七星斗前宴请神灵。

家族萨满[②]何属相?

东家何属相?

什么家族，何时祭祀?

今已是迎来了丰富的秋天，

早已准备了神猪，

今制作了大祭肉。

神坛前点燃了朱录香，

插上了汉香。

应献祭品供于前边。

杨姓小崽子主祭萨满在星光闪闪之时，

宴请众神灵。

主祭萨满头戴威风凛凛的九只喜鹊的神帽，

主祭威严美丽。

诵唱神歌，

歌声嘹亮。

神通的玛克鸡瞒尼[③]，

斜背着金色神铃进来了，

翻转着银色神铃进来了[④]，

战胜恶魔，不怕鬼怪。

八十岁的师傅诵唱神歌，

九十岁的老师傅主持祭祀[⑤]。

玛克鸡瞒尼啊!

聚于萨满之首[⑥]，

负于萨满之肩，

集聚萨满腰间，

降附于萨满全身。

助手引行而入，

乞请神灵进神坛，

杨姓宴请神灵纳享供品。

【注释】

① 虔诚：满语音转汉语为“中己”，汉语意思为“切实”，即“真正”之义，实为表现祭祀人的“虔诚态度”，故笔者译为“虔诚”。同时还表示祭祀者为真正的杨姓子孙后代。

② 家族萨满：满语音转汉语为“特喏”，译为“他”，实指“家族萨满”，故译为“家族萨满”，有时起“助手”作用。

③ 玛克鸡瞒尼：全篇神歌中都未出现“玛克鸡瞒尼”一词，也无标题标出，只因神歌中明确指出，此神使用神器是金、银神铃，而玛克鸡瞒尼正是使用此神器的，所以我们断定此篇神歌说的是玛克鸡瞒尼神。

④ 斜背着金色神铃进来了，翻转着银色神铃进来了：满语音转汉语为“爱心洪乌泊爱米勒莫多西笔蒙文洪乌泊吽特肚莫多西笔”。这两句描述玛克鸡瞒尼的舞蹈动作，即一手翻转于背上，另一手翻转于背下地跳动着，行进着。

⑤ 八十岁的师傅诵唱神歌，九十岁的老师傅主持祭祀：满语音转汉语为“扎坤朱彪根得栽立哈赊夫乌云朱彪根得卧车何赊夫”。玛克鸡瞒尼（实为萨满）舞蹈时还需要有助手配合舞蹈，这里的“八十岁”和“九十岁”说明很有身份的助手，以示对玛克鸡瞒尼神的恭敬。

⑥ 萨满之首：萨满指“主祭萨满”，文本中未出现满语，只出现了一个满文词汇，即“乌朱”，汉译为“头、首”，此处“头、首”指玛克鸡瞒尼降附于“主祭萨满”之首。

第十四篇 宴请乌勒尖瞒尼神

乌勒尖	瓦哈	按巴拉	木兰
ulgiyan	wasika	ambula	muran
猪（乌勒尖）	降临	最大	木兰
得	特笔	恩都利	涉
de	tembi	enduri	se
在	居住	神灵	等
泊	说里勒	非烟嫩	打书
be	solire	fiyelen	dasusu
把	宴请	篇	原籍
哈拉	衣妈叉	哈拉	得
hala	nimaca	hala	de
姓	杨	姓	在
特喏	阿宁阿	哈音	恶林
tere	aniyangga	ai	erin
他（萨满）	属相	什么	时候
得	特喏	阿宁阿	何
de	tere	aniyangga	ai
在	他（东家）	属相	什么

烟	彪根	得	恩独涉
i	mukūn	de	endurise
的	家族（萨满）	在	众神
恶勒射笔	而何	太平	卧不笔
eršembi	elhe	taifin	obumbi
照看（保佑）	太平	康宁	可为
倍棍	娘门	泊	恶勒笔
mukūn	niyalma	be	erembi
族	人	把	想往
波坤	三音	卧不笔	八音
boigon	sain	obumbi	bayan
家家户户	吉顺	可为	丰富
波罗立	卧客多木	托说莫	卧林
bolori	okdome	tosome	orin
秋天	迎接	预先	二十
遂何	泊	卧罗立	街笔
suihe	be	oilori	gaimbi
穗	把	平白（容易）	取用
得西	遂何	泊	得勒立
dehi	suihe	be	deleri
四十	穗	把	上边（神）

书法笔	法浑	得	非烟里笔
šufambi	fahūn	de	fiyelembi
均取	车圈（碾子）	在	飞上（碾）

翁哭	乌库	得	乌里笔
unggu	uce	de	ulimbi
翁古（曾祖）	乌库	在	供献

娘门	得	特不笔	阿库
niyalma	de	tebumbi	akū
人们	在	盛着（诚心）	没有

赊莫	阿那哈库	必何	赊莫
seme	anahakū	bihe	seme
说	没有推托	有	说

不叉库	他里哈	折库	泊
buncuhūn	tariha	jeku	be
温和	耕种	粮食	把

他妈笔	威勒何	折库	泊
tamambi	weilehe	jeku	be
收拾	制作	粮（供品）	把

卧心不笔
weibumbi
向上（神灵）

【译文】

第十四篇　宴请乌勒尖瞒尼神

宴请居住在大木兰之地的众神灵篇①，
原籍为杨姓举行祭祀。
萨满何属相？
东家何属相？
何时祭祀？
家族萨满在此举行祭祀，
杨姓家族祈祷神灵保佑，
保佑族人太平安康，
保佑家家吉顺平安。

今已迎来了丰富的秋天，
早备神谷二十穗，
取用早备神谷四十穗②，
将神谷碾成供米③，
制作饽饽供品④，
供献于翁古乌库神⑤，
杨姓家族，
人人诚心诚意敬神，
今已将耕种粮食收获，
富者不浪费，
穷者不推托，
恭敬献神灵。

【注释】

① 宴请居住在大木兰之地的众神灵篇：满语音转汉语为“乌勒尖瓦哈按巴拉木兰得特笔恩都利涉泊说里勒非烟嫩”，直译为“宴请由居住在围场地降临的乌勒尖众神灵篇”。其中“瓦哈”在译文中为“降临”之义。第六篇注㉑的乌尖西瞒尼与此神的功能相同。

② 神谷二十穗，取用早备神谷四十穗：这种谷子仅用来敬神，从各家各户“均取”（šufambi）而来，备用二十穗，取用四十穗。

③ 将神谷碾成供米：满语音转汉语为“法浑得非烟里笔”，直译“飞在车圈上”。本篇跳饽饽神，一定与碾谷子有关系，所

以译为“将神谷碾成供米”。

④制作饽饽供品：满语音转汉语为“威勒何折库泊卧心不笔”，直译“向上制作了粮食”，即用粮食制作饽饽献神。

⑤翁古乌库神：为祖先神，历代祖先之意。

第十五篇　领性

阿拉	泊	阿那笔	阿眼
ara	be	anambi	ayan
呼叫（神）	把	推诿（逐一）	大
敖木孙	泊	威勒笔	书兰
amsun	be	weilembi	suran
祭肉	把	制作	泔水
波	遂他笔	书	得
be	suitambi	šu	de
把	倾倒	好看	在
敖木孙	非烟他笔	爱心	也
amsun	faitambi	aisin	i
祭肉（摆件猪）	解割	金色	的
笔拉	得	阿叉不	泊
bira	de	acabu	be
河流	在	使会合（倒）	把
特不何	蒙文	也	笔拉
tebuhe	menggun	i	bira
盛装	银色	的	河流

得 de 在	木拉 mari 转回	客射 gese 各自	杀哈笔 sahambi 摆放
占出浑 jancuhūn 甜	奴勒 nure 酒	泊 be 把	扎卡得 jakade 跟前
多不笔 dobombi 供献	朱鲁 juru 朱录	现 hiyan 香	莫 be 把
朱勒立 juleri 前边	西西笔 sisimbi 插上	念其 niyanci 年祈香	泊 be 把
押罗莫 yarume 引燃	打不笔 dabumbi 点燃		

【译文】

第十五篇　领牲[①]

诵唱着逐一宴请了神灵[②]，
制作了大的祭肉，
倾倒了淘米泔水[③]，
精心制作了摆件猪[④]，
敬献神灵。

取来金色的河水，
带回银色的河水[⑤]，
摆上甜酒，
插上汉香，
引燃了年祈香、朱录香。
摆供献于神坛前。

【注释】

① 本篇神歌内容是“领牲”神歌。

② 诵唱着逐一宴请了神灵：满语音转汉语为“阿拉泊阿那笔”，直译为“逐一呼叫神灵”。此处指萨满祭祀仪式中的“排神”，即点神名。

③ 倾倒了淘米泔水：满语音转汉语为“书兰波遂他笔”，直译为“倾倒泔水”。各种烦琐的祭祀仪式都有传统的礼仪，淘米的泔水不能随便泼掉，要倒在村外洁净之地。

④ 精心制作了摆件猪：满语音转汉语“书得敖木孙非烟他笔”，直译为“解割了好看的祭肉”。“祭肉”指摆件猪，即把杀了的猪分成几件，煮熟后，再按活猪趴卧的样子摆起来，供献于神灵。这一过程，满族称为“摆件”，称猪为“摆件猪”，即“祭肉”。

⑤ 取来金色的河水，带回银色的河水：满语音转汉语为“爱心也笔拉得阿叉不泊特不何蒙文也笔拉得木拉客射杀哈笔”，直译为“到了金河，盛装了，转回到银河，各自垒起（金、银河水倾倒在一起）”。金银河水的用途除了淘米外，就是“领牲”。所以，本篇题目拟为“领牲”。

第十六篇　准备祭器

妈法立	阿哭兰	泊	嘎鸡笔
mafari	agūra	be	gajimbi
众祖先	器皿（神器）	把	取来
阿音	阿打立	杀哈笔	哈尊
ayan	adali	sahambi	hajun
大	相同	垒起（摆放）	器械（神器）
泊	嘎鸡笔	哈打意	阿打立
be	gajimbi	hada	adali
把	取来	山峰	一样
非烟打笔	妈法立	朱登	泊
faidambi	mafari	jukten	be
排放	众祖先	祭坛	把
非烟笔	朱勒立	朱可登必	卧西浑
faidambi	juleri	juktembi	wesihun
排置	前边	祭祀	上边
得	卧臣必	说立阿	恩独立
de	wecembi	soliha	enduri
在	祭祀	宴请	神

泊	说林	得	登不必
be	soorin	de	tebumbi
把	神位	在	使坐
胡可射何	朱可登	泊	温得
hūkseme	jukten	be	unde
忽然间	祭坛	把	尚早
卧心不木笔	阿木孙	泊	阿里搂
wasimbumbi	amsun	be	alire
降下	祭肉	把	纳享
书克敦	泊	涉里搂	
sukdun	be	šarire	
气	把	炼化（修炼）	

【译文】

第十六篇　准备祭器①

取来众祖先神器②，
排列摆好，如同山峰之高。
设立了祖先神坛③，
宴请神灵迅速降临神位④
纳享供品，
即刻回山修炼⑤吧！

【注释】

①本篇是请神入位神歌，在祭品供上时即可诵唱，也可在“排神”时一起诵唱。

②取来众祖先神器：满语音转汉语为“妈法立阿哭兰泊嘎鸡

笔阿音阿打立杀哈笔哈尊泊嘎鸡笔”，直译为“取来众祖先神器，取来众祖先大的神器”。“阿打立”与前面众祖先相同的神器，只是“大的”。神器有许多，请参看拙文《由萨满神器看满族原始经济生活》（载于《黑龙江满族丛刊》，1991 年第 4 期）。这里主要指祭祀时所用香炉、盘子、碗、神鼓、服装，等等，即“阿哭兰”；还有萨满手执神器，如刀、枪等“哈尊”。我们只译“取来众祖先神器”一句，即包括所有神器。

③ 设立了祖先神坛：满语音转汉语为“妈法立朱登泊非烟笔”，纠正丢音字，“朱登”应为“朱可登”，“非烟笔”应为“非烟打笔”。直译作“排放众祖先祭坛”。

④ 神位：满语音转汉语为“说林”，即请神灵入位。

⑤ 回山修炼：满语音转汉语为“书克敦泊涉里搂”，直译作“炼化气”，即炼气功，指神灵在山上修炼。

第十七篇 送神篇

敦音	活说	泊	打其瞎莫
duin	hošo	be	dasihiyame
四	角	把	掸净
衣兰	活说	泊	你其瞎莫
ilan	hošo	be	icihiyame
三	角	把	收拾
胡水	胡图	泊	洪哭木必
husi	hutu	be	hungkimbi
胡水	鬼怪	把	砸碎
乌采	胡图	泊	乌可杀拉木必
uce	hutu	be	uksalambi
五彩	鬼	把	脱离
阿摄	多可孙	得	乒恶
gašan	tokso	de	bangga
乡村	庄	在	发懒
衣	恶何凌乌	你莫库	泊
i	ehelinggu	nimeku	be
的	庸人	疾病	把

图门	德	图其不搂	明安
tumen	de	tucibure	minggan
万（里）	在	出去（赶出）	千（里）
得	米拉拉不楼	阿宁	哈兰
de	milarebure	aniyangga	hala
在	使远之	年的（代）	令换
必其	而当阿	卧不莫	乒
bici	eldengge	obume	biya
有则	明亮（太平安康）	可为	月亮
也	折鸡	泊	郭罗
i	jergi	be	goro
的	层	把	远
卧不莫	作托落	胡图	泊
obume	jotoro	hutu	be
可为	只管行走	鬼	把
朱滚	泊莫	非烟他笔	亚不勒
jugūn	baime	faitambi	yabure
道路	求	切断	行走
胡图	牙勒	泊	叶特笔
hutu	yara	be	meitembi
鬼	真的	把	截断

嘎鸡勒	嘎四哈	阿库	不何赊木
gajire	gashan	akū	buheliyeme
取来	灾难	没有	蒙盖
泊	克敦	阿库	衣拉
be	katun	akū	ira
啊	勉强	没有	黄米
歌赊	衣其细	阿库	波勒
gese	icihi	akū	bele
一样	瑕疵	没有	米
歌赊	泊勒根	阿库	胡图立
gese	bolgo	akū	huturi
一样	清洁	没有	众鬼
都卡	泊	押西笔	新达
duka	be	yasimbi	siden
门	把	关闭	其间
胡图立	昂阿	泊	嫩笔
huturi	angga	be	neombi
鬼	口	把	离开
新打	八图路	都卡	泊
siden	baturu	duka	be
其间	勇英	门	把

亚西笔	新达	班鸡不勒	朱棍
yasalambi	siden	banjibure	jugūn
物过而见（畅开）	其间	使生	道路

泊	八哈不搂
be	bahabure
把	使得到

【译文】

第十七篇　送神篇①

掸净了四角，收拾干净了三角。

砸碎了胡水鬼，赶走了五彩鬼②。

把村庄里的庸人、病魔赶出千里之外，

万里之外，使其永远远之。

改年换代世代平安③，

月亮高高④，鬼道遥远，

切断其（鬼道）行走之路，

截住其来往之门。

蒙盖住灾难，乞求太平、安康⑤。

无黄米粒一样的污垢，洁净无暇。

无大米粒一样的尘埃，清洁明亮。

关闭鬼门，离开鬼口，

畅开勇英之路，

获得生路。

【注释】

① 本篇神歌是驱鬼求平安神歌，应在祭祀结束时诵唱，即为送神回归山位神歌。

②胡水鬼、五彩鬼：“胡水”不知何意，暂且未译。“乌采”可能是“五彩鬼”，为汉语词组。

③改年换代，世代平安：满语音转汉语为“阿宁哈兰必其而当阿卧不莫”，直译为“令换了年代，则为明亮”。其意是为了“年年平安，代代安康”，“明亮”即是“太平、安康”。此处只能意译。

④月亮高高：满语音转汉语为“乒也折鸡泊郭罗卧不莫”，直译为“月亮层可为远呀！”这句话为“切断鬼道”作衬托，以示人们切断鬼道的决心。此处只能意译。

⑤乞求太平、安康：满语音转汉语为“克敦阿库”，直译为“没有勉强”，此句是从反面表示人们没有不安康，我们从正面译为“太平、安康”。

第十八篇　宴请神灵

而得克	孙	恶米勒可	恶林
eldeke	šun	emilebuke	erin
光亮	太阳	遮挡	时候

图其克	孙牙	图何克	恶林
tucike	biya	tucike	erin
出来了	月亮	出来了	时候

图门	衣勒根	多木笔	乌拉授
tumen	irgen	tomombi	ursu
万	黎民	歇息	层层（处）

朱可登	泊	乌拉授	古论古论
jukten	be	ursu	gūi gūi
神坛	把	层层（多）	赶兽声

娘们	乌朱	泊	不可书笔
niyalma	uju	be	buksimbi
人	头	把	埋伏

佛西勒	佛肯	泊	瓦你亚笔
feksire	furgi	be	warambi
跑着	套子	把	取回

图门	德	图门	乌西哈
tumen	de	tumen	usiha
万	在	万	星
图西笔	明安	西哈	米他笔
tucimbi	minggan	usiha	mitambi
出来	千	星	翻起
那旦	乌西哈	骂里笔	衣兰
nadan	usiha	marimbi	ilan
七	星	回转	三
乌西哈	泥拉嘎	恶林	得
usiha	sinda	erin	de
星	令放	时候	在
而得客	乌西哈	得	阁立
eldeke	usiha	de	geli
光亮	星	在	又
恩都立	泊	说里勒	恶
enduri	be	solire	erin
神	把	宴请	时候
母都立	阿你亚	得不嫩	恶真
muduri	aniyangga	deberen	ejen
龙	属年	幼小	主祭萨满

我图哭	阿独	泊	洪何勒笔
etuku	etumbi	be	hungkerembi
衣服	穿戴	把	铸成（腰铃）
得勒	押涉	泊	卧不笔
tere	yangse	be	obumbi
那	美丽	把	可为
昂阿	泊	心加笔	胡亲胡
angga	be	sindambi	hūsihan
口	把	放开	裙子
师哈	泊	波也	得
sehe	be	beye	de
等	把	身	在
胡西笔	西林	西散	泊
hūsimbi	silin	sisa	be
围系	精致	腰铃	把
西哈拉	得	西沙拉笔	乌能你
sihali	de	sibkelembi	unenggi
腰间	在	抬起	果真（响）
你妈亲	木何林	泊	扎法笔
imcin	muheliyen	be	jafambi
手鼓	圆的	把	拿

孩滨意	鸡孙	泊	嘎啦
hailan	gisun	be	gala
榆树	鼓锤	把	手
得	孩加笔	特哭	得
de	gajimbi	teku	de
在	拿	坐位	在
特笔	八客七拉莫	白仍恶	木兰
tembi	bacilame	bairengge	muran
坐	对坐之	乞求	木兰
得	特笔	依涉胡勒莫	说里仍恶
de	tembi	isheliyeken	solirengge
在	居住	窄处	宴请
特喏	阿宁阿	阿吉	得不嫩
tere	aniyangga	ajige	deberen
那	属年	小	幼小
恶真	而得客	乌西哈	得
ejen	eldeke	usiha	de
主祭（萨满）	光亮	星	在
恶嫩	恩都利	涉	说林笔
geren	enduri	se	solimbi
各位	神	们	宴请

花	得	乌记何	花生阿
hūwa	de	ujihe	hūwašangga
院子	在	养育	长成
书子	活勒浑	得	活里哈
šusu	horho	de	horiha
供品（神猪）	圈里	在	圈之
活其浑	书子	泊	恶林
hocikon	šusu	be	erin
标致	供品（神猪）	把	时候
得	嘎鸡笔	恶勒棍	泊
de	gajimbi	ergen	be
在	抓来	命	把
恶可不笔	恩都	沙	朱勒立
ekiyembumbi	enduri	se	juleri
使损（丧命）	神	等	前
心打笔	哈四乎	三音	哈西拉莫
sindambi	gashan	se	hasalame
放	灾难	等	剪之
阿里七	衣四浑	三义	衣西何笔
arki	ishun	sain	isahabi
烧酒	向（神坛）	很好	聚集了

衣勒根	泊	恶不笔	扶你何
irgen	be	ebumbi	funiyehe
百姓	把	下来	毛
木可	得	何特何笔	扶你何
muke	de	hetehebi	funiyehe
水	在	捲（弯曲）	毛
泊	推勒笔	英哈阿	泊
be	tuilembi	inggaha	be
把	退之	茸毛	把
说讷笔	法他哈	泊	法亚笔
sunembi	fatha	be	fayambi
脱落去	蹄	把	费（截断）
扎兰	波	土押笔	卧木
jalan	be	tuyambi	omo
骨节	把	曲折	湖
木可	得	卧不笔	赊立
muke	de	obumbi	šeri
水	在	可为	泉
木可	得	西加笔	爱心
muke	de	sindambi	aisin
水	在	放置	金色

也	卧屯	得	阿叉不莫
i	oton	de	acabumbi
的	整木槽盆	在	使合适
特不笔	蒙文	也	卧屯
tebumbi	menggun	i	oton
放入	银色	的	整木槽盆
得	米特肚莫	特不笔	方卡兰
de	meitebume	tebumbi	fangkala
在	使截断	盛入	低矮的
得林	得	非他笔	土笔何
dere	de	faidambi	tubihe
桌子	在	摆放	果子
得林	得	土乔笔	阿不卡
dere	de	tucimbi	abka
桌子	在	出（供献）	天上
七	瓦西卡	衣兰	按八
ci	wasika	ilan	amba
从	降临	三	大
爱心	扶其心	恩都利	阿不卡
aisin	fucihi	enduri	abka
金色	佛	神	天上

七	瓦西卡	按八	瞒也
ci	wasika	amba	manni
从	降临	大	瞒尼

爱心	爱心	书鲁	松坤
aisin	aisin	šomuru	šongkoro
金	金	舒穆鲁	海东青

西林	心肯	安出立	木立干
silin	sihin	ancuri	mergen
精致	树顶	安楚河	莫尔根

木立	木立干	朱里	哭兰
morin	moringga	julen	kūwaran
马	骑马者	古代	兵营

朱里	生恶	朱里	也
julen	šengge（senggi）	julen	i
古代	先知先觉（饮血）	古代	的

赊夫	押亲	哭兰	娘年可车哭
sefu	yacin	gurun	nekcute
师傅	黑暗	国	众舅母

打其瞎莫	多西哈	打拉哈	呆泯
dasihime	dosiha	dalaha	damin
翅击着	进入	为首者	雕

阿亚莫	瓦西卡	恩出勒	交浑
ayame	wasika	ancuri	giyahūn
架上飞	降下	安楚河	鹰
活泊	泊	活讬勒搂	爱扶拉搂
hobo	be	hontoholoro	efulehe
棺	把	劈开	破坏
不车何	古论	得	阁勒笔
bucehe	gurun	de	genembi
死了	国家	在	去
法音	阿木	泊	佛古说莫
šayan	amsun	be	gūwašašame
白色	祭肉	把	切肉片
嘎鸡勒	阿鸡歌	恶真	得
gajire	ajige	ejen	de
拿取	小	主祭（萨满）	在
阿打莫	押不勒	爱心	呆民
adame	yabure	aisin	damin
陪伴	行走	金色	雕
嘎勒干	也	托你	干路
gargan	i	tongki	garu
枝（支派）	的	圆点（圆满）	天鹅

佛也	书不何	托你	书赊夜
fucihi	subuhe	tongki	sukduri
佛爷	解脱	圆点	书可得立
佛也	亥兰	木	打
fucihi	hailan	moo	da
佛爷	榆	树	原
特何	乌尖西	瞒也	翁公
tehe	ulgiyen	manni	unggu
居住	乌尔尖	瞒尼	曾
妈法	嗽立哈	乌云祝	瞒也
mafa	soliha	uyunju	manni
祖先神	宴请	九十	瞒尼
那旦朱	瞒也	翁公	妈法
nadanju	manni	unggu	mafa
七十	瞒尼	曾	祖先神
遂分	活勒浑	得	活立哈
suifun	holo	de	soliha
绥芬	谷道	在	宴请
不可他	瞒也	翁古	妈法
bukda	manni	unggu	mafa
不可他	瞒尼	曾	祖先神

乌奴何	何勒	瞒也	温错
unuhe	hele	manni	uce
乌奴何	哑巴	瞒尼	房门
泊	卧立莫	登	泊
be	solime	dengjan	be
把	宴请	灯	把
打不莫	多说勒	多西哈	多活勒
dabume	soli dasare	dosiha	doholo
点燃	清净	进入	多谷洛（瘸足）
瞒也	扎坤朱	彪根	得
manni	jakūnju	boigon	de
瞒尼	八十	家族	在
栽立哈	赊夫	乌云朱	彪根
jariha	sefu	uyunju	mukūn
诵唱	师傅	九十	家族
得	卧车何	赊夫	汉钱
de	wecehe	sefu	hacihiya
在	祭祀	师傅	汉钱
妈法	嗽立哈	赊夫	恩得客
mafa	soliha	sefu	enteke
祖先神	宴请	师傅	恩得克

妈法	古押哈	赊夫	乖登阿
mafa	gūyaha	sefu	guwendengge
祖先神	吟诵唱	师傅	秧鸡（山鸡）

妈法	我非何	赊夫	活牛
mafa	efihe	sefu	honin
祖先神	玩要	师傅	羊

阿宁阿	翁古	妈法	朱可登
aniyangga	unggu	mafa	jukten
属年	曾	祖先神	神坛

波牛	阿宁阿	妈法	也
bonio	aniyangga	mafa	i
猴	属年	祖先神	的

赊夫	哖何	阿宁阿	妈马
sefu	meihe	aniyangga	mama
师傅	蛇	属年	祖母

衣	恩都立	乌拉尖	阿宁阿
i	enduri	ulgiyan	aniyangga
的	神	猪	属年

妈法	也	赊夫	波牛
mafa	i	sefu	bonio
祖先神	的	师傅	猴

阿宁阿	妈马	也	爷
aniyangga	mama	i	ye
属年	祖母	的	爷
宁客	古鲁妈浑	阿宁阿	妈妈
nike	gūlmahūn	aniyangga	mama
令靠	兔	属年	祖母
衣	恩都利	活你	阿宁阿
i	enduri	honin	aniyangga
的	神	羊	属年
妈法	也	赊夫	心恶立
mafa	i	sefu	singgeri
祖先神	的	师傅	鼠
阿宁阿	古押哈	赊夫	波牛
aniyangga	gūyaha	sefu	bonio
属年	龙吟	师傅	猴
也	阿宁阿	妈妈	卧臣何
i	aniyangga	mama	wecehe
的	属年	祖母	祭祀
卧臣	心恶立	阿宁阿	墨你
wecen	singgeri	aniyangga	meni
祭（神）	鼠	属年	我们的

恶真	也	赊夫	赊夫
ejen	i	sefu	sefu
主子	的	师傅	师傅
乌勒尖	也	阿宁阿	墨你恶
ulgiyan	i	aniyangga	meningge
猪	的	属年	我们的
也	赊夫	母都立	阿宁阿
i	sefu	muduri	aniyangga
的	师傅	龙	属年
莫勒根	义	赊夫	阿鸡歌
mergen	i	sefu	ajige
莫尔根	的	师傅	小
得不嫩	意	赊夫	我奔
deberen	i	sefu	efin
幼小	的	师傅	玩耍
鸡何	恩都利	涉	我里
jihe	enduri	se	erin
来	神	等	此时
娘门	得	我射搂	倍棍
niyalma	de	eršere	mukūn
人	在	照看（保佑）	家族

娘门 niyalma 人	泊 be 把	坎马搂 karmara 保护	按八 amba 大
其 ci 从	卧西浑 fusihūn 下	哈七根 ajigen 幼小	七 ci 从
卧西浑 wesihun 上	阁木 gemu 都	恶勒赊笔 eršembi 照看（保佑）	汤旺 tanggū 百
阿宁阿 aningga 年	他拉嘎 targa 令戒	阿库 akū 无	你中 ninju 六十
阿宁阿 aniyangga 年	吟哭 nimeku 病	哈库 akū 无	阁喏何 genehe 去
八 ba 地方	得 de 在	嘎都肯 getuken 明白（吉顺）	卧不莫 obume 可为
押不哈 yabuha 行走	八 ba 地方	得 de 在	押勒尖 yargiyan 真实（平安）

卧不莫	卧立	哈哈	泊
obume	orin	haha	be
可为	二十	男人（壮士）	把
卧罗利	卧不莫	得西	哈哈
oilori	obume	dehi	haha
平空	可为	四十	男人（勇汉）
泊	得勒立	卧不莫	图何勒
be	deleri	obume	tuhere
把	上边（骑士）	可为	跌倒
泊	土乔搂	阿法拉莫	阿立楼
be	tucire	afalame	alire
把	出来	相战	承担（参加）
恩都	涉	恶勒射笔	恶车库
enduri	se	eršembi	weceku
神	等	照看（保佑）	神主
涉	打立笔	打路哈	莫林
se	dalimbi	yaluha	morin
等	遮挡（保护）	骑着	马
泊	杨丧阿	三音	卧不莫
be	yangsangga	sain	obume
把	英俊	好看	可为

他哭拉哈	衣汉	泊	太平
takūraha	ihan	be	taifin
差	牛	把	太平
三因	恶勒射笔	花因	招路
sain	eršembi	hūwa	jalu
吉祥	照看（保护）	庭院	满
花沙不莫	官	因	招路
hūwašabume	kufa	i	jalu
养育	房内	的	满
福孙不莫	温	因	招路
fusebume	un	i	jalu
繁生（子孙）	猪窝	的	满
乌不莫	他骂	折莫	他拉浑
ujibume	taman	jeme	tarhūn
使喂养	公猪	吃	肥壮
卧不莫	我敦	折莫	我滨不莫
obume	adun	jeme	ebibume
可为	马群	吃	使饱
阿哭	意	特屯	得
agūra	i	tetun	de
器	的	皿	在

爱心 aisin 金	盟文 menggun 银	特不必 tebumbi 使盛装	温图浑 untuhun 空
特屯 tetun 器具	得 de 在	乌林 ulin 供品	那旦 nadan 七
泊 be 把	特不必 tebumbi 盛上（供献）	阿哈 aha 奴才	泊 be 把
他哭拉莫 takūrame 差之	阿打 akdan 可靠	泊 be 把	押路莫 yarume 引行
卧木 ome 可为	卧心不笔 wasimbumbi 降下来	八他拉库 badalarakū 无过分	八烟 bayan 丰富
卧不莫 obume 可为	我特拉库 eterakū 辞不得	而尖 aliki 接纳	卧不莫 obume 可为
阿吉戈 ajige 小	得不嫩 deberen 幼小	恶真 ejen 主祭（萨满）	那旦 nadan 七

乌西哈	佛鸡勒	阁喏笔	那胡
usiha	fejile	genembi	narhūn
星	下	去	细细
涉莫	多林必	登	鸡干
seme	solimbi	den	jilgan
说（诵唱）	宴请	高	声
意	歌夜笔	得勒鸡	恩独立
i	geyembi	deregi	enduri
的	敲	高高	神
涉	泊	说林必	按八
se	be	solimbi	amba
等	把	宴请	大
鸡干	泊	阿你亚莫	按八
jilgan	be	aname	amba
声	把	逐一	大
涉	恩独立	泊	说林必
se	enduti	be	solimbi
等	神	把	宴请
妈法立	朱克登	泊	阿吉戈
mafari	jukten	be	ajige
众祖先	神坛	把	小

得不嫩	恶真	亚涉	得
deberen	ejen	yekse	de
幼小	主祭（萨满）	神帽	在
押涉拉不笔	妈法立	朱可登	泊
yangselambi	mafari	jukten	be
打扮	众祖先	神坛	把
乌朱	得	翁空莫	梅林
uju	de	ukume	meiren
头	在	聚围	肩膀
得	梅何勒莫	打拉	得
de	meihereme	dara	de
在	担负	腰	在
扎吉莫	笔涉	得	乌奴莫
jajame	isan	de	unume
背负	聚集	在	背着（附体）
倍棍	娘门	得	押路莫
mukūn	niyalma	de	yarume
家族	人	在	引行
多西笔	我勒	娘门	得
dosimbi	erin	niyalma	de
进入	此时	（族）人	在

作里莫	多西笔	郭泯	法兰
solime	dosimbi	golmin	falan
宴请	进入	长的	屋内地
得	姑押木必	木何林	发兰
de	gūyandumbi	muheliyen	falan
在	众人齐跳	圆的	屋内地
得	木亚某必	我木	泊也
de	muyambi	gemu	beye
在	众人齐吟	都	身体
泊	我赊搂	打	泊也
be	eršere	da	beye
把	照看（保护）	原	身体（萨满）
泊	打立搂	图何勒	图桥楼
be	dalire	tuhere	tucire
把	遮挡	跌倒	出来
阿法触莫	阿立搂		
afandume	alire		
相战	承担		

【译文】

第十八篇　宴请神灵[①]

当太阳光亮被遮挡住了，
当月亮出来的时候。
万民埋头歇息的时候，
设立了多处神坛。
当人们赶兽回窝、鸟飞巢之时，
当万星出来，千星翻起，
七星回转，三星放光之时，
众星闪闪光亮之时，
杨姓子孙又宴请众神灵了[②]。

属龙的主祭萨满穿戴整齐，
身穿美丽神裙，腰系精致的腰铃，
放声诵唱。
左手执抓圆鼓，
右手执榆木鼓锤，
鼓声传四方。
主祭萨满神坛前而坐，
乞求居住在木兰之地的祖先众神灵。
萨满何属相？
主祭萨满在星光闪闪之时，
乞请各位神灵。

养育在院子里的神猪啊！
在圈中成长标致肥壮。
今将神猪抓来，使其丧命，
敬献于众神灵。
果子摆桌上，
驱除灾难，求得吉祥[③]，
烧酒供神前。
杨姓子孙聚集而来，
乞求太平。

取来湖水，又准备泉水，
将神猪弯曲煺毛，
洗涤干净，连同茸毛也脱落除掉。
截断猪蹄，按骨节屈折，
按传统习俗截断神猪。
摆件放置金色整木槽盆中，
放置大小合适的银色的整木槽盆中[④]。
安放于矮桌子上[⑤]，
供献于神坛前。
果子[⑥]供桌也放于神灵前。

宴请众神灵降临：

宴请由天而降的三大金佛神，

宴请从天而降，手执双铜镜的大瞒尼神，

宴请精致树顶舒穆鲁氏海东青神，

宴请手执流星锤的安楚河莫尔根神，

宴请善猎莫尔根神，

宴请古代兵营神，

宴请古代先知先觉神，

宴请古代师傅神，

宴请洞穴众舅母神，

宴请展翅而入的首雕神，

宴请飞行于架上而降临的安楚河鹰神，

宴请赴阴取魂，回到阳间劈棺破腹，将灵魂放入体内，使人复活，萨满手执肉片而祭祀的金色雕神。

主祭萨满陪同祈祷：

宴请在支派圆满金雕天鹅佛爷神，

宴请托你书可得立佛爷神，

宴请原居住在榆树上的乌尔尖瞒尼⑦，

宴请曾祖先九十岁的瞒尼，

宴请七十岁的瞒尼⑧，

宴请绥芬谷道的不可他瞒尼，

宴请曾祖先神乌奴何哑巴瞒尼，

宴请点燃灯光，由房门而入的瘸足瞒尼，

宴请家族诵唱的八十岁师傅，

宴请家族祭祀的九十岁师傅，

宴请汉钱玛法师傅，

宴请善吟唱的恩得克师傅，

宴请善玩耍秧鸡的祖先神师傅，

宴请属羊的管神坛曾祖神，

宴请属猴的祖先神师傅，

宴请属蛇的祖母神，

宴请属猪的祖先神师傅，

宴请属猴的靠得住的祖母神，

宴请属兔的祖母神，

宴请属羊的祖先神师傅，

宴请属鼠的善吟唱师傅，

宴请属猴的善祭祀的祖母神，

宴请属鼠的我们族长师傅的师傅，

宴请属猪的我们族长的师傅，

宴请属龙的莫尔根神射手师傅，

宴请幼小的师傅，

宴请来玩耍的神等。

乞求神灵保佑杨姓家族，

保护老老少少平安健康。

百年无戒，六十年无疾。

外出之人所到之处吉顺，

行走之道平安。

二十名壮士在前，

四十名骑士随后。

两军相战，不陷沟壑，

神灵保佑，神主佑护，

战骑英俊，耕牛平安吉祥。

子孙满庭院，喂养肥壮。

马群繁荣膘壮。

杨姓举行祭祀，

金、银器皿中，

盛满了供物，敬献神灵。

差奴才，为可靠助手引导行进。

乞请无过分之处，

供品丰富多彩。

年年祭祀，不能推辞。

主祭萨满在七星斗下，

细声诵唱，宴请神灵，

高声诵唱，逐一宴请神灵。

敲击神鼓，高声宴请高高的神灵。

宴请各处神坛的众祖先按八涉神等。

主祭萨满打扮得整齐好看，头戴神帽。

乞请各处神坛的众祖先神，

聚于萨满之首，

负于萨满之肩，

集聚在萨满腰里，

降附于萨满之身。

助手引行而入，

跳跃着进入长行的屋里，

吟唱着进入圆形的屋里，

请神灵保佑萨满平安，

保佑太平。

【注释】

① 第十八篇的神歌内容与第六篇内容几乎相同，但又不是第六篇神歌内容的抄录。原因有二：

其一，第十八篇神歌有一大段是精心制作准备供品的内容，第六篇无，还有第十八篇的神灵共三十九位，第六篇是四十三位。“汉钱玛法”师傅是本篇所属。

其二，两篇神歌的汉字转写满文，所用汉字不同，如第六篇的“我米勒”（遮挡），“阿林”（时候），“图闷”（万），同一个词汇，在第十八篇中转写为“恶米勒可”（遮挡），“恶林”（时候），“图门”（万）等等。由此可见，两篇神歌不是相互抄录，而是独立存在的。满族的萨满祭祀仪式及其内容传统性和规范化很强，第六篇是“排神”篇，“排神”就是把本姓氏家族的所有神名诵唱一遍，即“点名”之意。萨满跳神首先是“排神”。除排神外，萨满请神时也需要把本姓氏家族的全部神名诵唱一遍，第十八篇神歌，就是“请神篇”。

② 杨姓子孙又宴请众神灵了：满语音转汉语为“阁立恩都立泊说里勒”，直译为“又宴请神灵了”。从前满族年年必祭神，必定举行跳神活动，对于去年来说，今年就是“又”举行跳神活动了。

③ 驱除灾难，求得吉祥：满语音转汉语为“哈四乎三音哈西拉莫”，直译为“剪裁灾难与吉祥”，其意是分开（剪裁）灾难和吉祥。驱除灾难，求得吉祥。

④ 从“截断猪蹄……银色的整木槽盆中”，满语音转汉语为“法他哈泊法亚笔扎兰波土押笔”，“爱心也卧屯……卧屯得米特肚莫特不笔”。这一段记述萨满祭祀仪式中的“摆件”，就是按活猪趴卧的样子摆起来，其意是将整猪献于神灵。

⑤ 安放于矮桌子上：满语音转汉语为“方卡兰得林得非他

笔”，直译为“摆放在低矮的桌子上”。“矮桌”，满族也叫炕桌，即放在炕上的桌子，对放于地上的高桌而言。

⑥ 果子：指水果。

⑦ 原居住在榆树上的乌尔尖瞒尼：满语音转汉语为“亥兰木打特何乌尖西瞒也”。这里与第六篇的乌尔尖瞒尼神居住地虽不同，但实为同一神。

⑧ 七十岁的瞒尼：满语音转汉语为“那旦瞒也”，与第六篇“有地中而出的七十岁的瞒尼”是同一神灵。

第十九篇 宴请鹰神

安出	交浑	恩都立	泊
ancu	giyahūn	enduri	be
安出	鹰	神	把
说立哈	非烟嫩	那旦	乌西哈
soliha	fiyelen	nadan	usiha
宴请	篇	七	星
佛吉勒	得	阁喏何	那胡涉莫
fejile	de	genehe	narhūšame
下	在	去	精心详细
说林必	那旦	乌西哈	作里哈
solimbi	nadan	usiha	jariha
宴请	七	星	祝祷
中棍	打书	哈拉	衣妈叉
jingkini	dasusu	hala	nimaca
切实	原籍	姓氏	杨
哈拉	得	特喏	阿宁阿
hala	de	tere	aniyangga
姓	在	那个（萨满）	属相年

哈	烟	恶林	得
ai	i	erin	de
什么	的	时候	在

特喏	阿宁阿	何	意
tere	aniyangga	ai	i
那个（东家）	属相	什么	的

彪根	得	八音	波罗立
mukūn	de	bayan	bolori
家族	在	丰富	秋天

卧克多木	托说莫	波何	敖木
okdome	tosome	bolgo	amsun
迎接	预先	清洁	祭肉（神猪）

波何笔	阿因	敖木孙	威勒笔
belhembi	ayan	amsun	weilembi
准备	大	祭肉	制作

书兰	波	谁他笔	书克得立
sura	be	suitambi	sukderi
泔水	把	泼倒	众上气

敖木孙	非烟他笔	朱鲁	现
amsun	faidambi	juru	hiyan
祭肉	摆上	朱录	香

泊	朱勒立	西西笔	花
de	juleri	sisimbi	hūwa
把	前边	插上	院中
得	无记克	花生阿	书子
de	ujihe	hūwašangga	šusu
在	养育	长成	供品（神猪）
活勒浑	得	活里哈	胡其浑
horho	de	horiha	hocikon
圈里	在	圈之	标致
书子	泊	恶林	得
šusu	be	erin	de
供品（神猪）	把	此时	在
嘎吉笔	我林	泊	我可不笔
gajimbi	ergen	be	ekiyembumbi
抓来	命	把	使损（丧命）
法他哈	泊	法押笔	扎兰
fatha	be	fayambi	jalan
蹄	把	费（截断）	骨节
波	土押笔	爱心	卧屯
be	tuyambi	aisin	oton
把	屈折	金色	整木槽盆

得	阿叉不莫	特不笔	盟文
de	acabume	tebumbi	menggun
在	使合适	盛入	银色

也	卧屯	得	梅特肚莫
i	oton	de	meitebume
的	整木槽盆	在	使截断

非烟他笔	土乔何	得不嫩	图桥笔
faidambi	tucihe	tebeliyan	tucimbi
摆上	出了	一抱之抱（全部）	出（供献）

方卡兰	得林	得	非烟他笔
fangkala	dere	de	faidambi
低矮的	桌子	在	摆上

阿吉戈	得不嫩	恶真	而得客
ajige	deberen	ejen	eldeke
小	幼小	主祭萨满	明亮

乌西哈	得	恩都立	泊
usiha	de	enduri	be
星	在	神灵	把

说林必	活龙欧	爷可赊	泊
solimbi	horonggo	yekse	be
宴请	有威风的	神帽	把

活托	得	恶图笔	乌云
hoto	de	etumbi	uyun
头骨	在	穿（戴）	九
沙沙	泊	乌朱	得
saksaha	be	uju	de
喜鹊	把	头	在
翁空笔	胡图	得	胡松阿
ukumbi	hutu	de	hūsungga
围戴	鬼	在	有力量者
衣不干	得	衣长阿	阿勒赊
ibagan	de	icangga	erse
妖怪	在	顺利	这等
鸡干	得	阿押莫	瓦西卡
jilgan	de	ayame	wasika
声音	在	架上飞	降临
安出勒	交浑		
ancule	giyahūn		
安楚河	鹰		

【译文】

第十九篇　宴请鹰神

杨姓萨满在七星下①，
在七星斗②前祝祷。

萨满何属相？
东家何属相？
杨姓家族③举行祭祀？
今已是迎来了丰富的秋天，
早已准备了神猪，
今制作了大祭肉。
泼倒了淘米泔水，
制作了供品，敬献神灵，
书可得立神前摆上了祭肉，
点燃了朱录香，
插上了汉香。
应献祭品供于前边。
养育在院子里的神猪啊！
在圈中成长标致健壮。
今将神猪抓来，使其丧命，
煺其茸毛，截断猪蹄，按骨节屈折，
摆件放置金色整木槽盆中，
放置大小合适的银色整木槽盆中。
安放于矮桌上，
一切按传统礼仪，
整猪供献于神灵④。
小崽子主祭萨满在明亮的星光下请神灵，
头戴九只喜鹊的神帽，
威风凛凛。
战胜一切妖魔鬼怪⑤。
争鸣着降临的是鹰神。

【注释】

① 七星下：满语音转汉语为“那旦乌西哈佛吉勒”，是指天空中的北斗七星，其意说明是晚上宴请此神。

② 七星斗：本篇七星斗“那旦乌西哈”是错的，应为“那旦奈胡”七星斗是满族萨满祭祀时候在庭院中，影背墙后的临时祭坛，是由一尺或二尺见方的木制木桶，上边口大，下边口小，内放五谷杂粮，并插一大弓箭和旗帜，烧成把的汉香，放一高桌子

上，即是七星斗。

③ 杨姓家族：满语音转汉语为仅是“彪根”一词汇。此处应为“杨姓家族”意义更明确。

④ 整猪供献于神灵：满语音转汉语为“土乔何得不嫩图桥笔”，直译为“贡献出了一抱”，其意是全猪，整猪。

⑤ 战胜一切妖魔鬼怪：满语音转汉语为“胡图得胡松阿衣不干得衣长阿”，直译为“在鬼怪处是有力量者，在妖怪那里也能顺利通过”，我们意译为“战胜一切妖魔鬼怪”。

第二十篇　宴请金雕神

爱心	呆泯	恩独立	泊
aisin	damin	enduri	be
金色	雕	神	把

说立哈	非烟嫩	那旦	乌西哈
soliha	fiyelen	nadan	usiha
宴请	篇	七	星

佛吉勒	得	阁喏笔	那胡涉莫
fejile	de	genembi	narhŭšame
下	在	去	精心详细

说林必	那旦	奈浑	作立哈
solimbi	nadan	naihū	jariha
宴请	七（星）	北斗	祝祷

中根	打书子	哈拉	衣妈叉
jingkini	dasusu	hala	nimaca
切实	原籍	姓	杨

哈拉	得	特喏	阿宁阿
hala	de	tere	aniyangga
姓	在	他（萨满）	属相

哈音	恶林	得	特喏
ai	erin	de	tere
什么	时候	在	他（东家）
阿宁阿	何意	彪根	得
aniyangga	ai	mukūn	de
属相	什么	家族	在
八音	波罗利	卧客多木	托说莫
bayan	bolori	okdome	tosome
丰富	秋天	迎接	预先
波何	敖木孙	波何笔	阿音
bolgo	amsun	belhembi	ayan
清洁	祭肉	准备	大
敖木孙	威勒笔	朱鲁	现
amsun	weilembi	juru	hiyan
祭肉	制作	朱录	香
莫	朱勒立	西西笔	花
be	juleri	sisimbi	hūwa
把	前边	插上	院中
得	乌吉何	花生阿	书子
de	ujihe	hūwašangga	šusu
在	养育	长成	供品（神猪）

活勒浑	得	活立哈	胡其浑
horho	de	horiha	hocikon
圈里	在	圈之	标致
书子	泊	恶林	得
šusu	be	erin	de
供品（神猪）	把	此时	在
嘎鸡笔	恶勒根	泊	恶可不笔
gajimbi	ergen	be	ekiyembumbi
抓来	命	把	使损（丧命）
扶摄何	得	何特何笔	扶摄何
funiyehe	de	hetembi	funiyehe
毛（神猪）	在	使捲	毛
泊	推勒笔	英阿哈	泊
be	tuilembi	inggaha	be
把	退之	茸毛	把
说纳笔	扎兰	波	土押笔
sunembi	jalan	be	tuyambi
脱落去	骨节	把	屈折
爱心	卧屯	得	阿叉不莫
aisin	oton	de	acabume
金色	整木槽盆	在	使合适

特不笔	盟文	卧屯	得
tebumbi	mengun	oton	de
盛入	银色	整木槽盆	在
梅何肚莫	特不笔	方卡兰	得林
meitebume	tebumbi	fangkala	dere
使截断	盛入	低矮的	桌子
得	非他笔	土克何	得林
de	faidambi	tubihe	delin
在	摆放	果子	桌子
得	土克笔	阿吉戈	得不嫩
de	tucimbi	ajige	deberen
在	出（供品）	小	幼小
恶真	而得克	乌西哈	得
ejen	eldeke	usiha	de
主祭萨满	明亮	星	在
恩独立	涉	泊	说林必
enduri	se	be	solimbi
神	等	把	宴请
活龙欧	爷克赊	泊	托
horonggo	yekse	be	hoto
有威风的	神帽	把	头骨

得	恶土笔	乌云	沙沙
de	etumbi	uyun	saksaha
在	穿（戴）	九	喜鹊
泊	乌朱	得	翁空笔
be	uju	de	ukumbi
把	头	在	围戴
活泊	泊	活托勒楼	咳附
hobo	be	hontoholoro	hefeli
棺	把	劈开	肚腹
泊	恶不特勒搂	不车何	古论
be	efulere	bucehe	gurun
把	破坏	死了	国家（阴间）
得	阁喏笔	法因	敖木
de	genembi	šayan	amsun
在	去	白色	祭肉
泊	弗拉	国说莫	嘎吉
be	sula	gūwašašame	gaji
把	松散	切肉片	拿来
也	赊搂	阿吉阁	恶真
i	sere	ajige	ejen
的	说	小	主祭（萨满）

得	阿打莫	押不勒	爱心
de	adame	yabure	aisin
在	伴	行走	金色

呆泯	恩都立	说立哈必
damin	enduri	solihabi
雕	神	宴请了

【译文】

第二十篇 宴请金雕神

杨姓萨满在七星下，

在七星斗前祝诵着宴请神灵。

萨满何属相?

东家何属相?

何时什么家族举行祭祀?

杨姓家族已迎来了丰富的秋天，

早已准备了神猪，

今制作了大祭肉。

点燃了朱录香，

插上了汉香。

养育在院中的神猪啊!

在圈中成长（得）标致健壮。

今将神猪抓来，使其丧命，

将神猪弯曲煺毛，

洗涤干净，连同茸毛也脱落除掉。

截断骨节，

按传统习俗屈折神猪，

盛放入金色的整木槽盆中，

摆放在大小合适的银色整木槽盆中。

安置在矮桌上，

果子供桌也放于神灵前。

小崽子主祭萨满在明亮的星光下宴请神灵，

头戴九只喜鹊的神帽，

威风凛凛。

能赴阴取魂[①]，

乞请回到阳间劈棺破腹[2]，萨满用白色肉片祭祀[3]的是金色雕神。	小崽子主祭萨满宴请雕神，同请伴随金色雕神之神灵降临。

【注释】

① 能赴阴取魂：满语音转汉语为“不车何古论得阁喏笔”，直译为“去死了的国家”，“死了的国家”即是“阴间”。能赴阴间的动物神灵，多为鹰雕神，是神通大的神，前往阴间要办的事情很多，但在萨满神歌中鹰雕神有赴阴的任务，办理的多是为死去的人抓魂回来，因此，我们译为“赴阴取魂”。

② 回到阳间劈棺破腹：满语音转汉语为“活泊泊活托勒楼口刻附泊恶不特勒摟”，直译为“劈开棺材，破开肚腹”。“劈棺”和“破腹”都是为了救活一个人。萨满把从阴间取回来的灵魂放入已去世的人体内，使其复活。首先劈开棺材，再将死去人的肚腹破开，放入灵魂。信仰萨满教的满族人认为，鹰雕神能破腹，也能用神力使其复活。

③ 用白色肉片祭祀：满语音转汉语为“法音敖木泊弗拉国说莫戈吉也赊搂”，直译为“萨满拿着松散白色肉片祭祀”，“松散”一片一片的指肉，“白色”此处指生肉。萨满跳鹰肉片神时，需有一助手扮装成猎人，用生肉片喂食它，所以神歌中有这种记述。

第二十一篇　宴请不可他瞒尼

不可他	瞒也	非烟嫩
bukda	manni	fiyelen
不可他	瞒尼	篇

阿不卡	其	瓦其哈	按八
abka	ci	wasiha	amba
天	从	降临	大
先	出	那	泊
hiyan	ci	na	ba
香（火）	从	土地	地方
那勒浑	先	出	打
narhūn	hiyan	ci	da
细	香（火）	从（引来）	原
书	哈拉	衣妈叉	拉
susu	hala	nimaca	hala
籍	姓氏	杨	姓
得	特喏	阿宁阿	哈因
de	tere	aniyangga	ai
在	那个（萨满）	属年	什么

恶	得	特喏	阿宁阿
erin	de	tere	aniyangga
时候	在	那个（东家）	属年

何	意	彪根	得
ai	i	mukūn	de
什么	的	家族	在

八因	波罗利	卧客多木	托说莫
bayan	bolori	okdome	tosome
丰富	秋天	迎接	预先

波何	敖木	波何笔	哈音
bolgo	amsun	belhembi	ayan
清洁	祭肉（神猪）	准备	大

敖木孙	威勒笔	书兰	波
amsun	weilembi	sura	be
祭肉	制作	泔水	把

谁他笔	书克	敖木孙	非烟他笔
suitambi	sukduri	amsun	faidambi
泼倒	书可得立	祭肉	摆上

爱心	也	笔拉	得
aisin	i	bira	de
金色	的	河（水）	在

阿叉不莫	特不何	盟文	也
acabume	tebuhe	menggun	i
使合适	放入	银色	的
笔拉	得	木拉各射	沙哈笔
bira	de	mursa	sahambi
河（水）	在	圆的	垒堆（圆）
占出浑	奴勒	泊	扎卡得
jancuhūn	nure	be	jakade
甜的	酒	把	跟前
多不笔	哈谈	阿其	泊
dobombi	hatan	arki	be
供献	烈性	酒	把
寒	多不笔	朱鲁	现
hanci	dobombi	juru	hiyan
近处（神桌）	供献	朱录	香
莫	朱勒立	西西笔	年其
be	juleri	sisimbi	niyanci
把	前边	插上	年祈
泊	押勒莫	打不笔	花
be	yarume	dabumbi	hūwa
把	引（燃）	点燃	院中

得	乌吉何	花生阿	书子
de	ujihe	hūwašangga	šusu
在	养育	长成	供品（神猪）

活勒浑	得	活立哈	活其浑
horho	de	horiha	hocikon
圈里	在	圈之	标致

书子	泊	恶林	得
šusu	be	erin	de
供品（神猪）	啊	此时	在

嘎鸡笔	恶勒根	泊	我克不笔
gajimbi	ergen	be	ekiyembumbi
抓来	命	把	使损（丧命）

法他哈	泊	法押	泊
fatha	be	fayambi	be
蹄	把	费（截断）	把

扎兰	泊	土押笔	爱心
jalan	be	tuyambi	aisin
骨节	把	屈折	金色

卧屯	得	阿叉不莫	特不笔
oton	de	acabume	tebumbi
整木槽盆	在	使合适	盛入

蒙文	也	卧屯	得
menggun	i	oton	de
银色	的	整木槽盆	在
梅特杜莫	特不笔	方卡兰	得林
meitebume	tebumbi	fangkala	dere
使截断	盛入	矮的	桌子
得	非烟打笔	土桥何	得林
de	faidambi	tucihe	dere
在	摆上	出了	桌子
得	土桥笔	阿吉戈	得不嫩
de	tukiyembi	ajige	deberen
在	抬着	小	幼小
恶真	而得克	乌西哈	得
ejen	eldeke	usiha	de
主祭（萨满）	明亮	星	在
恩独立	涉	泊	说林必
enduri	se	be	solimbi
神	等	把	宴请
遂分	活勒浑	得	活立哈
suifun	holo	de	soliha
绥芬	谷道	在	宴请

不克他	瞒也	乌朱	得
bukda	manni	uju	de
不克他	瞒尼	头	在
翁空莫	梅林	得	梅何勒莫
ukumbi	meiren	de	meihereme
围戴	肩膀	在	担负
打拉	得	扎鸡莫	笔涉
dara	de	jajame	isan
腰	在	背负	聚集
得	乌奴莫	倍棍	娘门
de	unume	mukūn	niyalma
在	背着（附体）	家族（助手）	人
得	押路莫	多西笔	我林
de	yarume	dosimbi	erin
在	引行	进入	此时
娘门	得	多西笔	
niyalma	de	dosimbi	
（族）人	在	进入	

【译文】

第二十一篇 宴请不可他瞒尼

从天而降的大香火神，
从地上由细香引来的香火风水神。
原姓氏为杨姓，
萨满何属相？
东家何属相？
何时，什么家族举行祭祀？
今杨姓家族人迎来了丰富的秋天，
早已准备了清洁的神猪，
制作了大祭肉。
泼倒了淘米泔水，
书可得立神前摆上了祭肉，
用金色河里的水，
银色河里的水，
在圆圆的器皿中制作了甜酒。
奉献于神灵前[①]。
烈性酒白玉神桌上。
引燃了朱录香，
点燃了年祈香。
养育在庭院中的神猪啊！
在圈中成长（得）标致健壮。
今将神猪抓来，使其丧命，
截断猪蹄，按骨节屈折，
摆件放置金色整木槽盆中。
放置大小合适的银色整木槽盆中。
安放于矮桌上，
供献于神灵。
小崽子主祭萨满在明亮的星光下宴请神灵，
宴请绥芬谷道的不可他瞒尼。

乞请聚于萨满之首，
负于萨满之肩，
集附在萨满腰里，
降附于萨满之身。
杨姓族人聚集一处[②]，
乞请不可他瞒尼，
请按助手引行路线入神坛[③]。

【注释】

① 奉献于神灵前：满语音转汉语为“土桥何得林得土桥笔”，直译为“出了抬在桌子上”。其意是把神猪摆件摆放在槽盆中，将槽盆安放在矮桌子上，抬着矮桌放在神坛前，奉献神灵。有时祭天时，还须将此矮桌从屋内抬“出”来，所以有“土桥何”（出了）一词。

② 族人聚集一处：满语音转汉语为“我林娘门得多西笔”，直译为“此时族人都进入了”，指杨姓家族的全体人员都来到举行祭祀的地方，我们译为“族人聚集一处”。

③ 按助手引行路线入神坛：满语音转汉语为“倍棍娘门得押路莫多西笔”按顺序直译为“助手人在引行而入”，“倍根娘门”实为助手。当神灵附体后，满族大萨需要有助手在前引行。一般来讲，都有一定的传统路线，而大萨满必须跟随着助手行进，进入屋内神坛。

第二十二篇 宴请何勒瞒尼

何勒	瞒也	说立哈	非烟嫩
hele	manni	soliha	fiyelen
哑巴	瞒尼	宴请	篇
阿不卡	七	瓦西卡	按八
abka	ci	wasika	amba
天	从	降临	大
先	出	那不书	得勒
hiyan	ci	namšuri	dere
香（火）	从	海梅（野果）	桌子
那勒浑	先	出	打书
narhūn	hiyancu	ci	dasusu
细	香（火）	从（引来）	原籍
哈拉	你妈叉	哈拉	得
hala	nimaca	hala	de
姓氏	杨	姓	在
特喏	阿宁阿	哈音	恶林
tere	aniyangga	ai	erin
那个（萨满）	属年	什么	时候

得	特喏	阿宁阿	何
de	tere	aningga	ai
在	那个（东家）	属年	什么
意	彪根	得	八音
i	mukūn	de	bayan
的	家族	在	丰富
也	波罗立	卧客多木	托说莫
i	bolori	okdome	tosome
的	秋天	迎接	预先
波何	敖木	波何笔	哈音
bolgo	amsun	belhembi	ayan
清洁	祭肉（神猪）	准备	大
敖木子	威勒笔	书兰	波
amsun	weilembi	sura	be
祭肉	制作	泔水	把
谁他笔	书克得立	敖木孙	非烟打笔
suitambi	sukduri	amsun	faidambi
泼倒	书可得立	祭肉	摆上
爱心	也	笔拉	得
aisin	i	bira	de
金色	的	河（水）	在

阿查不没	特不何	蒙文	也
acabume	tebuhe	menggun	i
使合适	放入	银色	的
笔拉	得	木拉各射	沙哈笔
bire	de	mursa	sahambi
河（水）	在	圆的	垒堆（圆）
站出浑	奴勒	泊	扎卡得
jancuhūn	nure	be	jakade
甜的	酒	把	跟前
多不笔	哈谈	阿其	泊
dobombi	hatan	arki	be
供献	烈性	酒	把
寒其	多不笔	朱鲁	现
hanci	dobombi	juru	hiyan
近处	供献	朱录	香
泊	朱勒立	西西笔	念其
be	juleri	sisimbi	niyanci
把	前边	插上	年祈
现	泊	押罗莫	打不笔
hiyan	be	yarume	dabumbi
香	把	引（燃）	点燃

花	得	乌吉戈	花生阿
hūwa	de	ujihe	hūwašangga
院中	在	养育	长成
书子	活勒浑	得	活立哈
šusu	horho	de	horiha
供品（神猪）	圈里	在	圈之
活其浑	书子	泊	恶林
hocikon	šusu	be	erin
标致	供品（神猪）	啊	此时
得	嘎吉笔	恶勒根	泊
de	gajimbi	ergen	be
在	抓来	命	把
恶克不笔	扶你何	木可	得
ekiyembumbi	funiyehe	muke	de
使损（丧命）	毛	（热）水	在
何特何笔	扶他哈	泊	法恶笔
hotebumbi	fathe	be	fayambi
捲之（退除）	蹄	把	费（截断）
札兰	波	土亚笔	爱心
jalan	be	tuyambi	aisin
骨节	把	屈折	金色

卧屯	得	阿叉不莫	特不笔
oton	de	acabume	tebumbi
整木槽盆	在	使合适	盛入
蒙文	也	卧屯	得
menggun	i	oton	de
银色	的	整木槽盆	在
梅屯杜莫	特不何	方卡兰	得林
meitebume	tebuhe	fangkala	dere
使截断	盛入	矮的	桌子
得	非烟他笔	土可何	得林
de	faidambi	tucihe	dere
在	摆上	出了	桌子
得	土桥笔	阿吉戈	得不嫩
de	tukiyembi	ajige	deberen
在	抬着	小	幼小
恶真	而得客	乌西哈	得
ejen	eldeke	usiha	de
主祭（萨满）	明亮	星	在
恩独立	说林必	翁古	妈法
enduri	solimbi	unggu	mafa
神	宴请	曾	祖先

乌奴何	何勒	瞒也	乌朱
unuhe	hele	manni	uju
乌奴何	哑巴	瞒尼	头
得	翁空莫	梅林	得
de	ukume	meiren	de
在	围聚	肩膀	在
梅何勒莫	打拉	得	札吉莫
meihereme	dara	de	jajame
担负	腰	在	背负
笔沙	得	乌奴莫	表根
isan	de	unume	mukūn
聚集	在	背着（附体）	家萨满（助手）
娘门	得	押路莫	多西笔
niyalma	de	yarume	dosimbi
人	在	引行	进入
我林	娘门	得	作立莫
erin	niyalma	de	solime
此时	族（人）	在	宴请
多西笔			
dosimbi			
进入			

【译文】

第二十二篇 宴请何勒[①]瞒尼

从天而降的大香火神，
由细香引来的香火风水神，
果子供桌摆上了。

原姓为杨姓，
萨满何属相？
东家何属相？
杨姓家族已迎来了丰富的秋天，
早已准备了清洁的神猪，
制作了大的祭肉。
倒泼了淘米泔水，
书可得立前摆上了祭肉。
用金色的河水，
银色的河水，
在合适圆圆的器皿中制作了甜酒，
烈性酒供献于神桌上，
摆放于神灵前。
引燃了朱录香，
点燃了年祈香，
养育在院中的神猪啊！
在圈中成长（得）标致健壮。
今将神猪抓来，使其丧命，
在热水中煺除猪毛，
截断猪蹄，按骨节屈折，
摆件放置金色整木槽盆中，
放置大小合适的银色整木槽盆中，
安放于矮桌子上，
奉献于神灵。

小崽子主祭萨满在明亮的星光下，宴请神灵。
宴请曾祖先神乌奴何何勒瞒尼。
乞请聚于萨满之首，
负于萨满之肩，
降附于萨满之身。
请随助手引行的路线入神坛，
杨姓族人宴请乌奴何何勒瞒尼。

【注释】

① 何勒：即哑巴神灵。

第二十三篇　宴请多活洛瞒尼

多活勒	瞒也	说立哈	非烟嫩
doholon	manni	soliha	feyelen
多活洛	瞒尼	宴请	篇
阿不卡	其	瓦西哈	按八
abka	ci	wasiha	amba
天	从	降临	大
先	出	那	泊
hiyan	ci	na	ba
众香（火）	从	土地	地方
书得立	那浑	也	先
sukderi	narhūn	i	hiyan
吉祥气	细	的	香（火）
出	打书	哈拉	你妈叉
ci	dasusu	hala	nimaca
从（引来）	原籍	姓氏	杨
哈拉	得	特勒	阿宁阿
hala	de	tere	aniyangga
姓	在	那个（萨满）	属年

哈音	阿林	得	特勒
ai	erin	de	tere
什么	时候	在	那个（东家）
阿宁阿	何	意	彪根
aniyangga	ai	i	mukūn
属年	什么	的	家族
得	八因	波罗立	莫客多木
de	bayan	bolori	okdome
在	丰富	秋天	迎接
托说莫	波何	敖木	波何笔
tosome	bolgo	amsun	belhembi
预先	清洁	祭肉	准备
阿音	敖木孙	威勒笔	书兰
ayan	amsun	weilembi	sura
大	祭肉	制作	泔水
波	谁他笔	书克得立	敖木
be	suitambi	sukderi	amsun
把	泼倒	书克得立	祭肉
非烟他笔	爱心	也	笔拉
faidambi	aisin	i	bira
摆上	金色	的	河（水）

得	阿叉不莫	特不何	蒙文
de	acabume	tebuhe	menggun
在	使合适	放入	银色
也	笔拉	得	木拉各射
i	bira	de	mursa
的	河（水）	在	圆的
哈笔	站出浑	奴勒	泊
sahambi	jancuhūn	nure	be
垒堆	甜的	酒	把
札卡得	多不笔	哈谈	阿其
jakade	dobombi	hatan	arki
跟前	供献	烈性	酒
泊	寒其	多木笔	朱鲁
be	hanci	dobombi	juru
把	近处	供献	朱鲁
现	莫	朱罗立	西西笔
hiyan	be	juleri	sisimbi
香	把	前边	插上
念其	现	泊	押罗莫
niyanci	hiyan	be	yarume
年祈	香	把	引（燃）

打不笔	花	得	无吉克
dabumbi	hūwa	de	ujihe
点燃	院中	在	养育

花生阿	书子	活勒浑	得
hūwašangga	šusu	horho	de
长成	供品	圈里	在

活立哈	活其浑	书子	泊
horiha	hocikon	šusu	be
圈之	标致	供品	啊

恶林	得	嘎吉笔	恶勒根
erin	de	gajimbi	ergen
此时	在	抓来	命

泊	恶可不笔	法他哈	泊
de	ekiyembumbi	fatha	be
把	使损（丧命）	蹄	把

法押笔	札兰	波	土押匹
fayambi	jalan	be	tuyafi
费（截断）	骨节	把	曲折

爱心	卧屯	得	阿叉不莫
aisin	oton	de	acabume
金色	整木槽盆	在	使合适

特不笔	蒙文	卧屯	得
tebumbi	menggun	oton	de
盛入	银色	整木槽盆	在
梅特杜莫	特不笔	万卡兰	得林
meitebume	tebumbi	fangkala	dere
使截断	盛入	矮的	桌子
得	非烟他笔	土克何	得林
de	faidambi	tucihe	dere
在	摆上	出了	桌子
得	土桥笔	阿吉戈	得嫩
de	tukiyembi	ajige	deberen
在	抬着	小	幼小
恶真	而得客	乌西	得
ejen	eldeke	usiha	de
主祭萨满	明亮	星	在
恩独立	说林必	温错	泊
enduri	solimbi	onco	be
神	宴请	宽阔（原野）	把
卧立莫	登	泊	不打不莫
ulime	den	be	butereme
穿过	高（山）	把	沿山根走

多说勒莫 dohošome 瘸	多西哈 dosiha 进入	多活勒 doholon 多岔洛	瞒也 manni 瞒尼
乌朱 uju 头	得 de 在	翁公莫 ukume 围聚	梅何勒莫 meihereme 担负
打拉 dara 腰	得 de 在	札吉莫 jajame 背负	笔沙 isan 聚集
得 de 在	乌奴莫 unume 背着（附体）	倍根 mukūn 家族（助手）	娘门 niyalma 人
得 de 在	押路莫 yarume 引行	多西莫 dosime 进入	我立 erin 此时
娘门 niyalma （族）人	得 de 在	作西笔 solimbi 宴请	

【译文】

第二十三篇　宴请多活洛[1]瞒尼

从天而降的大香火神，
从地上由细香引来的香火风水神。
原姓氏为杨姓，
萨满何属相？
东家何属相？
何时？什么家族举行祭祀？
今已是迎来了丰富的秋天，
预先准备了清洁的神猪，
制作了大的祭肉，
倒泼了淘米泔水，
书克得立[2]前摆上了祭肉。
放入金色的河水，
使用银色的河水，
在垒成圆圆的器皿中制作了甜酒，
供献于神灵前，
烈性酒摆于神桌上。
引燃了朱录香，
点燃了年祈香，
养育在院中的神猪啊！
在圈中成长（得）标致健壮。
今将神猪抓来，使其丧命，
截断猪蹄，按骨节屈折，
摆放在大小合适的银色槽盆中，
安放于矮桌上，供献于神灵。
小崽子主祭萨满在明亮的星光下宴请神灵，
乞请多活洛瞒尼，
请穿过宽阔的原野，
请沿着高山的山根下行进。
请聚围萨满之首，
负于萨满之肩，
集负在萨满腰间，
降附于萨满之身。
请随助手引行的路线入神坛，
杨姓族人此时宴请多活洛瞒尼。

【注释】

① 多活洛即瘸腿之意。

② 书克得立：满语音转汉语为“书克得立”，译为“上气”，此处是起“神灵”，所以未译。

第二十四篇 宴请九庹蟒神

乌云	得	札不站	也
uyun	da	jabjan	i
九	庹	蟒	的
恩独立	说林必	非烟嫩	那旦
enduri	solimbi	fiyelen	nadan
神	宴请	篇	七
乌西哈	佛鸡勒	得	阁勒笔
usiha	fejile	de	genembi
星	下	在	去
那胡涉莫	说林必	那旦	奈浑
narhūšame	solimbi	nadan	naihū
精心详细	宴请	七	北斗
作立祸	中吉	哈书	哈拉
soliha	jingkini	hasuri	hala
宴请	切实	众姓氏	姓氏
你妈叉	哈拉	得	特勒
nimaca	hala	de	tere
杨	姓	在	那个（萨满）

阿宁阿	哈因	恶林	得
aniyangga	ai	erin	de
属年	什么	时候	在
特勒	阿宁何	因	彪根
tere	aniyangga	i	mukūn
那个（东家）	属年	的	家族
得	八音	波罗立	卧客多木
de	bayan	bolori	okdome
在	丰富	秋天	迎接
托说莫	阿因	波何笔	哈因
tosome	ayan	belhembi	ayan
预先	大	准备	大
敖木孙	威勒笔	书兰	波
amsun	weilembi	sura	be
祭肉	制作	泔水	把
谁他笔	书克得立	敖	非烟他笔
suitambi	sukduri	amsun	faidambi
泼倒	书克得立	祭肉	摆上
朱鲁	现	泊	朱勒立
juru	hiyan	be	juleri
朱录	香	把	前边

西西笔	花	得	无记克
sisimbi	hūwa	de	ujihe
插上	庭院	在	养育
花生阿	书子	活勒浑	得
hūwašangga	šusu	horho	de
长成	供品（神猪）	圈里	在
活立哈	活其浑	书子	泊
horiha	hocikon	šusu	be
圈之	标致	供品（神猪）	把
恶林	得	嘎吉笔	恶勒根
erin	de	gajimbi	ergen
此时	在	抓来	命
泊	我克不笔	法他哈	泊
be	ekiyembumbi	fatha	be
把	使损（丧命）	蹄	把
法押笔	札兰	泊	土押笔
fayambi	jalan	be	tuyambi
费（截断）	骨节	把	屈折
爱心	卧屯	得	阿叉不莫
aisin	oton	de	acabume
金色	整木槽盆	在	使合适

特不笔	盟文	也	卧屯
tebumbi	menggun	i	oton
盛入	银色	的	整木槽盆
得	梅特杜莫	非烟他笔	方卡兰
de	meitebume	faidambi	fangkala
在	使截断	摆上	矮的
得林	得	非烟他笔	土克得
dere	de	faidambi	tucihe
桌子	在	摆上	出了
得林	得	土桥笔	阿吉戈
dere	de	tukiyembi	ajige
桌子	在	抬着	小
得不嫩	恶真	而得客	乌西哈
deberen	ejen	eldeke	usiha
幼小	主祭萨满	明亮	星
得	恩独立	泊	说林必
de	enduri	be	solimbi
在	神	把	宴请
活龙偶	爷可赊	泊	活图
horonggo	yekse	be	hoto
有威风的	神帽	把	头骨

得	鹅图笔	乌云	沙沙
de	etumbi	uyun	saksaha
在	穿（戴）	九	喜鹊

泊	乌朱	得	翁空笔
be	uju	de	ukumbi
把	头	在	围戴

哈勒	赊鸡干	得	爱心
hairan	saikan	de	aisin
喜爱	标致	在	金色

沙卡	泊	矮米勒莫	多西笔
šaka	be	alamime	dosimbi
钢叉（马叉）	把	斜背着	进入

盟文	沙克	泊	梅何拉莫
menggun	šaka	be	meihereme
银色	钢叉（马叉）	把	担负

多西笔	赊勒	沙克	泊
dosimbi	sele	šaka	be
进入	铁	钢叉（马叉）	把

赊扶勒莫	扎法笔	胡图	得
sefereme	jafambi	hutu	de
攥着	拿着	鬼	在

胡松阿	衣不干	得	衣长阿
hūsungga	ibagan	de	icangga
有力量者	妖怪	在	顺利
乌朱	得	胡可赊何	乌云
uju	de	hukšehe	uyun
头	在	顶着	九
达	札不站	也	恩独立
da	jabjan	i	enduri
庹	蟒	的	神
泊	说林必		
be	solimbi		
把	宴请		

【译文】

第二十四篇　宴请九庹蟒神[①]

杨姓萨满在七星下，

在七星斗前精心详细宴请诸神灵。

萨满何属相？

东家何属相？

众姓氏中的杨姓家族举行祭祀请神。

杨姓家族已迎来了丰富的秋天，

早已准备了大的神猪[②]，

制作了大祭肉。

倒泼了淘米泔水。

书克得立神前摆放了祭肉，

点燃了神灵前的朱录香。

养育在庭院中的神猪啊!
在圈中成长(得)标致健壮。
今将神猪抓来,使其丧命,
截断猪蹄,按骨节屈折,
摆放在金色的整木槽盆中,
摆放在大小合适的银色整木槽盆中。
安放在矮桌子上,
整猪供献于神灵前。

小崽子主祭萨满在明亮的星光下宴请神灵,
头戴九只喜鹊的神帽,
威风凛凛。
九庹蟒神所喜爱的标致神器是马叉,
它手扶着金色马叉进来了,
担负着银色马叉进来了,
手攥着钢铁马叉进来了。
战胜一切妖魔鬼怪,
杨姓宴请降附于萨满头上[③]的九庹蟒神。

【注释】

① 九庹蟒神:满语音转汉语为"乌云得扎不站也恩独立",其中的"得"是一庹之"庹",满族民间称"庹"。所以,我们译为"九庹蟒神"。

② 早已准备了大的神猪:满语音转汉语为"托说莫阿因波何笔",直译为"预先准备大",这里的"大"指神猪。

③ 降附于萨满头上:满语音转汉语为"乌朱得胡可赊何",直译为"顶在头上",实指九庹蟒神降附于萨满头上。

第二十五篇 宴请蟒神

扎不占	也	恩都立	泊
jabjan	i	enduri	be
蟒	的	神	把

得	多西笔	勒也勒	鸡孙
de	dosimbi	leyere	gisun
在	进入	谣（词）	话（诵）

西林泥	恶林	意	朱可登
sirani	alin	i	jukten
陆续	山	的	神坛

得	灯占	阿眼	泊
de	dengjan	ayan	be
在	灯	蜡烛	把

打不笔	扎坤	你妈木亲	泊
dabumbi	jakūn	imcin	be
点燃	八（面）	抓鼓	把

扎拉吉莫	乌云	你木亲	泊
jajilame	uyun	imcin	be
堆起来	九（面）	抓鼓	把

乌独莫	通肯	鸡干	泊
untušeme	tungken	jilgan	be
击鼓	大鼓（抬鼓）	声音	把
秃勒己莫	爱	札兰	维
durgeme	ai	jalin	i
响声振动	什么	为	的
秃勒滚	我林	阿库	多不立
turgun	erin	akū	dobori
情由	此时	无	夜里
爱心	掇库	昂阿	米米何
aisin	coko	angga	milehe
金色	鸡	嘴	躲藏
恶林	盟文	掇库	梅分
erin	menggun	coko	meifen
时候	银色	鸡	脖子
哈亚寒	我林	按八	鸡干
hayaha	erin	amba	jilgan
弯曲	时候	大	声音
泊	阿你亚莫	登	鸡干
be	aname	den	jilgan
把	挨次	高	声音

泊	得挢莫	咳库	鸡干
be	derkime	hetu	jilgan
把	往高上腾（传扬）	粗	声音
泊	咳勒己莫	都杜	鸡干
be	hergime	dudu	jilgan
把	飞绕（回旋）	鸠	声音
泊	都路己莫	矮	札兰
be	durgime	ai	jalin
把	叫	什么	为
维	秃滚	莫勒根	栽立
i	turgun	mergen	jari
的	情由	聪明	扎哩
栽林	西	秃勒滚	泊
jari	i	turgun	be
扎哩	他	情由	把
图其不楼	汉钱	妈法	说立哈
tucibure	hacihiya	mafa	soliha
使出（陈诵）	汉钱	祖先	宴请
赊夫	恩得客	妈法	姑鸭阿
sefu	enteke	mafa	gūyaha
师傅	恩得克	祖先	吟诵

涉夫	拐灯阿	妈法	我非阿
sefu	guwendengge	mafa	efihe
师傅	乖登阿	祖先	玩耍

涉夫	我勒	衣兰	妈法
sefu	ere	ilan	mafa
师傅	这	三	祖先

恩独立	说立哈	非烟嫩	埋头
enduri	soliha	fiyelen	maitu
神	宴请	篇	榔头

窝车库	那旦	乌西哈	佛吉勒
weceku	nadan	usiha	fejile
神主	七	星	下

得	阁喏笔	那胡隆	说林必
de	genembi	narhūšame	solimbi
在	去	精心详细	宴请

那旦	奈浑	作里活	中吉
nadan	naihū	jariha	jingkini
七	北斗	祝祷	切实

打书	哈拉	你木叉	哈拉
dasusu	hala	nimaca	hala
原籍	姓氏	杨	姓

得	特勒	阿宁阿	哈因
de	tere	aniyangga	ai
在	那个（萨满）	属年	什么
我林	得	特勒	阿宁阿
erin	de	tere	aniyangga
时候	在	那个（东家）	属年
何	意	彪根	得
ai	i	mukūn	de
什么	的	家族	在
八音	波罗立	卧客多木	托说莫
bayan	bolori	okdome	tosome
丰富	秋天	迎接	预先
波何	敖木	波何笔	哈音
bolgo	amsun	beihembi	ayan
清洁	祭肉（神猪）	准备	大
敖木孙	威勒笔	书兰	波
amsun	weilembi	sura	be
祭肉	制作	泔水	把
谁他笔	朱鲁	现	莫
suitambi	juru	hiyan	be
泼倒	朱录	香	把

朱勒立	西西笔	花	得
juleri	sisimbi	hūwa	de
前边	插上（引燃）	院中	在

无记戈	花生阿	书子	活勒浑
ujihe	hūwašangga	šusu	horho
养育	长成	供品（神猪）	圈里

得	活立哈	活其浑	书子
de	horiha	hocikon	šusu
在	圈之	标致	供品（神猪）

泊	恶林	得	嘎鸡笔
be	erin	de	gajimbi
把	此时	在	抓来

恶勒根	得	我克不笔	法他哈
ergen	de	ekiyembumbi	fatha
命	在	使损（丧命）	蹄

泊	法押笔	札兰	得
be	fayambi	jalan	de
把	费（截断）	骨节	在

土押笔	爱心	卧屯	得
tuyambi	aisin	oton	de
屈折	金色	整木槽盆	在

阿叉不莫 acabume 使合适	特笔 tembi 坐（盛入）	蒙文 menggun 银色	卧屯 oton 整木槽盆
得 de 在	梅特杜莫 meitebume 使截断	非烟笔 faidambi 摆上	方卡兰 fangkala 矮的
得林 dere 桌子	得 de 在	非烟他笔 faidambi 摆上	土可何 tucihe 出了
得林 dere 桌子	得 de 在	土桥笔 tukiyembi 抬着	阿鸡戈 ajige 小
得不嫩 deberen 崽子	恶真 ejen 主祭（萨满）	而得客 eldeke 明亮	乌西哈 usiha 星
得 de 在	恩独萨 endurisa 神门	泊 be 把	说林必 solimbi 宴请
阿勒 ere 这	赊 se 等	鸡干 jilgan 声音	得 de 在

爱心	埋头	波	爱米勒莫
aisin	maitu	be	alamime
金色	榔头	把	斜背着
多西笔	蒙文	埋头	梅特杜莫
dosimbi	menggun	maitu	meihereme
进入	银色	榔头	担负着
多西笔	胡图	得	胡松阿
dosimbi	hutu	de	hūsungga
进入	鬼	在	有力量者
衣不干	得	衣长阿	汉前
ibagan	de	icangga	hacihiya
妖怪	在	顺利	汉钱
妈法	说立哈	赊夫	恩得客
mafa	soliha	sefu	enteke
祖先	宴请	师傅	恩得克
妈法	姑押哈	赊夫	拐灯阿
mafa	guyaha	sefu	guwendengge
祖先	吟诵	师傅	乖登阿
妈法	我非何	赊夫	乌朱
mafa	efihe	sefu	uju
祖先	玩耍	师傅	头

得	翁空莫	梅林	得
de	ukume	meiren	de
在	围戴	肩膀	在
梅何勒莫	打拉	得	札吉莫
meihereme	dara	de	jajame
担负	腰	在	背负
笔杀	得	乌奴莫	表根
isan	de	unume	mukūn
聚集	在	背着（附体）	家族
娘门	得	押路莫	多西笔
niyalma	de	yarume	dosimbi
人	在	引行	进入
我立	娘门	得	作立莫
erin	niyalma	de	solime
此时	（族）人	在	宴请
多西笔			
dosime			
进入			

【译文】

第二十五篇　宴请蟒神

宴请蟒神[①]入神坛的诵唱词。

从长白山[②]降临的蟒神啊！

神坛前已点燃了蜡灯，

敲响了九面抓鼓，八面备用。

大鼓声震天响，

为何请神，举行祭祀？

当金鸡把嘴藏，

银鸡弯脖之时，

当夜幕降临[③]之际。

大声共同诵唱神歌，

鼓诵齐鸣，空中回旋[④]，

声传四方。

为什么请神，举行祭祀？

聪明的扎哩[⑤]呀！

他把情由陈诵。

宴请汉钱祖先师傅，

宴请恩得克吟诵祖先师傅，

宴请乖登阿玩耍祖先师傅，

宴请这三位使用榔头[⑥]神器的祖先神主。

杨姓萨满在七星下，

在七星斗前精心详细地宴请神灵。

原姓氏为杨姓，

萨满何属相？

东家何属相？

杨姓家族已迎来了丰富的秋天，

早已准备了清洁的神猪，

制作了大的祭肉。

倒泼了淘米泔水，

引燃了朱录香，

摆放在神灵前边。

养育在庭院中的神猪啊！

在圈中成长（得）标致健壮。

今将神猪抓来，使其丧命，

截断猪蹄，按骨节屈折，

摆放在金色的整木槽盆中，

放在大小合适的银色整木槽盆中。

安放于矮桌上，

奉献于神灵。

小崽子主祭萨满在明亮的星光下宴请诸位神灵，

在鼓诵齐鸣[⑦]中，

斜背着金色榔头进来了，

肩担着银色的榔头进来了。

战胜一切妖魔鬼怪降临了。

宴请汉钱祖先师傅，
宴请恩得克吟诵祖先师傅。
宴请乖登阿玩耍祖先师傅。
请聚围萨满之首负于萨满腰间，
降附于萨满之身。
请随助手引行的路线入神坛，
杨姓族人宴请神灵。

【注释】

① 蟒神：满语音转汉语为“扎不占也恩都立”。与前面第二十四篇的“庹尺蟒神”仅是长短的区别，都是蟒神。

② 长白山：满语音转汉语为“西泥恶林意”，直译为“你的山的”。“你的山”是指蟒神所在之山，满族的发祥之地是长白山，又因在本篇此句神歌旁有汉译，是“从白山来了”，所以我们译为“长白山”。

③ 夜幕降临：满语音转汉语为“我林阿库多不立”，直译为“此时无夜里”，与神歌中上下文意义不通，我们认为很可能在“阿库”后丢掉一词，即“而尔德”（光），是“无光”的夜里。我们意译了此句。还有另一种情况，就是举行萨满跳神祭祀时，屋内外和庭院中，都点燃了蜡烛（现在是电灯光），屋内外、庭院都是通亮，此时也可以说是“无夜”。满族的野神，即大神，都是在晚间出行，我们采用了萨满祭祀的常用词汇，即为“夜幕降临”。

④ 大声共同诵唱神歌……空中回旋：满语音转汉语为“按八鸡干泊阿你亚莫登鸡干泊得挤莫咳库鸡干泊咳勒己莫都杜鸡干泊都路己莫”，直译为“挨次大声，把高声往高上腾，粗声飞绕，鸠叫声”。此段为意译。

⑤ 扎哩：即助手，是诵唱、祝祷之人。

⑥ 榔头：榔头是萨满跳神时使用的神器。

⑦ 鼓诵齐鸣：满语音转汉语为“阿勒赊鸡干得”，直译为“在这等声音中”，“这等声音”就是指鼓声、诵唱声。

第二十六篇　宴请金钱豹神

吉哈那	押勒阿	笔朱	说立哈
jihana	yarha	fiyaju	soliha
金钱	豹	鹿羔（豹羔）	宴请
乌朱	非烟嫩	按八萨	恩独立
uju	fiyelen	amba	enduri
头	篇	大	神
那旦	乌西哈	佛鸡勒	得
nadan	usiha	fejile	de
七	星	下	在
阁勒何	那胡沙泊	说林必	那旦
genehe	narhūšame	solimbi	nadan
去	细细	宴请	七
奈浑	作立哈	中根	打书
naihū	soliha	jingkini	dasusu
北斗	宴请	切实	原籍
哈拉	你木叉	哈	得
hala	nimaca	hala	de
姓氏	杨	姓	在

特勒	阿宁阿	哈音	恶林
tere	aniyangga	ai	erin
那个（萨满）	属年	什么	时候
得	特勒	阿宁阿	何
de	tere	aniyangga	ai
在	那个（东家）	属年	什么
意	彪根	得	八烟
i	mukūn	de	bayan
的	家族	在	丰富
波罗立	卧客多木	托说莫	波何
bolori	okdome	tosome	bolgo
秋天	迎接	预先	清洁
敖木子	波何笔	阿因	敖木孙
amsun	belhembi	ayan	amsun
祭肉（神猪）	准备	大	祭肉
威勒笔	书兰	波	谁他笔
weilembi	sura	be	suitambi
制作	泔水	把	泼倒
书克得立	敖木孙	非烟他笔	朱鲁
sukduri	amsun	faidambi	juru
书克得立	祭肉	摆上	朱录

现	莫	朱勒立	西西笔
hiyan	be	juleri	sisimbi
香	把	前边	插上

花	得	乌吉戈	花生阿
hūwa	de	ujihe	hūwašangga
庭院	在	养育	长成

书子	活勒浑	得	活立哈
šusu	horho	de	horiha
供品（神猪）	圈里	在	圈之

活其浑	书子	泊	恶林
hocikon	šusu	be	erin
标致	供品	把	此时

得	嘎吉笔	我勒根	得
de	gajimbi	ergen	de
在	抓来	命	在

我可不笔	法他哈	泊	法亚笔
ekiyembumbi	fatha	be	fayambi
使损（丧命）	蹄	把	费（截断）

扎兰	波	土押笔	矮心
jalan	be	tuyambi	aisin
骨节	把	屈折	金色

卧屯	得	阿叉不莫	特不笔
oton	de	acabume	tebumbi
整木槽盆	在	使合适	盛入（摆放）
蒙文	卧屯	得	梅特杜莫
menggun	oton	de	meitebume
银色	整木槽盆	在	使截断
非烟他笔	方卡兰	得林	得
faidambi	fangkala	dere	de
摆上	矮的	桌子	在
非烟他笔	土克何	得林	得
faidambi	tucihe	dere	de
摆上	出了	桌子	在
土桥西	阿吉戈	得不嫩	恶真
tukiyembi	ajige	deberen	ejen
抬着	小	崽子	主祭（萨满）
而得客	乌西哈	得	按八
eldeke	usiha	de	amba
明亮	星	在	大
沙	恩独立	泊	说林必
sa	enduri	be	solimbi
诸位	神	把	宴请

打拉哈	法兰	其	打拉
dalaha	falan	ci	dara
为首者（首先）	家内地（窝内）	从	腰
泊	沙你亚莫	乌乎库	法兰
be	saniyame	ulhū	falan
把	伸展	芦苇	家内地（窝内）
其	乌朱	泊	土桥莫
ci	uju	be	tukiyeme
从	头	把	抬着
山言	意	图已其	沙拉
šanyan	i	tucici	šala
白色（山）	的	若出来	山边
泊	必图莫	押亲	也
be	bitume	yacin	i
把	沿着	黑暗	的
图吉其	押拉	泊	瓦西勒
tucici	fiyeren	be	wasire
若出来	山缝	把	降临
吉哈奈	押勒哈	肥朱	泊
jihana	yarha	fiyaju	be
金钱	豹	鹿羔（豹羔）	把

说林必

solimbi

宴请

【译文】

第二十六篇 宴请金钱豹神

第一篇 宴请金钱豹及豹羔头篇大神[①]神歌

杨姓萨满在七星下，

在七星斗前诵唱着宴请神灵。

萨满何属相？

东家何属相？

杨姓家族已迎来了丰富的秋天，

早已准备了清洁的神猪，

制作了大祭肉，

倒泼了淘米泔水。

书克得立前摆上了祭肉，

点燃了神灵前边的朱录香。

养育在庭院中的神猪啊！

在圈中成长（得）标致健壮。

今将神猪抓来，使其丧命，

截断猪蹄，按骨节屈折，

摆放在大小合适的金色整木槽盆中，

摆放在银色整木槽盆中，

放在矮桌子上，

整猪供献于神灵。

小崽子主祭萨满在明亮的星光下宴请诸位大神。

首先从窝里出来，

伸一伸懒腰，

通过芦苇地，

昂首阔步降临了，

请沿着长白山边出来[②]，

通过黑暗的地方[③]，

沿着山缝之处降临。

杨姓家族宴请金钱豹和豹羔神。

【注释】

① 宴请金钱豹及豹羔头篇大神：满语音转汉语为“吉哈那押勒阿笔朱说立哈乌朱非烟嫩按八萨恩都立”。其中需说明的“乌朱”，应为“肥朱”，本神歌中已出现。“肥朱”应为“鹿羔”，我们认为是借用此词，说明还宴请“豹羔”。

② 首先从窝里出来，……请沿着长白山边出来：满语音转汉语为“打拉哈法兰其打拉泊沙你亚莫乌乎库法兰其乌朱泊土桥莫山言意图己其沙拉泊必图莫”，直译为“为首是从窝内，伸腰，从芦苇内，抬着头，白色的山出来，沿着山根”，我们翻译中加了“出来、通过、降临”动词。“白色的山”即指“长白山”。

③ 黑暗的地方：指密密原始森林或宽阔的原野，因为是晚上请豹神，所以是黑暗的地方。

第二十七篇 宴请野猪神

栽其	非烟嫩
jai	fiyelen
第二	篇

矮得干	肥朱	泊	说立哈
aidagan	fiyaju	be	soliha
四年公野猪	鹿羔（野猪羔）	把	宴请
非烟嫩	那旦	乌西哈	佛吉勒
fiyelen	nadan	usiha	fejile
篇	七	星	下
得	阁勒笔	那胡沙泊	说林必
de	genembi	narhūšame	solimbi
在	去	精心详细	宴请
那旦	奈浑	忠吉	打书
nadan	naihū	jingkini	dasusu
七	北斗	切实	原籍
哈拉	你木叉	哈拉	得
hala	nimaca	hala	de
姓氏	杨	姓	在

特勒	阿宁阿	哈因	恶林
tere	aniyangga	ai	erin
那个（萨满）	属年	什么	时候
得	特勒	阿宁阿	何
de	tere	aniyangga	ai
在	那个（东家）	属年	什么
意	彪根	得	八因
i	mukūn	de	bayan
的	家族	在	丰富
波罗立	卧客多木	托说莫	波何
bolori	okdome	tosome	bolgo
秋天	迎接	预先	清洁
敖木	波何笔	阿因	敖木孙
amsun	belhembi	ayan	amsun
祭肉（神猪）	准备	大	祭肉
威勒笔	书兰	波	谁他笔
weilembi	sura	be	suitambi
制作	泔水	把	泼倒
书可得立	敖木	非他笔	朱鲁
sukduri	amsun	faidambi	juru
书克得立	祭肉	摆上	朱录

现	莫	朱勒立	西西笔
hiyan	be	juleri	sisimbi
香	把	前边	插上
花	得	乌吉何	花生阿
hūwa	de	ujihe	hūwašangga
庭院	在	养育	长成
书子	活勒浑	得	活立哈
šusu	horho	de	horiha
供品（神猪）	圈里	在	圈之
活其浑	书子	泊	恶林
hocikon	šusu	be	erin
标致	供品（神猪）	把	此时
得	嘎吉笔	我勒根	泊
de	gajimbi	ergen	be
在	抓来	命	把
我可不笔	扶摄何	木克	得
ekiyembumbi	funiyehe	muke	de
使损（丧命）	毛	（热）水	在
何特何笔	扶摄何	泊	推勒笔
hetembi	funiyehe	be	tuilembi
卷（弯曲）	毛	把	退之

英阿哈	泊	说纳笔	法他哈
inggaha	be	sunembi	fatha
茸毛	把	脱落去	蹄
泊	法押笔	札兰	波
be	fayambi	jalan	be
把	费（截断）	骨节	把
土亚笔	矮心	卧屯	得
tuyambi	aisin	oton	de
屈折	金色	整木槽盆	在
阿叉不莫	特不笔	蒙文	卧屯
acabume	tebumbi	menggun	oton
使合适	盛入（摆放）	银色	整木槽盆
得	梅何杜莫	非烟他笔	方卡兰
de	meitebume	faidambi	fangkala
在	使截断	摆上	矮的
得林	得	非烟他笔	土桥何
dere	de	faidambi	tucihe
桌子	在	摆上	出了
得	土桥笔	阿吉戈	得不嫩
de	tukiyembi	ajige	deberen
在	抬着	小	崽子

我真	而得客	乌西哈	得
ejen	eldeke	usiha	de
主祭（萨满）	明亮	星	在
按八	沙	恩独立	说林必
amba	sa	enduri	solimbi
大	诸位	神	宴请
活龙欧	爷克赊	得	活托
horonggo	yekse	de	hoto
有威风的	神帽	在	头骨
得	我图笔	乌云	沙沙
de	etumbi	uyun	saksaha
在	穿（戴）	九	喜鹊
得	乌朱	得	翁空笔
de	uju	de	ukumbi
在	头	在	围戴
土门	爷	沙马	其
tumen	i	saman	ci
万	的	萨满	从
通洪	泊	佛洪莫	明安
tunggu	be	fekume	minggan
深渊	把	跳过	千

也	沙马	其	乌朱
i	saman	ci	uju
的	萨满	从	（山）头
泊	必图莫	哈打	泊
be	bitume	hada	be
把	沿着（爬上）	山峰	把
孩加莫	波说	波	波多莫
hergime	boso	be	bodome
飞绕	山阴	把	预计
阿拉	泊	阿打莫	昂独
ala	be	atarame	antu
山岗	把	喧闹貌	山阳
泊	打不莫	爱得干	肥朱
be	dababume	aidagan	fiyaju
把	越过	四年公野猪	鹿羔（野猪羔）
泊	说林必		
be	solimbi		
把	宴请		

【译文】

第二十七篇　宴请野猪神

第二篇　宴请野猪及猪羔神篇

杨姓萨满在七星下宴请，
在七星斗前精心详细地宴请诸神灵。

原姓氏为杨姓，
萨满何属相?
东家何属相?
今已是迎来了丰富的秋天，
预先准备了清洁的神猪，
制作了大祭肉。
倒泼了淘米泔水。
书克得立前摆上了祭肉，
点燃了神灵前边的朱录香。
养育在庭院中的神猪啊!
在圈中成长（得）标致健壮。
今将神猪抓来，使其丧命，
在热水中弯曲煺毛，
连同茸毛也脱落除掉。
截断猪蹄，按骨节屈折。
摆放在大小合适的金色整木槽盆中，
放在银色整木槽盆中。
摆放在矮桌上，
整猪供献于神灵。

小崽子主祭萨满在明亮的星光下宴请诸位神灵：
头戴九只喜鹊的神帽，
威风凛凛。
万分之一的萨满跳过深渊，
千分之一的萨满爬上山头①，
在山峰上飞绕。
请通过山阴之处，
越过山阳之处，
喧闹着从山岗上降临了。
杨姓宴请野猪及猪羔神。

【注释】

① 万分之一的萨满跳过深渊，千分之一的萨满爬上山头：满语音转汉语为“土门爷沙马其通洪泊佛洪莫明安也沙马其乌朱泊必图莫”，直译为“万的萨满从深渊跳过，千的萨满爬上山头”。此句难以理解，暂译为此句。

第二十八篇　宴请虎神

衣兰	非烟嫩	他四哈	恩独立
ilan	fiyelen	tasha	enduri
（第）三	篇	虎	神
泊	说立哈	那旦	乌西哈
be	soliha	nadan	usiha
把	宴请	七	星
佛吉勒	得	各喏笔	那胡萨泊
fejile	de	genembi	narhūšame
下	在	去	精心详细
说林必	那旦	奈浑	作立哈
solimbi	nadan	naihū	soliha
宴请	七	北斗	宴请
中吉	打书	哈拉	你木叉
jingkini	dasusu	hala	nimaca
切实	原籍	姓氏	杨
阿拉	得	特勒	阿宁阿
hala	de	tere	aniyangga
姓	在	那个（萨满）	属年

哈因	恶林	得	特勒
ai	erin	de	tere
什么	时候	在	那个（东家）
阿宁阿	何意	彪根	得
aniyangga	ai	mukūn	de
属年	什么	家族	在
八因	波罗立	卧客多木	托说莫
bayan	bolori	okdome	tosome
丰富	秋天	迎接	预先
波何	敖木	波何笔	阿音
bolgo	amsun	belhembi	ayan
清洁	祭肉（神猪）	准备	大
敖木孙	威勒笔	书兰	波
amsun	weilembi	sura	be
祭肉	制作	泔水	把
谁他笔	书可得立	敖木	非烟他笔
suitambi	sukduri	amsun	faidambi
泼倒	书克得立	祭肉	摆上
朱鲁	现	莫	朱勒立
juru	hiyan	be	juleri
朱录	香	把	前边

西西笔	花	得	乌吉戈
sisimbi	hūwa	de	ujihe
插上	庭院	在	养育
花生何	书子	活勒浑	得
hūwašangga	šusu	horho	de
长成	供品（神猪）	圈里	在
活立哈	活其浑	书子	泊
horiha	hocikon	šusu	be
圈之	标致	供品（神猪）	把
恶林	得	嘎吉笔	我勒根
erin	de	gajimbi	ergen
此时	在	抓来	命
泊	我可不笔	法他哈	泊
be	ekiyembumbi	fatha	be
把	使损（丧命）	蹄	把
法押笔	札兰	波	土押笔
fayambi	jalan	be	tuyambi
费（截断）	骨节	把	屈折
矮心	卧屯	得	阿叉不莫
aisin	oton	de	acabume
金色	整木槽盆	在	使合适

特不笔	蒙文也	卧屯	得
tebumbi	mengguni	oton	de
盛入（摆放）	银色的	整木槽盆	在
梅何勒莫	特不笔	方卡兰	得林
meitebume	tebumbi	fangkala	dere
使截断	盛放	矮的	桌子
得	非烟他笔	土克何	德林
de	faidambi	tucihe	dere
在	摆上	出了	桌子
德	土桥笔	阿吉戈	得不嫩
de	tukiyembi	ajige	deberen
在	抬着	小	崽子
恶真	而得客	乌西哈	得
ejen	eldeke	usiha	de
主祭（萨满）	明亮	星	在
按八	沙	恩独立	说林必
amba	sa	enduri	solimbi
大	诸位	神	宴请
阁浑	也	倍干	其
gehun	i	bigan	ci
明亮	的	原野	从

赊浑	也	阿拉	其
sehehun	i	ala	ci
直竖	的	山岗	从
阿拉	意	独林	得
ala	i	dulin	de
山岗	的	中间	在
木何林	忙卡	必	忙卡
muheliyen	mangkan	bi	mangkan
圆的	沙岗	有	沙岗
衣	都林	得	而何
i	dulin	de	ilha
的	中	在	花
授	窝吉	其	窝吉
orho	weji	ci	weji
草	密林	从	密林
义	多勒	己其	木亚莫
i	dolo	jici	muyame
的	内	来	叫着
瓦西卡	木汉	他四哈	泊
wasika	muhan	tasha	be
降临	公	虎	把

说林必
solimbi
宴请

【译文】

第二十八篇　宴请虎神

第三篇[①]　虎神

杨姓萨满在七星下宴请，
在七星斗前精心详细地宴请诸神灵。

原姓氏为杨姓，
萨满何属性？
东家何属相？
杨姓家族已迎来了丰富的秋天，
预先准备了清洁的神猪，
制作了大祭肉。
倒泼了淘米泔水。
书克得立神前摆上了祭肉，
点燃了神灵前边的朱录香。

养育在庭院中的神猪啊！
在圈中成长（得）标致健壮。

此时将神猪抓来，使其丧命，
截断猪蹄，按骨节屈折。
摆放在大小合适的金色整木槽盆中，
放在银色整木槽盆中。
摆放在矮桌上，
整猪供献于神灵。

小崽子主祭萨满在明亮的星光下宴请诸位神灵。
请通过明亮的原野之地，
爬上那耸立的山岗，
再经过山岗中间的圆沙岗之地，
穿过那花草，密林之中，
叫着降临的公虎神啊！
杨姓宴请。

【注释】

① 第三篇：第一篇是金钱豹神，称为“头篇”，第二篇是野猪神，第三篇即是此篇，即虎神。这三篇都是野神，即大神篇。

第二十九篇　宴请说勒库妈妈

说勒库	妈妈	泊	说立哈
sorko	mama	be	soliha
说勒库	妈妈	把	宴请
非烟嫩	阿不卡	七	瓦西哈
fiyelen	abka	ci	wasika
篇	天	从	降临
按八	先	出	那
amba	hiyan	ci	na
大	香（火）	从	地
泊	书得勒	那浑	也
ba	sukduri	narhūn	i
地方	气（风水）	细	的
先	出	打书	哈拉
hiyan	ci	dasusu	hala
香（火）	从（引来）	原籍	姓氏
你妈叉	哈拉	得	特勒
nimaca	hala	de	tere
杨	姓	在	那个（萨满）

阿宁阿	哈因	恶林	得
aniyangga	ai	erin	de
属年	什么	时候	在
特勒	阿宁阿	何	意
tere	aniyangga	ai	i
那个（东家）	属年	什么	的
彪根	得	八因	波罗利
mukūn	de	bayan	bolori
家族	在	丰富	秋天
卧客多木	托说莫	波何	敖木
okdome	tosome	bolgo	amsun
迎接	预先	清洁	祭肉（神猪）
波何笔	阿因	敖木	威勒笔
belhembi	ayan	amsun	weilembi
准备	大	祭肉	制作
阿吉戈	得不嫩	恶真	而得客
ajige	deberen	ejen	eldeke
小	小崽	主祭（萨满）	明亮
乌西哈	得	恩独立	泊
usiha	de	enduri	be
星	在	神	把

说林必	矮心	汤木秃	七
solimbi	aisin	tangkitu	ci
宴请	金色	疙瘩	从
瓦卡	说立库	妈妈	乌朱
waka	sorko	mama	uju
砍杀	说勒库	妈妈	头
得	翁空莫	梅林	得
de	ukume	meiren	de
在	围聚	肩膀	在
梅何勒莫	打拉	得	扎吉莫
meihereme	dara	de	jajame
担负	腰	在	背负
匹萨	得	乌奴莫	倍棍
isan	de	unume	mukūn
聚集	在	背着（附体）	家族（助手）
娘门	得	亚路莫	多西笔
niyalma	de	yarume	dosimbi
人	在	引行	进入
我林	娘门	作理莫	多西匹
erin	niyalma	solime	dosifi
此时	（族）人	宴请	进入

【译文】

第二十九篇　宴请说勒库妈妈[①]

宴请顶针祖母篇

从天而降的大香火神，
从地上由细香引来的香火风水神。

原姓氏为杨姓，
萨满何属相？
东家何属相？
何时什么家族举行祭祀？
杨姓家族已迎来了丰富的秋天，
预先准备了清洁的神猪，
制作了大的祭肉。

小崽子主祭萨满在明亮的星光下宴请神灵，
宴请砍杀出金色疙瘩[②]的顶针祖母。
请聚围萨满之首，
负于萨满之肩，
集负于萨满腰间，
降附于萨满之身。
请随助手引行的路线入神坛，
杨姓族人此时宴请顶针祖母。

【注释】

① 说勒库妈妈：满语音转汉语为“说勒库妈妈”，“说勒库”为“顶针”，“妈妈”为“祖母”，直译“顶针祖母”。

② 疙瘩：满语音转汉语为“汤木秃”。“汤木秃”无从查找，但与“汤其”音相似，是“疙瘩”之意，“秃”是“特”或是“塔”音变而来，即表示多数，有许多疙瘩的意思。但译文中仅用“疙瘩”之意。

第三十篇　祝祷词（宴请妈妈神）

飞鲁勒	吉孙	打书	哈拉
firure	gisun	dasusu	hala
祝祷	词	原籍	姓氏
你木叉	哈拉	得	特勒
nimaca	hala	de	tere
杨	姓	在	他（萨满）
阿宁阿	哈因	恶林	得
aniyangga	ai	erin	de
属年	什么	时候	在
特勒	阿宁阿	何	意
tere	aniyangga	ai	i
那个（东家）	属年	什么	的
彪根	得	八因	波罗立
mukūn	de	bayan	bolori
家族	在	丰富	秋天
卧客多木	托说莫	波何	敖木
okdome	tosome	bolgo	amsun
迎接	预先	清洁	祭肉（神猪）

波何笔	阿因	敖木	威勒笔
belhembi	ayan	amsun	weilembi
准备	大	祭肉	制作
阿吉戈	得不嫩	恶真	妈妈
ajige	deberen	ejen	mama
小	崽子	主祭（萨满）	祖母
恩独立	我奔吉何	波	打哈莫
enduri	ebunjihe	be	dahame
神	神祇下降	把	跟随
他勒嘎	泊	街笔	他勒嘎
targa	be	gaimbi	targa
草把	把	取	忌
衣能泥	泊	他勒嘎	卧不莫
inenggi	be	targa	obume
日子	把	戒之	可为
我者何	你能泥	泊	我者不莫
ejehe	inenggi	be	ejebume
记住	日子	把	使记住
汤乌	阿宁阿	他勒嘎	库
tanggū	aniyangga	targa	akū
百	年	戒	无

吟忠	阿宁阿	你妈库	阿库
ninju	aniyangga	nimeku	akū
六十	年	病	无
卧不莫	阁喏何	巴	莫
obume	genehe	ba	be
可为	去（外出）	地方	把
各秃肯	卧不莫	亚不哈	巴
getuken	obume	yabuha	ba
明白（吉顺）	可为	行走	地方（道）
得	押勒尖	打立	得
de	yargiyan	dari	de
在	真实（平安）	令经过（外出）	在
卧立	哈哈	泊	卧罗立
orin	haha	be	oilori
二十	男人（壮士）	把	平空
卧不莫	得西	哈哈	泊
obume	dehi	haha	be
可为	四十	男人（勇汉）	把
得勒立	卧不莫	图何勒	泊
deleri	obume	tuhere	be
上边（骑士）	可为	跌倒	把

图桥搂	阿法勒	泊	阿立搂
tucire	afalara	be	alimbi
出来	相战	把	承受

【译文】

第三十篇 祝祷词[①]（宴请妈妈神）

原姓氏为杨姓，
萨满何属相？
东家何属相？
何时什么家族举行祭祀？
杨姓家族已迎来了丰富的秋天，
预先准备了清洁的神猪，
制作了大的祭肉。
小崽子主祭萨满乞请妈妈恩都立[②]，
诸位神灵请跟随着降临。
取来草把[③]，
定好规定忌日[④]，
牢记心间[⑤]。
乞求神灵保佑，
百年无戒[⑥]，六十年无疾。
外出之人所到之处吉顺，
行走之道平安。
外出时二十名壮士在前，
四十名骑士随后。
两军相战，不陷沟壑，
平安吉顺。

【注释】

① 祝祷词：本篇神歌为家神祭祀，从内容来看，很像室内祭祀。

② 妈妈恩都立：即祖母神。民间将“妈妈恩都立”作为固定词汇，即“祖母神”，也可能是“祖母”和“神”分为两类神，很可能指满族西炕上的“卧车库”将神及神位。

③ 草把：在家神祭祀时，满族人都用稻草，有十几根绑为一

把，挂在大门口，以示家中有祭祀活动，戴孝者和妇女，尤其是身上不干净的妇女，便不能入其家中，以显示祭祀的神圣和对神的恭敬。

④ 定好规定忌日：满语音转汉语为“他勒嘎衣能泥泊他勒嘎”，直译为“把忌日戒之”。此处的“忌日”为举行祭祀的良辰吉日，“戒”为“规定”之意，所以我们译为“定好规定忌日”。

⑤ 牢记心间：满语音转汉语为“我者何你能泥泊我者不莫”，直译为“使记住了应记的日子”，这里应记之日是举行祭祀，我们意译为“牢记心间”。

⑥ 百年无戒：满语音转汉语为“汤乌阿宁阿他勒嘎库”，“库”应为“阿库”。此处的“他勒嘎”（草把）是因家中有病人，门口挂一“草把”，意思是不让他人进家了。满族先人不希望有人家门口挂“草把”，所以神歌中记述百年不出现“草把”。

第三十一篇　背灯祭

灯站	推不勒	非烟嫩	恩独立
dengjan	tuibure	fiyelen	enduri
灯	背	篇	神
赊	笔朱	义	西泥
se	bisu	i	sini
等（诸位）	留住（步）	的	你的
恶真	归旦彪	说林	得
ejen	goidaha	soli	de
主人	久	令宴请	在
恩独立	阿吉根	得不嫩	遂拉春
enduri	ajige	deberen	suilacun
神	小	崽子	劳苦
泊	阿林必	墨你	佛勒何
be	alimbi	meni	ferhe
把	承受	我们	昏迷了
西妈浑	泊	那勒浑	附他
simhun	be	narhūn	futa
小手指头	把	细细	绳子

怀他笔	你莫勒	得木北	阿林必
hūwaitambi	nimere	dembei	alimbi
拴住	病痛	很大	承受

恩独立赊	肥朱义	哀秃不莫	西打笔
endurise	fiyacu	aitubume	sidambi
众神	令受不了	救之	放开

问掇托莫	嘎马七	恩独立	赊
oncodome	kamaci	enduri	se
宽宥	保护	神	等（诸位）

肥朱义	叉拉不哈	瓦里亚必	恩得不库
fiyacu	calabuha	waliyambi	endebuku
令受不了	使差错	丢掉（改正）	过失

都不木必	妈妈	义	佛勒国出客
guwebumbi	mama	i	ferguwecuke
饶恕	祖母	的	神奇

者针	何库	牙勒尖	开
jecen	akū	yarkiyan	kai
交界处	无	引诱	啊

娘们	沙	七	官
niyalma	sa	ci	tuwa
人	们	从	令看

忙阿	妈妈	义	科喜
mangga	mama	i	kesi
困难	祖母	的	恩惠
泊	阿吉根	得不嫩	阿林必
be	ajige	deberen	alimbi
把	小	崽子	承受
胡克射哈	姑娘必	妈妈	衣
hukšehe	gūnimbi	mama	i
感激	想着	祖母	的
百里	得	莫你	木坤
baili	de	meni	mukūn
恩情	在	我们	家族
多勒	得	萨克打萨	阿西干
dolo	de	sakdasa	asihan
内	在	诸位老者	幼小
哈宁恶	泊	阿哭恶	阿库
aniyangga	be	akūngge	akū
年纪	把	没有的	无
阿林必	妈妈	意	按八
alimbi	mama	i	amba
承受	祖母	的	大

我勒德木	姑吟	得	特不笔
erdemu	gūnin	de	tebumbi
恩得	心思	在	存放

秃门	德	我木	戈立
tumen	de	emu	jalan
万	在	一	节

卡路拉莫	不押木必	推勒	恒七勒莫
karulame	buyebumbi	tuile	hengkileme
报答	情愿	令退毛	叩头

白仍恶
bairengge
乞求的

【译文】

第三十一篇　背灯祭

背灯祭[①]篇

诸位神灵请留步，
主人[②]宴请已很久。
小崽子[③]承受了劳苦，
手指头被细细绳子拴住，
承受着很大病痛，
病痛的昏厥了，
已承受不了啦，
宽宥我们，请放开绳结，
保佑我们吧！诸位神灵，
我们已承受不了啦！
我们一定改正错误。
饶恕我们吧！神奇的祖母，

诱导绳解开，人们难以看见。

小崽子感激祖母的恩惠，

妈妈的恩情，

族内老老少少无不承受祖母的恩德。

宁愿服五刑之苦，

也报答不了祖母之恩于万一。

合族人叩头祈祷。

【注释】

① 背灯祭：熄灭一切灯火和亮光，称“背灯祭”。

② 主人：满语音转汉语为“恶真”与“阿鸡歌得不嫩恶真”中的“恶真”意义不相同。此处的“恶真”为“主人”之意，是指“杨姓家族”中承担主祭之人，为主人。

③ 小崽子：满语音转汉语为“阿吉根得不嫩”。此处的小崽子是用绳子拴住手指而受苦受难的形象，这种“手指拴绳受苦难”的情节，在民间神书中少见，其意义深远。第一种可能是喻意人类、社会生活中的种种不顺利和难以克服的困难和灾难。第二种可能是表现人类的感恩和忏悔之情。

第三十二篇　宴请神灵妈妈篇

恩独利	莫立	我者何	非烟嫩
enduri	soli	ejehe	fiyelen
神	令请	记录	篇
打书	哈拉	你某叉	哈拉
dasusu	hala	nimaca	hala
原籍	姓氏	杨	姓
得	特勒	阿宁阿	哈因
de	tere	aniyangga	ai
在	他（萨满）	属年	什么
恶林	得	特勒	阿宁阿
erin	de	tere	aniyangga
时候	在	他（东家）	属年
何	意	彪根	得
ai	i	mukūn	de
什么	的	家族	在
巴因	波罗立	卧客多木	托说莫
bayan	bolori	okdome	tosome
丰富	秋天	迎接	预先

波何	敖木	波何笔	阿因
bolgo	amsun	belhembi	ayan
清洁	祭肉（神猪）	准备	大
敖木子	威勒笔	书兰	波
amsun	weilembi	sura	be
祭肉	制作	泔水	把
遂他笔	书克得立	敖木	非烟他笔
suitambi	sukderi	amsun	faidambi
泼倒	书克得立	祭肉	摆上
矮心	也	笔拉	得
aisin	i	bira	de
金色	的	河（水）	在
阿叉不莫	特不何	蒙文	笔拉
acabume	tebuhe	menggun	bira
使合适	放入	银色	河（水）
得	木拉各射	沙哈笔	泊
de	mursa	sahambi	be
在	圆的	垒堆	把
站出浑	奴勒	泊	扎卡得
jancuhūn	nure	be	jakade
甜的	酒	把	跟前

多木笔	哈谈	阿其	泊
dobombi	hatan	arki	be
供献	烈性	酒	把
寒其	多不笔	朱鲁	现
hanci	dobombi	juru	hiyan
近处	供献	朱录	香
泊	朱勒立	西西笔	念其
be	juleri	sisimbi	niyanci
把	前边	插上	年祈
现	泊	牙罗泊	打不笔
hiyan	be	yarume	dabumbi
香	把	引（燃）	点燃
妈法	恩独立	恶勒射笔	花
mafa	enduri	eršembi	hūwa
祖父	神	照看（保佑）	庭院
得	乌吉戈	花生阿	书子
de	ujihe	hūwašangga	šusu
在	养育	长成	供品（神猪）
活勒浑	得	活立哈	特勒
horho	de	horiha	tere
圈里	在	圈之	那个

亚窝	掇勿莫	莫林	泊
yalu	cohome	morin	be
令骑	专门	（神）马	把
妈妈	恩独立	得	俄者笔
mama	enduri	de	ebimbi
祖母	神	在	饱
恩独立	莫林	得论	温车肯
enduri	morin	delun	uncehen
神	马	马鬃毛	马尾
得	说立哈	泊	怀他笔
de	soliha	be	hūwaitambi
在	宴请	把	拴
他勒嘎	你仍你	泊	他勒嘎
targa	inenggi	be	targa
忌	日子	把	戒之
卧不莫	我者何	你仍你	我者不莫
obume	ejehe	inenggi	ejebume
可为	记住	日子	是记住
汤乌	阿宁阿	他勒嘎	库
tanggū	aniyangga	targa	akū
百	年的	戒	无

银中	阿宁阿	泥妈库	阿库
ninju	aniyangga	nimeku	akū
六十	年的	病	无
卧不搂	花	因	招路
obure	hūwa	i	jalu
可为	庭院	的	（子孙）满
花沙不莫	官	因	招路
hūwašabume	kūwaran	i	jalu
养育	（牛羊马）圈	的	满
福孙不莫	温	因	招路
fusebume	un	i	jalu
使繁生	猪圈	的	满
乌吉不莫	他莫	者莫	他勒浑
ujibume	taman	jeme	tarhūn
使养育	公猪	吃	肥胖
卧不莫	我敦	者莫	我滨不莫
obume	adun	jeme	ebime
可为	牧群	吃	饱
巴克他拉库	巴烟	卧不莫	我特拉库
baktandarakū	bayan	obume	eterakū
容不下	富足	可为	挡不得（传扬）

而尖	卧不莫
algin	obume
名望	可为

【译文】

第三十二篇　宴请神灵妈妈篇

请神篇[①]

原姓氏为杨姓，
萨满何属相？
东家何属相？
杨姓家族已迎来了丰富的秋天，
预先准备了清洁的神猪，
制作了大的祭肉。
倒泼了淘米泔水，
书克得立神前摆上了祭肉。
放入金色的河水，
使用银色的河水，
在垒成圆圆的器皿中制作了甜酒，
供献于神灵前，
烈性酒摆于神桌上。
引燃了朱录香，
点燃了年祈香。
玛法神灵保佑，
保佑养育在庭院中的神猪成长平安。
那匹专门为妈妈神灵坐骑的神马啊！
喂养肥壮。
祭祀时神马鬃及尾已拴上布条[②]，
为妈妈神灵所用。
定好规定忌日，
牢记心间。

百年无戒，六十年无疾，
满院子孙跑，
牛羊马满圈，牧群肥壮，
猪圈繁生多，公猪肥壮[③]。
家中富足，名望传扬。

【注释】

①请神篇：此篇为求太平吉祥的家神祭祀内容。

②祭祀时神马鬃及尾已拴上布条：满语音转汉语为“恩独立莫林得论温车肯得说立哈泊怀他笔”，直译为“在神马的马鬃和马尾上，宴请时拴了”。举行祭祀时，要在这匹供妈妈神灵骑用的神马的尾巴和马鬃上系上布条，一般是红布条，以区别于其他的马匹。

③公猪肥壮：满语音转汉语为“乌吉不莫他莫者莫他勒浑卧不莫”，直译为“使养育的公猪吃得肥壮。“他莫”一词在《清文总汇》中解释为“劁了的公猪”，这样的公猪为敬神所用。

第三十三篇　宴请堂子神主

头篇（堂子祭）

汤射	窝车库	得	白勒
tanggin	weceku	de	baire
堂子	神主	在	乞求（请）
乌朱	非烟嫩	打书	哈拉
uju	fiyelen	dasusu	hala
头	篇	原籍	姓氏
你木叉	哈拉	得	特勒
nimaca	hala	de	tere
杨	姓	在	他（萨满）
阿宁阿	哈因	恶林	得
aniyangga	ai	erin	de
属年	什么	时候	在
特勒	阿宁阿	何	意
tere	aniyangga	ai	i
他（东家）	属年	什么	的
彪根	得	巴因	波罗立
mukūn	de	bayan	bolori
家族	在	丰富	秋天

卧客多木	托说莫	波何	敖木
okdome	tosome	bolgo	amsun
迎接	预先	清洁	祭肉（神猪）
波何笔	阿音	敖木子	威勒笔
belhembi	ayan	amsun	weilembi
准备	大	祭肉	制作
阿拉	泊	阿那笔	阿音
ara	be	anambi	ayan
糠	把	推	大
敖木孙	威勒笔	书兰	波
amsun	weilembi	sura	be
祭肉（供品）	制作	泔水	把
遂他笔	书克得立	敖木	非烟他笔
suitambi	sukderi	amsun	faidambi
泼倒	书克得立	祭肉	摆上
站出浑	奴勒	泊	扎卡得
jancuhūn	nure	be	jakade
甜	酒	把	跟前
多不笔	哈谈	阿其	泊
dobombi	hatan	arki	be
供献	烈性	酒	把

寒其	多不笔	念其	现
hanci	dobombi	niyanci	hiyan
近处	供献	年祈	香

泊	牙罗莫	打不笔	商尖
be	yarume	dabumbi	šanggiyan
把	引（燃）	点燃	香烟

妈法	商尖	他勒嘎	乌云七
mafa	šanggiyan	targa	uyunci
祖先	烟（祥气）	天界（忌门）	第九（层）

恩独立	得	窝西浑	卧臣莫
enduri	de	waisihūn	weceme
神灵	在（天）	降下	受祭

朱勒立	朱可谈必	说立哈	恩独立
juleri	juktembi	soliha	enduri
前边	（祭）祀	宴请	神

泊	说林	得	特不莫
be	soli	de	tebume
把	令请	在	使坐（临位）

胡射何	朱克特肯	泊	文得
huwešebuhe	juktehen	be	unde
烙（舒展）	寺（祭坛）	把	尚早

窝心不匹	先	泊	阿里搂
wasibufi	hiyan	be	alire
降临	香	把	承受

书可敦	泊	萨里搂	敦音
sukdun	be	salire	duin
上气	把	承担	四

活说	泊	达其瞎莫	衣兰
hošo	be	dasihiyame	ilan
角	把	掸净	三

活说	泊	衣其瞎莫	活水
hošo	be	icihiyame	husi
角	把	收拾	胡水

胡图	泊	洪空莫	乌咀
hutu	be	hungkime	uce
鬼怪	把	砸碎	五彩

胡图	泊	乌克杀拉莫	阿摄
hutu	be	uksalame	gašan
鬼	把	脱离（赶跑）	乡村

多可孙	得	别恶哈	得
tokso	de	bangga	de
庄	在	发懒	在

恶哈凌乌	你莫库	泊	图门
ehelinggu	nimeku	be	tumen
庸人	疾病	把	万（里）
得	图其不搂	明安	得
de	tucibure	minggan	de
在	（赶）出去	千（里）	在
米拉拉不搂	恩都立	得	白七
milarabure	enduri	de	baici
使远之	神	在	乞求
而何	太平	卧不搂	
elhe	taifin	obure	
太	平	可为	

【译文】

第三十三篇　宴请堂子神主

头篇（堂子祭）

原姓氏为杨姓，
萨满何属相？
东家何属相？
杨姓家族已迎来了丰富的秋天，
预先准备了清洁的神猪，
制作了大的祭肉。
推谷除糠做大供[1]，
倒泼了淘米泔水。
书克得立神前摆上了祭肉，

甜酒供于前，

烈性酒供于神桌上。

点燃了年祈香，

乞请商尖妈法神。

商尖妈法在祥云②天界之中，

为天界第九层神灵③，

神坛前宴请神灵，

宴请商尖妈法临位。

降临到广阔祭坛上。

请纳享香火，

乞请承受丰宴供品。

掸净了四角，收拾干净了三角，

砸碎了胡水鬼，赶走了五彩鬼④，

把村庄里的懒庸人、病魔赶出千里之外，

万里之外，使其永远远之。

乞求神灵保佑太平。

【注释】

① 大供：满语音转汉语为“阿音敖木孙”，直译“大祭肉”，“大”非大小之大，指多和隆重。

② 商尖妈法在祥云：满语音转汉语为“商尖”，《清文总汇》中解释为“香烟、火烟之烟”，因为神歌中指出是在忌门，故暂译为“祥云”。

③ 天界第九层神灵：满语音转汉语为“他勒嘎乌云七恩独立得窝西浑卧车莫”，直译为“忌门内祭祀上边第九神灵”。据我们调查所知，满族萨满教的神灵还未有高低之分，仅按武术强弱，分住在长白山的不同高度上。满族分九层，后又演变为天空中的九层天。商尖妈法是祭祀中重要神灵，它一定住在最高层上，即第九层天上，所以译“天界第九层神界”有些道理。此处“忌门”指天界。

④ 胡水鬼、五彩鬼：同第十七篇的注释②。

二 非烟嫩

二篇（堂子祭）

书克敦	泊	萨里搂	我里
sukdun	be	salire	ere
上气	把	承担（带）	这里
娘门	得	我立射笔	表根
niyalma	de	eršembi	mukūn
人	在	照看	家族
娘门	得	坎马笔	汤旺
niyalma	de	karmambi	tanggū
人	在	保护	百
阿宁阿	他嘎	库	银中
aniyangga	targa	akū	ninju
年的	戒	无	六十
阿宁阿	你妈库	阿库	阁喏何
aniyangga	nimeku	akū	genehe
年的	疾病	无	去（外出）
巴	得	各四肯	卧不莫
ba	de	getuken	obume
地方	在	明白（吉顺）	可为

押不哈	巴	得	押勒尖
yabuha	ba	de	yargiyan
行走	地方	在	真实（平安）
打里莫	卧林	哈哈	泊
darime	orin	haha	be
经过（外出）	二十	男人（壮士）	把
卧罗利	卧不莫	得西	哈哈
oilori	obume	dehi	haha
平空（随行）	可为	四十	男人（勇汉）
泊	得勒立	卧不莫	土何勒
be	deleri	obume	tuhere
把	上边（骑士）	可为	跌倒
泊	土桥莫	阿法独莫	阿里搂
be	tucime	afandume	alire
把	出来	相战	承担（参加）

【译文】

二篇（堂子祭）

乞请神灵带着舒克得立吉祥之气降临了。

乞请照看着这里的人们，保佑着杨氏家族。

百年无戒，六十年无疾。

外出之人所到之处吉顺，

行走之道平安。
外出时二十名壮士在前，
四十名骑士随后。
两军相战，不陷沟壑。

三篇（堂子祭）

依兰	非烟嫩
ilan	fiyelen
三	篇

恩都立	恶勒射笔	窝车库	打里笔
enduri	eršembi	weceku	darimbi
神	照看（保佑）	神主	顺便
牙路哈	莫林	泊	洋汤阿
yaruha	morin	be	yangsangga
骑	马	把	英俊
三烟	得	卧不莫	他库拉哈
sain	de	obume	takūraha
好看	在	可为	差遣（耕）
衣汉	泊	太平	三音
ihan	be	taifin	sain
牛	把	太平	吉祥
恶勒射笔	花	因	招路
eršembi	hūwa	i	jalu
照看（保佑）	庭院	把	子孙（满）

花沙不莫	快	因	招路
hūwašabume	kūwaran	i	jalu
养育	（牛马羊）圈	的	满
乌吉不莫	温	因	招路
ujibume	un	i	jalu
使养育	猪圈	的	满
福孙不莫	他妈	者木	他库
fusebume	taman	jeme	tarhūn
使繁生	公猪	吃	肥胖
卧不莫	我敦	音木	我浜不莫
obume	adun	jeme	ebibume
可为	牧群	吃	使饱
八他拉库	八音	卧不莫	我特拉库
baktandarakū	bayan	obume	eterakū
容不下	富足	可为	挡不得（传扬）
阿尖	卧不莫	卧车库	得
algin	obume	weceku	de
尖	可为	神主	在
卧车七	乌勒	赊不真	卧不搂
wececi	urgun	sebjen	obure
祭祀	喜欢	快乐	可为

【译文】

三篇（堂子祭）

祈祷神灵，神主保佑杨氏家族，
坐骑英俊，
耕牛太平吉祥，
满院子孙跑，
牛、羊、马满圈，牧群肥壮。
猪圈繁生多，公猪肥壮[①]。
家中富足，名望传扬。
举行祭祀，
神主可为喜乐。

【注释】

① 公猪肥壮：同第三十二篇的注释③。

第三十四篇　乞请奥莫西妈妈

头篇

卧木西	妈妈	白勒	乌朱
omosi	mama	baire	uju
奥莫西	祖母	乞求	头
非烟嫩	打书	哈拉	你木叉
fiyelen	dasusu	hala	nimaca
篇	原籍	姓	杨
阿拉	得	特勒	阿宁阿
hala	de	tere	niyangga
姓	在	那个（萨满）	属年
哈因	我林	得	特勒
ai	erin	de	tere
什么	时候	在	那个（东家）
阿宁阿	何	意	彪根
aniyangga	ai	i	mukūn
属年	什么	的	家族
得	卧木西	妈妈	泊
de	omosi	mama	de
在	奥莫西	祖母	把

我勒射笔	而何	太平	卧不笔
eršembi	elhe	taifin	obumbi
照看（保佑）	太平	安康	可为
倍棍	娘门	泊	我勒赊笔
mukūn	niyalma	be	eršembi
家族	人	把	照看（保佑）
波浑	三因	卧不莫	法浑
bolgo	sain	obume	fahūn
清洁（畅顺）	吉祥	可为	肝
得	法里笔	乌库胡	得
de	falimbi	ufuhu	de
在	栓结	肺	在
乌里匹	阿哭	赊莫	阿那
ulifi	akū	seme	anambi
连	没有（穷）	因为	推托
哈库	必何	赊莫	不叉阿库
akū	bihe	seme	buncuhūn
没有	有（富）	因为	温和
他里哈	者哭	泊	他妈笔
tariha	jeku	be	tamambi
耕种	粮食	把	收获

威勒何	者库	泊	卧心不笔
weilehe	jeku	be	wasibumbi
做事	粮食	把	（打）下来

八因	也	波罗利	莫客多木
bayan	i	bolori	okdome
丰富	的	秋天	迎接

托说莫	卧林	遂何	泊
tosome	orin	suihe	be
预先	二十	穗	把

卧罗立	街笔	得西	遂何
werire	gaimbi	deni	suihe
留下	取	四十	穗

泊	得勒立	书法笔	阿拉
be	deleri	šufambi	ara
把	上边（神）	均摊	糠

泊	阿那莫	书兰	波
be	aname	sura	be
把	推（除）	泔水	把

遂他笔	书可得立	敖木孙	非烟打笔
suitambi	sukderi	amsun	faidambi
泼倒	书克得立	祭肉	摆上

矮心	莫罗	得	阿叉不莫
aisin	moro	de	acabume
金色	碗	在	使合适
特不笔	蒙文	也	笔拉
tebumbi	menggun	i	bira
盛入	银色	的	河（水）
得	莫拉	得	梅特杜莫
de	oton	de	meitebume
在	整木槽盆	在	使截断
特不笔	方卡兰	得林	得
tebumbi	fangkala	dere	de
盛放	矮的	桌子	在
非烟他笔	土可何	得林	得
faidambi	tucihe	dere	de
摆上	出了	桌子	在
土桥笔			
tukiyembi			
抬着			

【译文】

第三十四篇　乞请奥莫西[①]妈妈

头篇

原姓氏为杨姓，
萨满何属相？
东家何属相？
杨姓家族乞求奥莫西妈妈保佑太平安康，
保佑全族人吉祥畅顺。

结肝穿肺，全族团结，
举行祭祀敬祖，
穷者不推托，
富者温和不克俭[②]。
今已迎来丰富的秋天，
收获了粮食。
精心从二十穗谷子中选择，
均摊[③]了四十穗谷子，
推米除糠，
泼倒了淘米泔水。
书克得立神前摆上了祭肉。
用银色河中之水，
盛入金色碗中。
按节截断[④]放入整木槽盆中，
摆放在矮桌上，
抬着供于奥莫西妈妈神坛前。

【注释】

① 奥莫西：满语音转汉语为“卧木西妈妈”，直译“众子孙祖母”。此神为满族普遍敬奉的始祖母神。

② 穷者不推托，富者温和不克俭：满语音转汉语为“阿哭赊莫阿那哈库必何赊莫不叉阿库”，直译为“因为没有的不推托没有，因为有的也很温和”。此意是不论穷富都积极祭祀敬神。

③ 均摊：满语音转汉语为“书法笔”，即“均摊”。此处说明满族杨姓举行萨满祭祀时，可用供品从每家每户中收敛而来。

④ 按节截断：满语音转汉语为“梅特杜莫”，即“使截断”，此处指摆件猪。

第二篇

卧木西 omosi 奥莫西	妈妈 mama 祖母	卧车库 weceku 神主	色四库 soriku 索利条
妈妈 mama 祖母	仄 jai 第二	非烟嫩 fiyelen 篇	念其 niyanci 年祈
现 hian 香	牙勒莫 yarume 引（燃）	打不笔 dabumbi 点燃	不站 bujan （树）林
得 de 在	班鸡哈 banjihe 生长	不鲁哈 burga 柳条	佛多 fodo 柳枝
牙范 yafan 园子	得 de 在	班吉哈 banjihe 生长	牙勒哈 yabuha 行走
佛 fe 旧	得 de 在	附多活 fodoho 佛多活	妈妈 mama 祖母

得	卧喜浑	卧居必	米勒立
de	wasihūn	wasinjimbi	miyalire
在	（取）下	下来	丈量

朱可登必	说立哈	恩独立	泊
juktembi	soliha	enduri	be
祭祀	宴请	神	把

说林	得	特不莫	胡赊何
soorin	de	tebume	fucihi
神位	在	栽置	菩萨

朱登	泊	文得	窝心不笔
jukten	be	unde	wasibumbi
祭坛	把	尚早	降临

老	泊	阿里搂	书根
leli	be	alire	sulfangga
宽广（祭坛）	把	纳享	安详

泊	萨里搂
be	sarila
把	令设宴

【译文】

第二篇

引燃了年祈香。

在柳树丛林中取来新柳枝，

将旧佛多活妈妈[①]取下来，

把丈量好为祭祀所用的新柳枝，

栽置在神位上，

乞请奥莫西妈妈，

还是快快降临宽广菩萨祭坛，

安详纳享供品吧！

【注释】

①旧佛多活妈妈：满语音转汉语为“佛得附多活妈妈”，即“旧祖母”，也叫“陈柳树祖母”，就是“佛多妈妈”或是“奥莫西妈妈”。祭祀奥莫西妈妈完后的柳树枝，有的当即送往村外的河边或河里，或村外干净之地，有的当时不送，须待第二年在举行祭祀前送走，这就是本文“将旧佛多活妈妈取下来”之意。此时还要重栽柳枝，神歌下句便是此意。

第三篇

衣兰	非也嫩
ilan	fiyelen
三	篇

说勒库	附他	泊	街不笔
soriku	futa	be	gaimbi
索利条	绳子	把	取

西林	附他	泊	威勒笔
siren	futa	be	weilembi
引线	绳子	把	制作（准备） （此处有缺页）

卧不莫	我者何	吉仍你	泊
obume	ejehe	inenggi	be
可为	记住了	日子	把

我者不其	我林	娘门	得
ejebuci	erin	niyalma	de
记住	此时	人	在

我勒射笔	倍棍	娘门	泊
eršembi	mukūn	niyalma	be
照看（保佑）	家族	人	把

坎马笔	汤旺	阿宁阿	他嘎
karmambi	tanggū	aniyangga	targa
保护	百	年的	戒
库	因中	阿宁阿	阁喏何
akū	ninju	aniyangga	genehe
无	六十	年的	去（外出）
巴	得	阁四肯	卧不莫
ba	be	getuken	obume
地方	把	明白（吉顺）	可为
牙不	吉哈	巴	得
yabu	jihe	ba	de
令走（往）	来	地	在
押勒尖	卧不莫	莫立	哈哈
yargiyan	obume	orin	haha
真实（平安）	可为	二十	男人（壮士）
泊	卧罗立	卧不莫	图何勒
be	oilori	obume	tuhere
把	平空（随行）	可为	跌倒
泊	土桥搂	阿法独莫	阿立搂
be	tucire	afandume	alire
把	出来	相战	承担（参加）

卧车库	得	卧车七	乌鲁滚
weceku	de	wececi	urgun
神主	在	祭祀	喜欢

赊不真	卧不搂
sebjen	obure
快乐	可为

【译文】

第三篇

准备了子孙绳①，
系上索利条、线绳②。

乞请奥莫西妈妈，
照看着这里的人们，
保佑着杨氏家族。
百年无戒，六十年无疾。
外出之人所到之处吉顺，
来往之地平安。
外出时二十名壮士在前，
四十名骑士随后③。
两军相战，不陷沟壑。

祭祀神主奥莫西妈妈，
望欢乐纳享供品。

【注释】

① 子孙绳：满语音转汉语为“西林附他”，直译“引线绳子”，此绳是从本氏族内各家各户收敛而来的棉线，有蓝、白、黑三色，接系在一起，有十几根线粗，一丈或十几丈长，平时将子孙绳放在一尺见方的黄布口袋中，此黄布口袋叫子孙口袋。当举行萨满活动祭祀奥莫西妈妈（有的姓氏叫佛多妈妈）时，将子孙绳从子孙口袋中取出（黄布口袋挂在满族人家西墙上的东北角

上，即祖宗盒的北边），一头系在原神位上，即挂黄布口袋的地方，另一头挂在柳枝上（柳枝在厅房的东南角上，或在庭院中插一柳枝），再进行祭祀。

② 索利条、线绳：满语音转汉语为“说勒库附他”，即“索利条、绳子”。此处的索利条是指红、绿，不足10公分长的布条。绳子是从各家各户收敛来的蓝、黑、白棉线，举行祭祀前，将索利条和线绳都系在长长的子孙绳上。祭祀后，将索利条和线绳系在子孙们的颈项或手腕，可以保平安和健康，此项活动叫“换锁”，所以祭祀奥莫西妈妈也叫“换锁祭”。

③ 四十名骑士随后：此句本文没有，译者根据前后文加译。

第三十五篇　祭天神歌

安吉	胡拉拉	吉孙	安吉
anju	hūlara	gisun	anju
宴席	诵唱	神歌	宴席
按八	阿不卡	阿里佈仍恶	登
amba	abka	aliburengge	den
大	天	呈献	高
阿不卡	得	登	吉不仍恶
abka	de	den	jiburengge
天	在	高出	使下来的
打书	哈拉	你妈叉	哈拉
dasusu	hala	nimaca	hala
原籍	姓氏	杨	姓
得	特喏	阿宁阿	哈因
de	tere	aniyangga	ai
在	那个（萨满）	属年	什么
恶林	特喏	阿宁阿	何
erin	tere	aningga	ai
时候	那个（东家）	属年	什么

意 i 的	虑根 mukūn 家族	得 de 在	特勒 tere 那（某）
阿宁阿 aningga 年的	卧四浑 osohon 小	哈哈 haha 男人	何何 hehe 女人
按八 amba 大	嘎四哈 gashan 灾难	得 de 在	阿法哈 afaha 遭遇
必何 bihe 曾经	乌真 ujen 沉重	你妈库 nimeku 疾病	得 de 在
乌奴何 unuhe 负着	必何 bihe 曾经	阿不卡 abka 天	韩 han 汗
得 de 在	俄勒射笔 eršembi 照看（保佑）	嘎四哈 gashan 灾祸	泊 be 把
嫩不笔 beibumbi 使开（除）	你妈库 nimeku 疾病	泊 be 把	敦勒不笔 tulebumbi 使下（退出去）

昂阿	吉孙	而札笔	何喏
angga	gisun	aljambi	heheri
口	话（愿）	许	上牙碰下牙
吉孙	何喏笔	佛	乒
gisun	ganambi	fe	biya
话	采纳	旧	月
泊	扶都匹	衣车	乒
be	fudefi	ice	biya
把	送走	新的	月
泊	衣立笔	卧车勒	衣仍你
be	ilimbi	wecere	inenggi
把	站（换）	祭祀	日
孙作笔	法浑	得	法立笔
sonjombi	fahūn	de	falimbi
选择	肝胆	在	交结
乌库胡	得	乌立笔	娘门
ufuhu	de	ulimbi	niyaman
肺	在	穿结	心
得	特不笔	花	得
de	tebumbi	hūwa	de
在	放入	庭院	在

乌吉戈	花生阿	书子	活勒浑
ujihe	hūwašangga	šusu	horho
养育	长成	供品	圈里
得	活立哈	活浑	也
de	horiha	hocikon	i
在	圈之	标致	的
书子	泊	恶林	得
šusu	be	erin	de
供品（神猪）	把	此时	在
嘎吉笔	我勒根	得	我克不笔
gajimbi	ergen	de	ekiyembumbi
抓来	命	在	使损（丧命）
我也勒	生你	泊	说莫
eyere	senggi	be	somo
流着（鲜）	血	把	索莫
得	衣车笔	扶摄何	木克
de	icembi	funiyehe	muke
在	染色	毛	（热）水
得	何特何笔	扶你何	泊
de	hetehebi	funiyehe	be
在	捲（弯曲）	毛	把

推勒笔	英阿哈	泊	说纳笔
tuilembi	inggaha	be	sunembi
退之	茸毛	把	脱落去
卧木	木克	得	卧不笔
omo	muke	de	obumbi
湖	水	在	可为
射立	木可	得	心加笔
šeri	muke	de	sindambi
泉	水	在	放入
法他哈	泊	法押笔	札兰
fatha	be	fayambi	jalan
蹄	把	费（截断）	骨节
波	土押笔	木何林	木臣
be	tuyambi	muheliyen	mucen
把	屈折	圆的	锅
泊	托活笔	射立	木克
be	tohombi	šeri	muke
把	架上	泉	水
泊	嘎吉笔	西立	杀西干
be	gajimbi	sile	šasihan
把	取来	白汤	羹

泊	阿叉不笔	矮心	卧屯
be	acabumbi	aisin	oton
把	使合适	金色	整木槽盆
得	阿叉不莫	特不笔	蒙文
de	acabume	tebumbi	menggun
在	合适	盛入（摆放）	银色
卧屯	得	梅特杜莫	特不笔
oton	de	meitebume	tebumbi
整木槽盆	在	使截断	盛入（摆放）
方卡兰	得林	得	非烟他笔
fangkala	dere	de	faidambi
矮的	桌子	在	摆上
土可何	得林	得	土桥笔
tucihe	dere	de	tukiyembi
出了	桌子	在	抬着
鱼杜分	吉仍你	说木	得
ildufun	giranggi	somo	de
颈椎骨	骨	索莫	在
乌立笔	西	福禄	新西
ulimbi	sin	fulu	sinda
供献	金斗	多的	放入

说落	温车肯	扶勒吉	得
somo	uncehen	fulgiyan	de
索莫	尾（顶端）	红色	在
怀他笔	阿不卡	寒	得
hūwaitambi	abka	han	de
拴系	天	汗	在
衣立不笔	我木	嘎拉	阿立莫
ilibumbi	emu	gala	alime
立	一	手	呈献
街笔	阿不卡	得	左
gaimbi	abka	de	juwe
取来	天	在	双
嘎拉	图桥莫	街笔	图吉
gala	tukiyeme	gaimbi	tukiye
手	举起	取来	捧起
得	噶莫	嘎吉	射勒
de	gaime	gaji	eršere
在	取来	取来	照看（保佑）
嘎四哈	阿库	泊勒	各射
gashan	akū	dele	gese
灾祸	没有	米	一样

泊库敦	阿库	衣拉	各射
berten	akū	ilin	gese
污垢	没有	立（索莫杆处）	一样
衣七西	阿库	泊勒	各射
icihi	akū	dele	gese
一点污垢	没有	米	一样
泊勒登	阿库	按八	七
berten	akū	amba	ci
污垢	没有	大（老）	从
扶西浑	阿吉戈	七	卧西浑
wasihūn	ajige	ci	wesihun
向下（小）	小	从	向上（老）
汤五	阿宁阿	他勒嘎	库
tanggū	aniyangga	targa	akū
百	年的	戒	无
银中	阿	你妈库	阿库
ninju	aniyangga	nimeku	akū
六十	年的	病	无
卧不莫	戈诺合	巴	得
obume	genehe	ba	de
可为	去（外出）	地方	在

戈得肯	卧不莫	亚不哈	巴
getuken	obume	yabuha	ba
明白（吉顺）	可为	行走	地方（道）
得	押勒尖	卧不莫	卧林
de	yargiyan	obume	orin
在	真实（平安）	可为	二十
哈哈	得	卧罗立	卧不莫
haha	de	oilori	obume
男人（壮士）	在	平空	可为
德西	哈哈	泊	得勒立
dehi	haha	be	deleri
四十	男人（勇汉）	把	上边（骑士）
卧不莫	押路哈	莫林	泊
obume	yaluha	morin	be
可为	骑着	马	把
杨丧阿	三因	卧不莫	他哭拉哈
yangsangga	sain	obume	takūraha
英俊	好（健壮）	可为	差
衣汉	泊	太平	三因
ihan	be	taifin	sain
牛	把	太平	好（吉祥）

卧不笔	我敦	者莫	我滨不莫
obumbi	adun	jeme	ebibume
可为	马群	吃	使饱
他妈	者莫	他浑	卧不莫
taman	jeme	tarhūn	obume
公猪	吃	肥壮	可为
花	音	招路	花沙不莫
hūwa	i	jalu	hūwašabume
庭院	的	满	养育
波因	招路	福孙不莫	温因
booi	jalu	fusebume	un
房内（儿孙）	满（多）	繁生	猪窝
招路	五吉不莫	八他拉库	八因
jalu	ujibume	badalarakū	bayan
满	使喂养	无过分（不浪费）	富
卧不莫	我特拉库	而根	卧不莫
obume	eterakū	alifi	obume
可为	穷者（辞不得）	接受	可为
卧木	木克	得	卧不哈
omo	muke	de	obuhe
湖	水	在	可为

射立	木克	得	新哈哈
šeri	muke	de	sindaha
泉	水	在	放入
各射	土桥勒	哈押兰	阁射
gese	tukiyere	hayara	gese
相同	抬着	弯曲	一样
说叉	泊	勒洛说洛	阁射
seme	be	leoleme	gese
说	把	议论	一样
杀勒说莫	三因	卧不搂	
šarseme	sain	obure	
慈爱	吉祥	可为	

【译文】

第三十五篇　祭天神歌[1]

呈献于大天的宴席开始了，

从高处降下来的高天神请纳享。

原姓氏为杨姓，

萨满何属相？

东家何属相？

何时什么家族举行祭祀？

某年之时，

此处的男男女女，

曾遭受大灾祸，

身负重病。

向天汗祈祷保佑，

保佑消除灾祸，

驱赶病魔。

曾上牙碰下牙亲口许愿，
祭祀天神。
今已是旧月已去新月迎来，
选择了祭祀之日，
结肝胆穿肺心，
祭祀天神。

养育在庭院中的神猪，
在圈中成长（得）标致健壮。
今将神猪抓来，使其丧命，
鲜血染红了索莫杆[②]。
取来湖水，取来泉水，
在热水中弯曲煺毛，
连同茸毛也脱落除掉。
截断猪蹄，按骨节屈折，
放在圆锅中，
用泉水兑成白肉汤羹。
把猪摆件盛入大小合适的金色整木槽盆中，
放在银色整木槽盆中。
摆放在矮桌子上，
抬放在天神神坛前供献。

索莫杆上拴系上颈椎骨和金斗，
索莫杆的顶端早已染红。
只手取供物，
双手举捧着呈献于天汗，
祈祷天神保佑，消除灾祸。

树立索莫杆处干净无垢，
如同米粒大的污垢也没有，
一点点污垢也没有。
祈祷天神保佑老老少少平安。
百年无戒，六十年无疾。
外出之人所到之处吉顺，
行走之道平安。
当差者健壮，
坐骑英俊。
二十名壮士在前，
四十名骑士随后。
耕牛吉祥，马群太平，
公猪肥壮，猪圈满盈。
儿孙繁生多，房内庭院跑。
敬神祭祀，
富者不浪费，穷者不推辞。
取来湖水，泉水，
制作供品，敬献神灵。
祈祷天神慈爱，
降临吉祥。

【注释】

① 祭天神歌：满语音转汉语为“安吉胡拉拉吉孙”，直译“诵唱宴席神歌”。“安吉”为“宴席”，采用译注者译石姓神本中祭天神词的意译（参见拙著《满族萨满神歌译注》，社会科学文献出版社，1993，第 291 页）。“安吉”还有另一种意思，即“令铸”有“开天辟地”之意，那是天地初分之际，所以也可以为“开天辟地神歌”。

② 鲜血染红了索莫杆：满语音转汉语为“我也勒生你泊说莫得衣车笔”，直译“流着的血染红了索莫杆”。“流着”指“鲜血”，“索莫杆”是祭天所立的杆子。用猪鲜血涂抹上，意为用牺牲祭天。

第三十六篇　祭祀西炕神歌

洼拉吉	我勒己	衣七	卧车勒
wargi	ereci	ici	wecere
西边	从此	向	祭祀
吉孙	安札	按八	阿不卡
gisun	anju	amba	abka
话（神歌）	宴席	大	天
得	衣林莫	街书	登
de	ilime	gaisu	den
在	立（供献）	令取（纳享）	高
阿不卡	团鸡莫	街书	打书
abka	donjime	gaisu	dasusu
天	听之	令取（纳享）	原籍
哈拉	你妈叉	哈拉	得
hala	nimaca	hala	de
姓氏	杨	姓	在
特勒	阿宁阿	哈哈	衣
tere	aniyangga	ai	i
那个（东家）	属年	什么	的

恶林	得	特勒	阿宁阿
erin	de	tere	aniyangga
时候	在	那个（萨满）	属年
合	意	彪根	得
ai	i	mukūn	de
什么	的	家族	在
恩独萨	泊	我勒射笔	而何
endurise	be	eršembi	elhe
诸位神	把	照看（保佑）	太
太平	卧不笔	倍根	娘门
taifin	obumbi	mukūn	niyalma
平	可为	家族	人
得	而射笔	泊浑	三因
de	eršembi	bolgo	sain
在	照看（保佑）	清洁	吉祥
卧不笔	瓦已	泊	瓦巳
obumbi	wasi	be	wasi
可为	令降下	把	令降下
得	书已	泊	书已笔
de	šugi	be	šugilembi
在	精气	把	添上

押木己	打触	恶林	得
yamji	dengjan	erin	de
夜晚	灯	时候	在
嘎泊谈	泊	扎法笔	得泊射笔
gabta	be	jafambi	debsimbi
令射	把	执拿着	搧动（闪烁）
嘎拉	泊	打其瞎莫	卧不笔
gala	be	dasihime	obumbi
手	把	祭之	可为
噷烟	书书	泊	威勒笔
šanyan	šusu	be	weilembi
白色	供品	把	制作
卧立	木克	得	卧不笔
omo	muke	de	obumbi
湖	水	在	可为
射立	木克	得	西加笔
šeli	muke	de	sindambi
泉	水	在	放入
矮心	卧屯	得	阿叉不莫
aisin	oton	de	acabume
金色	整木槽盆	在	使合适

特不笔	蒙文	卧屯	得
tebumbi	menggun	oton	de
盛入（摆放）	银色	整木槽盆	在
方卡兰	得林	得	非烟他笔
fangkala	dere	de	faidambi
矮的	桌子	在	摆上
土克何	得林	得	土桥笔
tucihe	dere	de	tukiyembi
出了	桌子	在	抬着
阁勒	恩都立	沙	泊
geren	enduri	se	be
诸位	神灵	等	把
我勒射笔	而何	太平	卧不笔
eršembi	elhe	taifin	obumbi
照看（保佑）	太	平	可为
说叉	波洛	萨拉胡笔	按八
soca	bele	saladumbi	amba
还愿撒的米	米	均撒给	大（老）
七	扶西浑	阿吉根	七
ci	fusihūn	ajigen	ci
从	向下（小）	幼小	从

卧西浑	汤旺	阿宁阿	他嘎
wesihun	tanggū	aniyangga	targa
向上（老）	百	年的	戒

库	银中	阿宁阿	你妈库
akū	ninju	aniyangga	nimeku
无	六十	年的	病

哈库	阁喏何	巴	得
akū	genehe	ba	de
无	去（外出）	地方	在

戈得肯	卧不莫	亚不哈	巴
getuken	obume	yabuha	ba
明白（吉顺）	可为	行走	地方（道）

得	押勒尖	卧不莫	卧立
de	yargiyan	obume	orin
在	真实（平安）	可为	二十

哈哈	泊	卧罗立	卧不莫
haha	be	oilori	obume
男人（壮士）	把	平空	可为

得西	哈哈	泊	得勒立
dehi	haha	be	deleri
四十	男人（勇汉）	把	上边（骑士）

卧不莫	土何莫	土桥楼	阿法触
obume	tuheme	tucire	afandu
可为	跌倒	出来	齐相战
泊	阿里搂	押路哈	莫林
be	alire	yaluha	morin
把	承担（参与）	骑着	马
泊	杨商阿	三音	卧不莫
be	yangsangga	sain	obume
把	英俊	好（强壮）	可为
他哭拉哈	衣翰	泊	太平
takūraha	ihan	be	taifin
差之	牛	把	太平
三因	卧不莫	花	音
sain	obume	hūwa	i
吉祥	可为	庭院	的
招路	花沙不莫	官	因
jalu	hūwašabume	kufan	i
满	养育	房内	的
招路	福孙不莫	温	因
jalu	fusebume	un	i
满	繁生	猪窝	的

招路	乌鸡不莫	他妈	者莫
jalu	ujibume	taman	jeme
满	使喂养	公猪	吃
他拉浑	卧不莫	我敦	者莫
tarhūn	obume	adun	jeme
肥壮	可为	马群	吃
我滨不莫	八卡拉库	八音	卧不莫
ebibume	badalarakū	bayan	obume
使饱	无过分（不浪费）	富者	可为
我特拉库	阿尖	卧不莫	乌朱
eterakū	alifi	obume	uju
穷者（辞不得）	接受	可为	头
泊	图己其	乌鲁滚	射不真
be	tukiyeci	urgun	sebjen
把	若抬着	喜乐	快乐
卧不搂			
obure			
可为			

【译文】

第三十六篇　祭祀西炕[①]神歌

在大天前奉献了宴席，
请天神纳享，
高天听见了吗？
请天神纳享。

原姓氏为杨姓，
萨满何属相？
东家何属相？
何时什么家族举行祭祀？
祈祷诸位神灵降临保佑太平，
保佑杨姓家族吉祥安康。
年年风调雨顺[②]。

夜晚灯光闪烁，
取来湖水、泉水，
制作了白色供品[③]，
高举供祭。
摆放在大小合适的金色整木槽盆中，
放在银色整木槽盆中，
摆在矮桌子上，
抬放在神坛前，祈祷诸位神灵保佑太平，
还愿之米已抛撒，
保佑老老少少平安。
百年无戒，六十年无疾。
外出之人所到之处吉顺，
行走之道平安。
二十名壮士在前，
四十名骑士随后。
战马英俊强壮，
相战中不陷沟壑。
耕牛吉祥，马群太平，
公猪肥壮，羊群繁荣，
猪圈满，儿孙庭院跑。
敬神祭祀，
富者不浪费，穷者不推托。
抬头吉喜欢乐，
儿孙满堂。

【注释】

① 西炕：满语音转汉语为“洼拉吉”，此处的“西炕”指在室内西墙上的祭祀，主要祭祀祖先神，天神也在内。

② 年年风调雨顺：满语音转汉语为“书己泊书己笔”，直译“添上精气”，此处指诸位神灵降临时，将宇宙和山上的吉祥之气带下来，使人们平安，也就是年年风调雨顺之意。

③ 白色供品：满语音转汉语为：“嗽烟书书”，指开水煮出来的肉，除用盐外，不用任何调料，满族称为“白切肉”。

第三十七篇　祭星神歌

得勒己	我勒己	义其	乌西哈
dergi	ereci	ici	usiha
（天）上	从此	向	星
窝车勒	鸡孙	打书	哈拉
wecere	gisun	dasusu	hala
祭祀	话（神歌）	原籍	姓氏
你妈叉	哈拉	得	特勒
nimaca	hala	de	tere
杨	姓	在	他（萨满）
阿宁阿	哈烟	恶林	得
aniyangga	ai	erin	de
属年	什么	时候	在
特勒	阿宁阿	何	意
tere	aniyangga	ai	i
他（东家）	属年	什么	的
彪根	恶林	得	恩独萨
mukūn	erin	de	endurise
家族	此时	在	诸位神灵

泊	恶立射笔	而何	太平
be	eršembi	elhe	taifin
把	照看（保佑）	太	平
卧不笔	表根	泊	而射笔
obumbi	mukūn	be	eršembi
可为	家族	把	照看（保佑）
泊浑	三因	卧不笔	特勒
bolgo	sain	obumbi	tere
清洁（安康）	吉祥	可为	那
阿宁阿	卧四浑	哈哈	我勒
aniyangga	osohon	haha	ere
年的	小	男人（东家）	这里
乌都都	阿宁阿	我不西	乌木西
ududu	aniyangga	ebunji	ucara
许多	年的	令下来	伤感（灾难）
衣吉四浑	阿库	图勒滚	得
ijishūn	akū	turgun	de
顺利太平	没有	原因	在
昂阿拉	吉孙	而札匹	何勒
anggala	gisun	aljafi	heheri
家中人	话（愿）	许了	上牙碰下牙

吉孙	何喏笔	法浑	得
gisun	ganambi	fahūn	de
话	取（采纳）	肝胆	在
瓦两笔	乌库	得	乌里笔
falimbi	ufuhu	de	ulimbi
交结	肺	在	穿结
娘门	得	特不笔	花
niyaman	de	tebumbi	hūwa
心	在	放入	庭院
得	乌吉戈	花生阿	书子
de	ujihe	hūwašangga	šusu
在	养育	长成	供品（神猪）
活勒浑	得	活立哈	活浑
horho	de	horiha	hocikon
圈里	在	圈之	标致
也	书子	泊	阿吉根
i	šusu	be	ajige
的	供品（神猪）	把	小
我林	得	温测肯	都泊
erin	be	uncehen	dube
时候	在	尾	末端

得	非烟他笔	乌西哈	窝车勒
de	faidambi	usiha	wecere
在	摆上	星（神）	祭祀
泊	而札笔	押阿	你亚刷
be	aljambi	yaha	suwayan
把	许	炭火	黄色
窝车勒	泊	孙作笔	得勒己
wecere	be	sonjombi	dergi
祭祀	把	选择	（天）上
得	恶勒	己笔	泊哭莫
de	erin	jimbi	boigojilame
在	时候	来	作东家
打萨笔	鸭莫吉	他拉	我林
dasambi	yamji	tala	erin
修治（神器）	晚上	野道（野外）	此时
得	射勒	衣	木克
de	šeri	i	muke
在	泉	的	水
泊	衣萨卡	嘎鸡笔	木何林
be	isaha	gajimbi	muheliyen
把	聚集	取来	圆的

泊	木臣	特不笔	扶也勒
be	mucen	tebumbi	fuyere
把	锅	放入	（开）水滚
得	推吉笔	土桥勒	我林
de	tuilembi	tukiyere	erin
在	退之	抬着	此时
得	得林	得	得勒己
de	dere	de	dergi
在	桌子	在	上
得	非烟打笔	念其	现
de	faidambi	niyanci	hiyan
在	摆上	年祈	香
泊	打不笔	阁嗽	乌西哈
de	dabumbi	geren	usiha
把	点燃	众	星
得	说林必	卧车勒	书子
de	solimbi	wecere	šusu
在	宴请	祭祀	供品（神猪）
泊	茂	意	活锡
be	moo	i	hūsi
把	树林	的	周围（旁）

我桥不笔 ekiyembumbi 使损（丧命）	扶也勒 fuyere （开）水滚	木克 muke 水	泊 be 把
何特何笔 hetehebi 捲（弯曲）	扶你何 funiyehe 毛	泊 be 把	推勒笔 tuilembi 煺之
英阿哈 inggaha 茸毛	泊 be 把	说纳笔 sunembi 脱落去	卧立 omo 湖
木克 muke 水	得 de 在	卧不笔 obumbi 可为	射立 šeri 泉
木可 muke 水	得 de 在	西加笔 sindambi 放入	法他哈 fatha 蹄
泊 be 把	法押笔 fayambi 费（截断）	札兰 jalan 骨节	波 be 把
土折笔 tuyambi 曲折	木何林 muheliyen 圆的	木臣 mucen 锅	泊 be 把

托话笔	射立	木可	得
tohombi	šeri	muke	de
架上	泉	水	在

嘎鸡笔	射立	沙西干	泊
gajimbi	sile	šasihan	be
取来	白肉汤	羹	把

姑也木笔	矮心	意	卧屯
acabumbi	aisin	i	oton
使合适	金色	的	整木槽盆

得	阿叉不莫	特不笔	蒙文
de	acabume	tebumbi	menggun
在	合适	放入	银色

也	卧屯	得	梅特杜莫
i	oton	de	meitebume
的	整木槽盆	在	使截断

特不笔	土桥笔	非烟他笔	土桥何
tebumbi	tukiyembi	faidambi	tucihe
放入	抬着	摆上	出去

得林	得	土桥笔	特勒
dere	de	tukiyembi	tere
桌子	在	抬着	那个

阿宁阿	阿吉戈	恶真	那旦
aniyangga	ajige	ejen	nadan
年的	小	主祭（萨满）	七
乌西哈	佛吉勒	得	阁喏笔
usiha	fejile	de	genembi
星	下	在	去
洪其勒莫	白仍恶	土门	乌西哈
hengkileme	bairengge	tumen	usiha
叩头	乞请	万	星
土七笔	明安	乌西哈	米他笔
tucimni	minggan	usiha	mitambi
出来	千	星	翻起
衣兰	乌西哈	衣兰	恶林
ilan	usiha	ilan	erin
三	星	三	时候
得	哈打寒义	乌西哈	都林泊
de	hadaha	usiha	dulimba
在	北辰	星	司中
得	特不笔	阁林	乌西哈
de	tebumbi	geren	usiha
在	放（位）	众	星

佛勒马浑	巴彦	打书兰	乌西哈
falmahūn	biyai	dašuran	usiha
房（星）	月的	孛	星
登义	山彦	乌西哈	三尖
deni	šanyan	usiha	šanggiyan
太	白	星	庚
乌西哈	卧林	札坤	团古敦
usiha	orin	jakūn	tokton
星	二十	八	宿
鸡马达	卡木图立	吉必	何
gimda	kamduri	gidu	hesebun be aliha
角木蛟	亢金龙	计都（星）	司命
法拉	木浑	新都必	威萨哈
feng šen be aliha	boihon	sindubi	weisaha
司禄	土（星）	心月狐（星）	尾火虎（星）
鸡拉哈	得木图	牛哈	你勒何
girha	demtu	niohan	nirehe
箕水豹（星）	斗木獬（星）	牛金牛（星）	女土蝠（星）
恒吉立	威滨	射尖	八七他
hinggeri	weibin	šilgiyan	bikita
虚日鼠（星）	危月燕（星）	室火猪（星）	壁水貐（星）

魁你何	落打浑	佛胡莫	莫库
kuinihe	ludafūn	welhūme	moko
奎木狼（星）	娄金狗（星）	胃土雉（星）	昴日鸡（星）
冰西哈	射不牛	射波牛	京西秃
bingha	semnio	šebnio	jingsitun
毕月乌（星）	觜火猴（星）	参水猿（星）	井木犴（星）
魁你	拉哈	西莫利	我泊乎
guini	lilha	simori	jabhū
鬼金羊（星）	柳土獐（星）	星日马（星）	张月鹿（星）
衣莫何	真登	衣莫活	爱他哈
imhe	jeten	ilmoho	aidahan
翼火蛇（星）	轸水蚓（星）	伐（星）	爱他哈
意	申测何	而得客	新拉占
i	sencehe	eldeke	saracan
意	申测何（天豕星）	华	盖
乌西哈	哭瓦兰	非烟旦	乌西哈
usiha	kūwaran	faidan	usiha
星	勾	陈	星
哈押寒	梅何	乌西哈	娘门
hayaha	meihe	usiha	niyalma
腾	蛇	星	人

乌西哈	衣戈立	乌西哈	作托勒浑
usiha	igeri	usiha	jodorgan
星	牵牛	星	织女
乌西哈	松阔勒虎	你妈哈	乌西哈
usiha	sunggartu	nimaha	usiha
星	河鼓（星）	鱼	星
衣胡莫	乌西哈	我也也	乌西哈
eihume	usiha	eyere	usiha
龟	星	流	星
我勒库	乌西哈	姑你拉库	乌西哈
eriku	usiha	gūnilaku	usiha
彗	星	姑你拉库	星
胡拉拉库	乌西哈	阁嫩	乌西哈
hūlalaku	usiha	geren	usiha
胡拉拉库	星	众	星
泊	说立哈	者勒己	衣锡
be	soliha	jergi	ici
把	宴请	次（等级）	向着
阿那莫	说林	得	我桥勒莫
aname	soli	de	erileme
逐一	令请	在	应合其时

特不笔	先	意	书可敦
tebumbi	hiyan	i	sukdun
使坐（临）	香（火）	的	上气
书吉笔	特勒	阿宁阿	卧四浑
šugilembi	tere	aniyangga	osohon
漆	那	年的	小
哈哈	威浑	非烟阿	泊
haha	weihun	fayangga	be
男人	活着	灵魂	把
嘎鸡笔	泊库莫罗	泊	特不笔
gajimbi	bonggu mori	be	tebumbi
取来（抓）	顶马	把	坐着
倍根	娘门	卧米七	意你
mukūn	niyalma	fulmiyeci	ini
家族	人	捆（聚集）	他的
泊也	得	卡马秃	扎莫
beye	de	karmadu	jame
身体	在	齐保护	祈祷
而何	木必	阁嫩	乌西哈
elhe	ombi	geren	usiha
太平	可为	众	星

沙	泊	我射笔	按八
sa	be	eršembi	amba
等	把	照看（保佑）	大（老）
期	窝西浑	阿吉根	七
ci	wasihūn	ajige	ci
从	向下（小）	小	从
窝西浑	而何	太平	卧不笔
wesihun	elhe	taifin	obumbi
向上（老）	太平	康宁	可为
汤旺	阿宁阿	他嘎	库
tanggū	aniyangga	targa	akū
百	年的	戒	无
银中	阿宁阿	你妈库	阿库
ninju	aniyangga	nimeku	akū
六十	年的	病	无
阁喏何	巴	得	戈得肯
genehe	ba	de	getuken
去（外出）	地方	在	明白（吉顺）
莫	卧不莫	押不哈	巴
i	obume	yabuha	ba
的	可为	行走	地方（道）

得	押勒尖	卧不莫	卧立
de	yargiyan	obume	orin
在	真实（平安）	可为	二十
哈哈	泊	卧罗利	卧不莫
haha	be	oilori	obume
男人（壮士）	把	平空	可为
得西	也	哈哈	泊
dehi	i	haha	be
四十	的	男人（勇汉）	把
得勒立	卧不莫	土何勒	泊
deleri	obume	tuhere	be
上边（骑士）	可为	跌倒	把
土桥搂	阿法独莫	阿立搂	押路哈
tucire	afandume	alire	yaluha
出来	齐相战	承担（参与）	骑着
莫林	泊	杨商阿	三音
morin	be	yangsangga	sain
马	把	英俊	吉祥（强壮）
卧不莫	他哭拉哈	衣汉	泊
obume	takūraha	ihan	be
可为	差之	牛	把

太平	三因	卧不笔	花
taifin	sain	obumbi	hūwa
太平	吉祥（强壮）	可为	庭院
音	招路	花沙不莫	官
i	jalu	hūwašabume	kufan
的	满	养育	房内儿孙
因	招路	福孙不莫	温
i	jalu	fusebume	un
的	满（多）	繁生	猪窝
因	招路	乌吉不莫	他妈
i	jalu	ujibume	taman
的	满	使喂养	公猪
者莫	他拉浑	卧不莫	我敦
jeme	tarhūn	obume	adun
吃	肥壮	可为	马群
者莫	我斌不莫	巴他拉库	巴因
jeme	ebibume	badalarakū	bayan
吃	使饱	无过分（不浪费）	富者
卧不莫	我特拉库	而尖	卧不莫
obume	eterakū	alifi	obume
可为	（穷者）辞不得	接受	可为

乌朱	泊	图鸡西	乌鲁滚
uju	be	tukiyeci	urgun
头	把	若抬着	喜乐

射不真	卧不搂	涉不真	泊
sebjen	obure	sebjen	be
快乐	可为	快乐	把

图吉七	涉不真	卧不搂
tukiyeci	sebjen	obure
若抬着（头）	快乐	可为

【译文】

第三十七篇　祭星神歌[①]

原姓氏为杨姓，

萨满何属相？

东家何属相？

何时什么家族举行祭祀？

祈祷诸位神灵降临，

保佑太平，

保佑杨姓家族吉祥安康。

因为在某年之时，在许多年之前，

降临了小东家[②]灾难，家中无太平，

查其原因？

因东家曾上牙碰下牙许了愿，

结肝胆穿心肺举行祭祀敬神。

养育在庭院中的神猪，

在圈中成长（得）标致健壮。

当炭火变为黄色之际，

将整猪[③]敬献星神。

东家修治了敬神神器④，
从野外取来泉水，
放在圆圆的锅中烧开，
将牺牲在开水中洗煺干净，
抬在桌上，敬献天上星神。
点燃了年祈香，
宴请众星神。

今将神猪在树林旁使其丧命，
在开水中弯曲煺毛，
连同茸毛也脱落除掉。
在湖水中洗涤，
在泉水中洗净。
截断猪蹄，按骨节屈折，
架放在圆圆的锅中，
取来泉水，制作了合口的白肉汤羹。
将供品摆放在大小合适的金色整木槽盆中。
摆放在桌子上，
整猪奉献于神灵。

主祭小萨满在七星下叩头祈祷，
当万星出来，
千星翻起，
三星闪亮时，
乞请众星神降临。
乞请北辰星降临，
乞请司中星及众星降临，
乞请房日兔星降临，
乞请月孛星降临，
乞请太白星降临，
乞请三尖星（庚星）降临，
乞请二十八宿星降临，
乞请角木蛟星降临，
乞请亢金龙星降临，
乞请计都星降临，
乞请司命星降临，
乞请司禄星降临，
乞请土星降临，
乞请心月狐星降临，
乞请尾火虎星降临，
乞请箕水豹星降临，
乞请斗木獬星降临，
乞请牛金牛星降临，
乞请女土蝠星降临，
乞请虚日鼠星降临，
乞请危月燕星降临，
乞请室火猪星降临，
乞请壁水貐星降临，
乞请奎木狼星降临，
乞请娄金狗星降临，

乞请胃土雉星降临，
乞请昴日鸡星降临，
乞请毕月乌星降临，
乞请觜火猴星降临，
乞请参水猿星降临，
乞请井木犴星降临，
乞请鬼金羊星降临，
乞请柳土獐星降临，
乞请星日马星降临，
乞请张月鹿星降临，
乞请翼火蛇星降临，
乞请轸水蚓星降临，
乞请伐星降临，
乞请天豕星降临，
乞请华盖星降临，
乞请勾陈星降临，
乞请腾蛇星降临，
乞请人星降临，
乞请牵牛星降临，
乞请织女星降临，
乞请河鼓星降临，
乞请鱼星降临，
乞请龟星降临，
乞请流星降临，
乞请彗星降临，
乞请姑你拉库星降临，
乞请胡拉拉库星降临，
乞请众星神。
按照先后顺序逐一宴请，
望众星神应合其时，
降临神坛纳享香火。
某年东家骑着健壮之马引行，
其灵魂被抓走了⑤，
家族人聚集在一起，
祈祷保佑太平安康。
祈祷众星神保佑，
保佑老老少少，大大小小太平康宁。
百年无戒，六十年无疾。
外出之人所到之处吉顺，
行走之道平安。
当差者的坐骑英俊，
二十名壮士在前，
四十名骑士随后。
相战时勇敢，不陷沟壑。
耕牛强壮，马群太平，
公猪肥壮，猪圈满盈，
儿孙繁生多，房内庭院跑。
敬神祭祀，
富者不浪费，穷者不推辞。
祈祷星神保佑，
抬头见喜，
抬头见喜。

【注释】

① 祭星神歌：满语音转汉语为“得勒己我勒己义其乌西哈窝车勒鸡孙”，直译“从此（这里）向天上星神祭祀之话”，即满族各姓氏家神祭祀中的“星祭”，“祭星”的祭祀仪式。

② 小东家：满语音转汉语为“卧四浑哈哈”，直译“小男人”，此处“小”是自谦，“东家”指举行萨满祭祀之家，所有“东家”都是此意。

③ 整猪：即摆件猪。

④ 神器：神器在此篇神歌中并未出现，只有“打萨笔”即“修治”之意。萨满祭祀神器很多，有鼓、腰铃、神衣、马叉、旗帜、桌子，等等。其神器，年久需修治，以示祭祀人虔诚。

⑤ 其灵魂被抓走了：满语音转汉语为“威浑非烟阿泊嘎鸡笔”，直译“把活着的灵魂取来”，我们理解为有一人的灵魂被鬼神抓走，族内人为他祈祷叫魂，恢复健康。

第三十八篇　为盖新房屋新安祖宗祭祀

衣车	泊	泊	威勒笔
ice	boo	be	weilembi
新的	房屋	把	制造
衣车	申恨	衣立笔	图勒滚
ice	sendehen	ilimbi	turgun
新的	供神板	立	原因
得	妈法	恩都立	我勒射笔
de	mafa	enduri	eršembi
在	祖先	神	照看（保佑）
而何	太平	卧不笔	
elhe	taifin	obumbi	
太	平	可为	

【译文】

第三十八篇　为盖新房重新立供神板[①]

为了盖新房屋，
敬立新供神板，
祈祷妈法恩都立神保佑太平。

【注释】

① 笔者未采用神本中原题目，故将“立祖宗”改为“立供神板”，以下皆是，不另注。

第三十九篇　为在本衙门当差授何缺喜乐祖先

莫你	衙门	得	而当
meni	yamun	de	alban
我们	衙门	在	当差
那拉	押卧论	卧西科	图勒滚
na	yabumbi	wesire	turgun
地方	行走	提升	原因
得	妈法	恩都立	乌鲁
de	mafa	enduri	urgun
在	祖先	神	喜乐
卧不笔			
obumbi			
可为			

【译文】

第三十九篇　为衙门当差授缺喜乐祖先

为升任了我们在衙门内行走当差升职的原因，
敬请妈法恩都立喜乐。

第四十篇　为读书得仲生贡举喜乐

必特何	胡拉拉	书色嘎西	图桥西
bithe	hūlara	šudesi	tukiyesi
书	读	书吏	举人
巴哈	不哈	图勒滚	得
baha	buha	turgun	de
得了	给了	原因	在
妈法	恩都立	乌鲁滚	卧不笔
mafa	enduri	urgun	obumbi
祖先	神	喜乐	可为

【译文】

第四十篇　为读书得中而喜乐祖先

因为读书有方，而得了书吏、举人之位，
望妈法恩都立神可为喜乐。

第四十一篇 为出征某人家捎信在军营升授何缺喜乐祖先

错哈	拉哈	押阿	你亚
cooha	laha	yaha	i
兵	草（蓬）	行走（当差）	的
卧四浑	哈哈	衣你	札西干
osohon	haha	ini	jasigan
小	男人（壮丁）	他的	信
阿里莫	街笔	掇海	哭瓦兰
alime	gaimbi	cooha	kūwaran
接受	取	兵	营
得	押哈	得	卧林
de	yaha	de	erin
在	当差	在	时
泊	窝西客	秃勒滚	得
be	wesike	turgun	de
把	提升	原因	在

妈法	恩独立	乌鲁滚	卧不笔
mafa	enduri	urgun	obumbi
祖先	神	喜乐	可为

【译文】

第四十一篇 为出征人捎信在军营升授何缺而喜乐祖先

在兵营当差的壮丁，
因为被提升而捎信与家中，
敬请妈法恩都立可为喜乐。

第四十二篇　为家中老幼太平敬祖

泊	意	古不七	萨可打
boo	i	gubci	sakda
家中	的	全家	老者
阿西干	而何	太平	卧不笔
asihan	elhe	taifin	obumbi
少者	太平	康宁	可为
妈法	恩独立	乌鲁滚	卧不笔
mafa	enduri	urgun	obumbi
祖先	神	喜乐	可为

【译文】

第四十二篇　为家中老幼太平敬祖

全家老少太平康宁，
敬请妈法恩都立可为喜乐。

第四十三篇　为买旧房子新立祖先祭祖

佛	泊	泊	乌打笔
fe	boo	be	udambi
旧	房	把	买
衣车	申恨	衣立笔	土勒滚
ice	sendehen	ilimbi	turgun
新	供神板	立	原因
得			
de			
在			

【译文】

第四十三篇　为买旧房新立祖祭祖板

因为购买了旧房屋，

故新立供神板敬祖。

第四十四篇　为在军营与贼接仗得胜祭祖

错海	哭瓦兰	得	胡哈
cooha	kūwaran	de	hūlha
兵	营	在	贼
札法笔	我特何	图勒滚	得
afambi	etehe	turgun	de
参战	胜之	原因	在

【译文】

第四十四篇　为在军营与贼接仗得胜而祭祖

因为在兵营打了胜仗，
所以喜乐并敬祖祭祖。

第四十五篇　为在军营多年抽撤回籍祭祖

错海	哭瓦兰	七	阿妈西
cooha	kūwaran	ci	amasi
兵	营	从	往后

郭七哈	图勒滚	得
gociha	turgun	de
撤回	原因	在

【译文】

第四十五篇　为在军营多年抽撤回籍祭祖

因为在兵营多年而撤回家乡祭祖。

第四十六篇 为房屋不净另换祖先祭祀

泊	泊	卧嫩波库	阿库
boo	be	bolgo	akū
房屋	把	清洁	没有
申得恨	衣车拉莫	哈拉笔	衣立何
sendehen	icemleme	halambi	iliha
供神板	更新	换	立
图滚	得	阿木	鹅木
turgun	de	ama	eme
原因	在	父亲	母亲
沙勒干	朱射	你妈库	巴哈笔
sargan	juse	nimeku	bahambi
妻子	孩子们	病	得
图勒滚	得	昂阿	吉孙
turgun	de	angga	gisun
原因	在	口	话（愿）
而扎笔	何喏	吉孙	何喏笔
aljambi	heheri	gisun	ganambi
许	上牙碰下牙	话	采纳

妈法	恩独立	恶射笔	而何
mafa	enduri	eršembi	elhe
祖先	神	照看（保佑）	太平

太平	卧不笔
taifin	obumbi
康宁	可为

【译文】

第四十六篇　为房屋不净另换供神板祭祀

因为房屋不干净，
侵入了邪气，
使父母、妻子得病。

上牙碰下牙，曾许了愿，
须更换新供神板祭祀祖先神灵。

第四十七篇 为家得病祭祖

波	得	你妈库	札林
boo	de	nimeku	jalin
家中	在	病	为了

得	妈法	恩独立	乌鲁滚
de	mafa	enduri	urgun
在	祖先	神	喜乐

卧不笔
obumbi
可为

【译文】

第四十七篇 为家中有人得病而祭祖

为了家中有人得病而祭祖，
为使妈法恩都立喜乐而祭祀。

第四十八篇　为家中被贼窃去牲畜后得救

泊	泊	多勒吉	得
boo	be	dorgi	de
家中	把	内	在
乌哈	胡拉哈拉莫	阿不兰	八哈笔
ujiha	hūlhaname	ambula	bahambi
养育	被偷去	很多	得到
妈法	恩独立	乌鲁滚	卧不笔
mafa	enduri	urgun	obumbi
祖先	神	喜乐	可为

【译文】

第四十八篇　为家中被盗复得而祭祖

在家中所养牲畜，
被偷去许多而又复得敬祖，
敬请祖先神可为喜乐。

第四十九篇　为家中马匹得病调治未愈后许神马即好祭祖

泊	得	乌吉何	莫林
boo	de	ujihe	morin
家中	在	养	马
你妈库勒何	打萨莫	三因	乌
nimekulehe	dasame	sain	unde
害病了	治疗	好	尚未
哈库	恩独立	莫林	而扎笔
akū	enduri	morin	aljambi
没有	神	马	许了
乌得海	你妈库	三因	卧不笔
uthai	nimeku	sain	obumbi
立刻	病	好	可为
妈法	恩独立	乌鲁滚	卧不笔
mafa	enduri	urgun	obumbi
祖先	神	喜乐	可为

【译文】

第四十九篇　为家中马匹得病求治愈祭祖

因为家中所养之马得病，
治疗未愈，故许神马一匹即好，
敬请祖先神可为喜乐。

第二部分　杨姓《芳裕堂记》[①]文本译文

第一篇　仪式歌（笔者自拟）

【译文】

杨姓子孙举行祭祀，
东家何属相?
萨满何属相?
乞求神灵保佑子孙太平安康，
全族人平安无灾。
今已是迎来丰秋之际，
准备了清洁的阿木孙肉。
摆上了烛台，淘净了小米，
沥干了泔水，蒸好了供饭。
精心制作了供品，
放在金银盘中，
供献神灵。
香甜的米酒，浓烈的烧酒。
汉香插在香炉中，年祈香引燃，
各种香火统统点燃了。
供品件件摆齐，
各处神坛有供品。
乞请由天而降的按八瞒也[②]神。

【注释】

①《芳裕堂记》：此文本由杨宪同族人杨世昌老萨满保存，因为在文本的封面上清楚记述着“芳裕堂记”。因此被称为《芳裕堂记》文本。此文本，笔者清楚记得也做过“译注”，后遗失，其译文在《满族萨满文本研究》之中。

② 瞒也：即瞒爷，也就是瞒尼神。

第二篇① 宴请曾祖神

【译文】

原文——第二铺神

宴请杨姓翁姑玛法② 乌云朱③ 瞒尼神。

主祭萨满④ 设坛祭祀。

【注释】

① 篇：原文中为“铺”，为与本书统一，故用“篇”。以下皆是，不另注释。

② 翁姑玛法：曾祖先神。

③ 乌云朱：为数字“九十”。

④ 主祭萨满：满语音转汉语为“西泥恶真”直译为“你的主人”，此处为“主祭萨满”。

第三篇　宴请不达兑神

【译文】

原文——第三铺神　不达兑

宴请不达兑①，

杨姓由地中而出的那旦朱[②]瞒也。

【注释】

① 不达兑：无考。

② 那旦朱（nadanju）：为数字“七十”，此神为七十岁瞒尼。

第四篇 宴请天鹅神

【译文】

原文——第四铺神
宴请嘎勒恩都力（天鹅），
天鹅神居住在山坡上，
用树枝所筑的巢穴中，
带着上气降临。
乞请乌尖西瞒也神降临，
乞请天鹅神降临。

第五篇[①] 宴请首雕神

【译文】

打拉哈呆民神（首雕神）
杨姓子孙举行祭祀。
萨满在七星下，
高声诵唱，腰铃、抓鼓齐鸣，
与众人喧闹声响成一片。
乞请首雕神降临。
雕神展翅遮日月，

翘尾可捞到九海之物。
一切妖怪、野鬼、凶神统统顺从于雕神，
在恶魔之中有威力。
乞请雕神降临。

【注释】

① 第五篇：篇数为作者自拟，以下皆是，不另注。

第六篇　宴请舞蹈神

【译文】

妈敉墨神谱（跳舞之神）
杨姓家族中八十岁的老扎哩色夫，
家族中九十岁的老扎哩色夫，
双手执着金晃子①，
舞蹈着进屋了。
双手执着银晃子，
跳动着进屋了。
双手执着铁晃子的老色夫，
在院中盘旋着，舞蹈着进屋了。

【注释】

① 晃子：即铜铃。

第七篇　鹰神谱

【译文】

主祭萨满乞请在众山峰之中，
第一座高山上的山峰上筑巢的鹰神迅速降临吧！
在降临时要防备不好之人设下的马尾套子。
请降临吧！鹰神，
降附在萨满身上，
降附在神架上。
宴请按出兰鹰神。

第八篇　下半夜神谱

【译文】

宴请不可他瞒也

原籍杨姓家族举行祭祀，
东家何属相？萨满何属相？
此时迎来了丰秋之际，
准备了神猪献牲，
制作了清洁的阿木孙肉，
淘净了供米，
沥干了泔水，蒸了祭饭，摆上了供桌。
遵照传统礼仪，年年祭祀。
家中专养了神猪，圈在圈内，
精心喂养。
神猪长得肥壮、标致。
今将神猪捆绑，

遵礼行刀，神猪即刻丧命。
庭院中架起大圆锅，
制作阿木孙肉。
取来泉水，兑在肉汤中，
做成美味汤羹。
为整猪献祭，
将祭祀肉按活猪趴卧的样子摆起来，
放在金槽盆中，银槽盆中。
抬放在地桌上，
供献神灵。
杨姓原居住在“绥芬”之地，
乞请不克他①瞞也降临。

【注释】

① 不克他（bukda）:《清文总汇》解释为“令摺、令屈”等。此处译为“弯腰”之意，此神为“驼背”英雄神。

第九篇　第二铺神——宴请何乐瞞尼神

【译文】

主祭萨满乞请高祖玛法乌奴何何勒瞞也神①。

【注释】

① 何勒瞞也神：即哑巴神。

第十篇 第三铺神——宴请多活罗瞒尼神

【译文】

杨姓主祭萨满乞请
拄着金拐棍、银拐棍的多活罗[①]瞒也神。
请避开宽广的田野，躲开高高的大山，
请进我屯子里来吧！
清降临我族祭祀之坛，
纳享供品。

【注释】

① 多活罗，汉译为“瘸腿”，此神为瘸腿英雄神。

第十一篇 宴请蟒神

【译文】

杀克窝出库[①]
杨姓主祭萨满在七星下祈祷。
在喧闹声中，
手执着金马叉[②]进来了。
请降临神坛，请附萨满之身。
众萨满毫不推让，争先恐后，
毫无畏惧地将恶鬼、妖魔、野怪统统赶跑了。
将妖魔鬼怪之道统统切断，不留后路。
为保家宅平安，
萨满三角察看，四方搜查，
将最凶恶鬼、最厉害妖魔，

赶他们远远离去。
使不祥之年、月、日，
灾荒、病魔永去千里，万里之外。
杨姓萨满跪地叩头，
乞请乌云打扎不占恩都力降临。

【注释】

① 杀克窝出库："杀克"应为"杀克色莫"，《清文总汇》解释为："凡树等物，端、直、高而密密生的"。"窝出库"为"神主、神祇"。此神译为"密密森林深处的神主"。

② 马叉，萨满手执的神器。

第十二篇　金钱豹神

【译文】

杨姓子孙举行祭祀敬神。
今已迎来了丰秋，
设坛祭祀请神。
乞请从耸入青云白云之中的山峰而来的，
沿着山中野道，经过芦苇之旁，
降临的金钱豹神，
伸腰卧地，神通广大。
祈祷神灵保佑，
将家内四角搜查，八方察看，
将一切恶魔妖怪统统赶跑。
使我杨姓家族之内年年平安，月月吉祥，
无病无灾，远离邪恶。

千年、万年太平安康，
祈祷世代平安，人人安康。

今已备好阿木孙肉，
点上了汉香，引燃了年祈香。
乞请金钱豹神降临，
众神早早降临，纳享盛宴，
施展上气佑全族。

第十三篇　熊神

【译文】

杨姓主祭萨满祈祷，
乞请灵慧神灵，
敬请熊神。
从深山密林的洞穴中，
通过无数山砬子，
沿着背阴沟壑，
穿过山岗阳坡，祈请降临。
熊神肥壮力大，
林中群兽之王。
切勿在山脚下熟睡，
或在密林中穿行游玩，
乞请熊神迅速降临。
请注意通过南山方向时，
首要是防备不好之人，设下的马尾套子。
请熊神降临吧！

与年幼的小花狗玩耍，
侧立子引导着玩耍。
乞请熊神仁慈，
降我族上乞佑平安。
引燃了年祈香，
点燃了安春香，
乞请纳享香火。

第十四篇　虎神

【译文】

杨姓子孙举行祭祀，
乞请灵慧神灵。
从远阔的原野，
经过层层高山峻岭。
越过平矮圆秃的山岗，
走过密密花草沟壑。
请公虎神降临吧！
跳着、叫着降临吧。
肥壮粗大的大虎神，
在前面山林中的大虎神啊！
是一个长满花纹的长寿虎。
请沿着河边小路降临，
跳着、叫着降临。
请不要仅在其他屯中纳享供品，
请来我屯中，尽早降临，
纳享供品香火。

第十五篇　祭祀天神用

【译文】

祭天宴席摆上了，
呈献于浩大青天。
高天听着，
今有杨氏家族，
设坛祭祀。
杨姓先人男男女女，
曾受到神鹊搭救之恩，
杨姓子孙们，曾重病缠身，
向高天祈祷，祭祀神鹊，
高天保佑，重病痊愈。
从此亲口许愿，
设坛祭天祭祀神鹊。
今已是旧月已去，新月来，
亲口许下的愿，不能不算。
早已择定了良辰吉日，
设坛摆供祭祀。
抓来圈养神猪，遵礼绑上，
神猪肥大，
健壮乌黑，
按节行刀，神猪即刻丧命。
取出肝、胆、肺等内脏，奉献高天。
在索莫杆的顶端，
抹涂猪血[①]，鲜红一新。
用滚开之水，将神猪之毛煺净，

用池中泉水冲洗。
按节行刀，
圆锅中烧煮，
放入金槽盆中、银槽盆中。
摆件供于索莫杆前的地桌上。
又将猪尿泡，
神猪的各部位，
各取少许的肉和五谷绑于草把上，
挂于索莫杆的顶端。
门口挂上了草把，
以示祭祀之日。
一切准备妥当，
一手呈献于天汗，
双手将祭品高高举起，
送入云霄。
乞请神鹊尽心，告知天汗。
传扬于高天。

杨姓家族，从上至下，老老少少乞求：
百年无灾，
六十年无戒，
出门平安，行路吉顺，
坐骑健美，牲畜满圈，
牛羊遍地跑。
全族老少男男女女，
吃饭有滋味，
衣服又保暖。

人财两旺，繁荣昌盛。
如同泉水不断，
流传万代。
泉流不息，代代相传，敬神祭祀。

【注释】

① 抹涂猪血：祭天时需在索莫杆顶部涂抹猪血一尺长左右，以示用牲血祭神。

第十六篇　烧官香用

【译文】

杨姓家族曾亲口许愿，
不能不算。
今举行乌云学习，
学员们骨血清洁①。
乞请萨满神灵为师，
老萨满具体指教，
教学满语，熟读、诵唱满语神歌。
为惩治怠学之人，
请玛法、神灵严加管教。
所请：
八十岁的彪棍得载林哈色夫，
九十岁的彪棍得卧车何色夫，
寒其哈玛法所里哈色夫，
恩得克玛法故押哈色夫。

【注释】

① 骨血清洁：因学萨满是以氏族为传承的，骨血清洁或指学萨满成员族姓血缘家系清楚无误；或是说学习萨满的人先天条件很好，由于骨血洁净适合当萨满。

第十七篇　那大他拉①用
——祭祀原始古道荒郊野外神

【译文】

杨姓众子孙，
骨血清洁。
原本是杨姓子孙，
血肉吉祥，为杨姓后代。
那片旷野深山的弯曲小路，
那是如同飘带一样的林海，
层层蠕动着。
伴随着如同金色的铜铃声。
那片林海飞着啊！
飞着！
跳动着呀！
跳动着！那是摇摆、浮动着的绿色林海呀！
乞请玛法，神灵保佑，
永世太平安康。

【注释】

① 那大他拉：文本原文，意为“大地野外”。

第十八篇　因病用

【译文】

杨姓子孙中，
有人得了重病。
曾亲口许愿，
说出的话，不能不算。
神灵保佑，重病痊愈。
灾期早已过去，
望神灵欢心，
永保我族太平。

第十九篇　盖新房子用

【译文】

为使玛法、神灵喜乐，
今已盖了新房，
敬立祖宗龛，乞请祖先神灵保佑。

第二十篇　放大神

【译文】

杨姓家族今设坛祭祀，
乞求神灵保佑，
子孙老少平安。
主祭萨满跪在七星斗前乞请神灵，
乞请金钱豹神，

乞请公野猪神，
乞请虎神。
统请三位野神降临。
萨满头上可以顶着，
肩上担着，
恭请降临进屋。
乞请玛法、神灵保佑太平安康。

第二十一篇　因家中起火用

【译文】

起大火了，乞请神灵、玛法保佑，
大火熄灭，太平安康。

第二十二篇　因家中丢马用

【译文】

丢失马匹了，
乞请神灵玛法保佑，
令马匹全部回来吧！回家来吧！
全家欢乐，
玛法、神灵欢畅。

第二十三篇　因当兵回家用

【译文】

乞请神灵玛法仁爱，

保佑军营效力行走之人，
早日回归，阖家团聚。
保佑太平安康。

第二十四篇　修神谱[1]用

【译文】

杨姓家族的子孙们，
在某年某月，
择选了良辰吉日，
制作了大的阿木孙肉，
设坛摆供品。
敬修家族神谱，
双手高举挂起。
乞请神灵、玛法保佑，
阖族欢乐、喜庆。
保佑全族男男女女，
百年无戒，
六十年无疾。
敬神祭祀，
子子孙孙，世代流传。

【注释】

① 神谱：满族各姓有自己专门的总谱，修谱就是补充和修订以前所制定的总谱，或族系分支重新立谱。修谱或续谱要请本姓萨满举行祭祀，将重新修订的宗谱悬挂于西墙，沿至北墙，列神案祭祖。修谱一般在农历正月初二至初五举办。满族一般在龙、

虎、鼠年修谱。

第二十五篇　因教萨满无猪用

【译文】

杨姓家族是人口众多的大族，
某年家族男女老幼，
择选了良辰吉日，
修缮本族谱书，
宴请祭祀众神灵。
今遵循家规族礼，
教习新萨满之时，
照规循礼，
举行祭祀敬神。
摆供桌，放鲜果，
制作清洁的阿木孙肉，
敬献米酒，供上烈酒。
点上年祈香，
点燃了汉香。
一切供品，件件应完备，
一切祭物，样样不能少。
今唯有牺牲供物，即无神猪。
乞请神灵，玛法存善留爱之心，
宽厚仁慈我族子孙，
仅用绿色素食供物，
乞请众神灵纳享。

第二十六篇　为家中病马许神马用

【译文】

家中马匹得病，
萨满再三祝祷，
乞请神灵保佑，
保佑马匹病愈无灾。
并许愿献一神马予神灵，
望神灵喜乐纳享。

第二十七篇　为买旧房子新立祖板用

【译文】

因购买了旧房，
需立新祖宗板，
今祭祀神灵、玛法，
望祖先神灵喜乐为好。

第二十八　为军营与贼人打仗得胜祭祖用

【译文】

为杨姓家族的，
在军营中行走效力者，
打了胜仗，为庆贺而祭祀，
望神灵、玛法喜乐。

第二十九篇　借房上名堂用

【译文】

萨满宴请色夫、神灵、玛法，
统统降临受祭。
今在借的房中，
重新设立祖宗板，
祭祀祖先、神灵、玛法，
望神灵、玛法喜乐为好。

第三十篇　全户上名堂借房子用

【译文】

杨姓萨满在某年，
诚心诚意宴请了色夫，
家族之内，神灵、玛法降临之时，
敬立了索立条。
今在借房子中，
重新立祖宗板，
向神灵、玛法陈述原由，
乞请神灵、玛法喜乐为好。

第三十一篇　上名堂祝祷用

【译文】

杨姓子孙统请神灵。
我族之内，曾有过这样的时候，

萨满老了，
奴才家中又很穷，
无力敬祖祭祀。
今有我族子孙后代，
人多财富盛，
制作了清洁的阿木孙肉，
奉献神灵。
望神灵喜乐为好。

第三十二篇　往屋请神用

【译文】

请神了，
请神灵进屋来。

第三十三篇　请神等同受香烟用

【译文】

双手举起供献，
统请众神灵，
纳享香火。

第三十四篇　送神受香用

【译文】

乞请降临的众神灵，
纳享了香火后，

请众神灵回山去吧！
回到各自居住之地吧，
望神灵喜乐为好。

第三十五篇　请问神告知送诉明白用

【译文】

乞请神灵，告诉我们家族助手明白吧！

第三十六篇　送神用

【译文】

乞请降临的众神灵，
回山去吧！
回到您常住之地吧。

第二章 关裕峰民间文本译注

敬仪神书

关裕峰氏 中华民国十七年正月

第一篇 早晨饽饽神用

哈书里	哈拉来	关家	哈拉
hasuri	hala	guwalgiya	hala
众姓氏	姓	关	姓
我林	得	阿哈	舍莫
erin	de	aha	seme
此时	在	奴仆	说
背坤	得	昂阿	吉孙
mukūn	de	angga	gisun
家族	在	口	话

二劄笔	合合立	舍莫	及书勒非
aljambi	heheri	seme	gisurefi
许下	上牙碰下牙	说	说了话
佛	边	箔	弗得非
fe	biya	be	fudefi
旧	月	把	送
一车	边	箔	阿里非
ice	biya	be	alifi
新	月	把	迎
三因	乙能你	箔	孙作非
sain	inenggi	be	sonjofi
好（良辰）	（吉）日子	把	选择
恩杜里	箔	精纳提阿	阿巴
enduri	be	gingneme	amba
神	把	双手奉献	大
阿莫书	阿拉非	刷因	奴勒
amsun	alifi	suwayan	nure
祭肉	纳享	黄	酒
特不非	阿因	先	箔
tebufi	ayan	hiyan	be
盛入	阿延	香	把

大布非 dabufi 点燃了	恩杜 enduri 神	箔 be 把	精纳刻 gingnefi 双手奉献
汤色 tangse 堂子	薹立 tairi 泰立	恩杜里 enduri 神	箔 be 把
所里刻 solifi 宴请	猪舍 geren 各位	背勒 beise 贝子	恩杜里 enduri 神
箔 be 把	所里刻 solifi 宴请	恩杜里 enduri 神	我所刻 ebufi 下降
恩杜里 enduri 神	客西 kesi 恩惠	一杀非 isifi 及（施于）	阿哈西 ahasi 奴仆们
恒其舍莫 hengkišeme 只管叩头	阿里刻 aliki 请接受	安木巴宁我 ambalinggū 很大的	厦克大非 sakdafi 老了
阿几各宁我 ajigengge 幼小	窝西魂街 wasihūn 下（从老到小）	恩杜里 enduri 神	我勒舍刻 eršeki 请保佑

昂阿拉	托莫	白义非	恩杜里
anggala	tome	baifi	enduri
家人	每	乞求	神
我勒舍刻	沙克打	杀妈	杀克打非
eršeki	sakda	saman	sakdafi
请保佑	老	萨满	老了
阿及各	杀妈	他其刻	恩杜里
ajige	saman	tacifi	enduri
小	萨满	学习	神
我勒所刻	恩杜里	他其布哈	及孙
eršere	enduri	tacibuha	gisun
保护	神	教导	话
我者刻	恩杜里	作里哈	及孙
ejefi	enduri	soliha	gisun
记住了	神	宴请	话
特不刻	阿哈西	杀克打多落	班及刻
tebuhe	ahasi	sakdandala	banjifi
盛放（装上）	奴仆们	至于老	生活
汤屋	阿年	他拉嘎	阿库街
tanggū	aniya	targa	akū
百	年	戒	没有

银朱	阿年	你莫库	阿库街
ninju	aniya	nimeku	akū
六十	年	病	无
无珠	付聂合	杀拉托落	阿西哈
uju	funiyehe	šaratala	abasi
头	毛（发）	发甚白	奴仆们
杀克打多落	班及刻	灯	箔
sakdandala	banjifi	dengjan	be
至于老	生活	灯	把
打不莫	文辍	箔	五里莫
dabume	encu	be	ulime
点燃了	各样	把	供献
恩杜里	我勒舍刻	箔	一
enduri	eršefi	boo	i
神	保佑	家	的
多落	刻	太分	卧七
dolo	de	taifin	oci
内	在	太平	可为
花	一	我伦	文车非
hūwa	i	eru	udafi
庭院	的	强健（猪）	买之

一寒	莫林	劄路非	五及马
ihan	morin	jalufi	ujime
牛	马	满之	养育
花杀非	恩杜里	我勒舍刻	阿哈西
hūwašafi	enduri	eršefi	ahasi
成长	神	保佑	奴仆们
恩杜里	箔	精纳刻	代夫
enduri	be	gingnefi	dafu
神	把	供献	大夫
嘎拉	八里牙刻	玉皇	嘎拉
gala	bargiyaki	ioihūwang	gala
手	收下	玉皇	手
阿里刻	我因	先	箔
alifi	ayan	hiyan	be
接受	阿延	香	把
大不非	恩杜里	箔	阿里刻
dabufi	enduri	be	alifi
点燃了	神	啊	纳享

【译文】

第一篇 早晨饽饽神用

众姓之中的关姓，
东家此时请神。
东家曾上牙碰下牙，
亲口许愿举行祭祀。
今已是旧月已去，
新月来，
择选了良辰吉日，
双手举起供品，
奉献神灵。
贡献了大祭肉，
贡献了黄酒。
点燃了阿延香，
双手举起奉献。
乞请堂子泰立神，
乞请各位贝勒神，
乞请神灵降临。
神灵施恩，
奴才们频频叩头祈祷，
神灵佑护。
老萨满老了，
小萨满学习跳神。
我等记住了神灵所教导之话，
心中装上了神灵所指点之语。
老老少少太平安康，
百年无戒，
六十年无病，
老者发白，合族平安。

点燃了灯盏，
奉献了各样供品，
神灵保佑家族太平。
买来之猪，在庭院中养育强壮，
养育牛羊，成长满院。
收下一位大夫之手的敬献。
接受一位玉皇之手的供献。
点燃了阿延香，
敬献神灵，纳享供品。

第二篇　掌灯肉神用

哈书里	哈啦咧	官家	哈拉
hasuri	hala	guwalgiya	hala
众姓氏	姓氏	关	姓
我林	得（某属）	阿哈	舍莫
erin	de	aha	seme
此时	在	奴仆（东家）	说
背坤	得	昂阿	舍莫
mukūn	de	angga	seme
家族	在	口	说
二扎非	合合里	舍莫	及书勒非
aljafi	heheri	seme	gisurefi
许下	上牙碰下牙	说	说了话
佛	边	泊	伏特非
fe	biya	be	fudefi
旧	月	把	送
一车	边	箔	阿里非
ice	biya	be	alifi
新	月	把	迎

三因	你能你	箔	孙作非
sain	inenggi	be	sonjofi
良辰	日子	把	选择
恩杜里	箔	所里刻	阿木巴
enduri	be	solifi	amba
神	把	宴请	大
阿书	阿里非	刷因	奴勒
amsun	alifi	suwayan	nure
祭肉	纳享	黄	酒
特不非	哈谈	奴勒	特不非
tebufi	hatan	nure	tebufi
盛了	烈性	酒	盛了
五拉间	箔	一西画非	阿木书
ulgiyan	be	icihiyafi	amsun
猪	把	收拾了	祭肉
箔	阿拉非	阿不开	朱色
be	alifi	abkai	juse
把	纳享	阿布卡	朱色
阿不凯	其	瓦西非	恩杜里
abka	ci	wasifi	enduri
天	从	降下	神

箔	所里刻	撮哈占爷	恩杜里
be	solifi	coohajaye	enduri
把	宴请	兵太爷	神
箔	所里刻	芒阿	舍夫
be	solifi	manni	sefu
把	宴请	瞞尼	色夫
恩杜里	箔	所里刻	各伦
enduri	be	solifi	geren
神	把	宴请	各位
背舍	恩杜里	箔	所里刻
beise	enduri	be	soliki
贝子	神	把	宴请
左	所林	屋车库	恩杜里
juwe	soorin	weceku	enduri
双	位	神主（倭车库）	神
箔	所里刻	各伦	恩杜里
be	solifi	geren	enduri
把	宴请	各位	神
合箔	箔	阿查非	合箔箔
hebe	be	acafi	hebešeme
商议	把	查实	相商量

白非	阿哈西	箔	我勒舍刻
baifi	ahasi	be	eršeki
乞求	奴才们	把	请保佑
代民	姑你	恩杜里	箔
damin	gūnin	enduri	be
雕（代敏）	思考（古您）	神	把
所里刻	阿魂	年其	恩杜里
soliki	ahūn	niyanci	enduri
宴请	阿魂（阿浑）	年其	神
箔	所里刻	讷可伦	舍夫
be	soliki	nekliyen	sefu
把	宴请	讷可连	师傅
恩杜里	箔	所里刻	胡拉拉
enduri	be	soliki	hūlara
神	把	宴请	读
背舍	恩杜里	箔	所里刻
beise	enduri	be	soliki
贝子	神	把	宴请
那丹	那拉魂	恩杜里	箔
nadan	narhūn	enduri	be
七	细	神	把

所里刻	那拉魂	年其	恩杜里
soliki	narhūn	hiyanci	enduri
宴请	纳尔浑	先其	神
箔	所里刻	杀克打	杀妈
be	soliki	sakda	saman
把	宴请	老	萨满
杀克打非	阿及各	杀妈	他其刻
sakdafi	ajige	saman	tacifi
老了	小	萨满	学习
恩杜里	我勒舍刻	恩杜里	作里哈
enduri	eršeki	enduri	soliha
神	请保佑	神	宴请
吉孙	我者刻	他其不哈	吉孙
gisun	ejefi	tacibuha	gisun
话	记住了	教导	话
特不刻	恩杜里	我勒舍刻	阿木巴宁我
tebufi	enduri	eršeki	ambalinggū
盛放（装上）	神	请保佑	很大的
杀克打非	阿及我宁我	木鲁	阁舍
sakdafi	ajigengge	mulu	gege
老了	幼小的	栋梁	如同

木特非	恩杜里	我勒舍刻	羌阿拉
mutefi	enduri	eršeki	anggala
成为	神	请保佑	人口
托莫	白查非	恩杜里	我勒舍刻
tome	baifi	enduri	eršeki
每	乞求	神	请保佑
阿哈西	杀打多落	班金刻	汤屋
ahasi	sakdandala	banjiki	tanggū
奴才们	至于老	请生活	百
阿娘	他拉嘎	阿库	银朱
aniya	targa	akū	ninju
年	戒	无	六十
阿娘	你莫库	阿库	三因
aniya	nimeku	akū	sain
年	疾病	无	良辰
你能你	箔	他拉嘎刻	我合
inenggi	be	targaki	ehe
（吉）日	啊	请斋戒之	不好
一能你	箔	我者刻	屋朱
inenggi	be	ejeki	uju
日子	把	请记住	头

伏摄合	杀垃多罗	阿哈西	杀拉多罗
funiyen	šaratala	ahasi	šaratala
毛（发）	（头发）甚白	奴才们	发白

班金刻	灯	箔	打不莫
banjifi	dengjan	be	dabume
生活	灯	把	点燃

文掇	箔	五里莫	恩杜里
encu	be	ulime	enduri
各样	把	供献	神

我勒舍刻	箔	一	多落
eršeki	boo	i	dolo
请保佑	家	的	内

提	太分	卧刻	花
de	taifin	oci	hūwa
在	太平	可为	庭院

一	我伦	文侧非	一寒
i	eru	udafi	ihan
的	强健（猪）	买之	牛

抹林	札路非	五及马	花义非
morin	jalufi	ujime	hūwašafi
马	满之	养育	成长

恩杜里 enduri 神	我勒舍刻 eršeki 请保佑	阿哈西 ahasi 奴才们	哭客 uhe 都
及合 jihe 来了	芒你 mangga 善于	精纳刻 gingnefi 供献	恩杜里 enduri 神
客西 kesi 恩惠	一杀非 isifi 及（施于）	恒其舍莫 hengkišeme 频频叩头	阿里刻 aliki 请接受
阿哈西 ahasi 奴才们	精纳合 gingnehe 供献了	舍莫 seme 说	精文 jingkini 切实（虔诚）
卧霍 oho 可为	卧车合 wecehe 祭祀	舍莫 seme 说	五林 ulin 财物
卧霍 oho 可	代夫 daifi 大夫	嘎拉 gala 手	八里家刻 bargiyaki 请收下
玉皇 ioihūwang 玉皇	嘎拉 gala 手	阿里刻 aliki 请接受	阿因 ayan 阿延

先	箔	八拉家刻
hiyan	be	bargiyaki
香	把	请收下

【译文】

第二篇　掌灯肉神用

众姓之中的关姓，
东家此时请神。
东家曾上牙碰下牙，亲口许愿，
举行祭祀。
今已是旧月已去，新月来，
择选了良辰吉日，
宴请神灵。
奉献了大祭肉，请纳享。
盛上了黄米酒，
供献了烈性白酒。
收拾[①]好了神猪
遵规制作了祭肉，请纳享。
宴请由天而降的阿布卡朱色，
宴请神灵，
宴请兵太爷神，
宴请芒额色夫神
宴请各位贝子神，
宴请双位倭车库神，
各位神灵会同降临，
请保佑奴才们。
宴请代敏古您神，
宴请阿浑年其神，
宴请讷可连色夫神，
宴请呼啦啦贝子神，
宴请那丹纳尔浑神，
宴请纳尔浑先其神。

老萨满老了，
小萨满学习跳神，请神灵保佑。
我等牢记神灵所教导之话，
心中装了神灵所指点之语。

老者发白，
幼者成长为如同栋梁。
合族之内，人人乞求神灵保佑，

乞求神灵保佑奴才们老少生活平安。

百年无戒，六十年无疾。

切记良辰吉日的斋戒之日啊，

合族之内太平安康，

买来之猪，

庭院中养育强壮。

养育牛羊，成长满院，

乞请神灵保佑、施恩。

奴才们善于供献神灵，

频频叩头、祭祀、供献财物虔诚。

收下一位大夫之手的供献，

收下一位玉皇之手的奉献，

点燃了阿延香，

乞请神灵纳享。

【注释】

① 收拾：此处指从抓猪、踩猪、杀猪等到制作成供品的全部过程。

第三篇 白天肉神用

哈书里	哈啦咧	官家	哈拉
hasuri	hala	guwalgiya	hala
众姓氏	姓氏	关	氏
我林	得（某属）	阿哈	舍莫
erin	de	aha	seme
此时	在	奴仆（东家）	说
背坤	得	昂阿	吉孙
boigoji	de	angga	gisun
主家（东家）	在	口	话
二扎非	合合立	舍莫	及书勒非
aljafi	heheri	seme	gisurefi
许了	上牙碰下牙	说	说了话
佛	八	箔	父特非
fe	biya	be	fudefi
旧	月	把	送
一车	八	箔	阿里非
ice	biya	be	alifi
新	月	把	迎

三因	一能你	箔	孙作非
sain	inenggi	be	sonjofi
良辰	（吉）日	把	选择

恩杜里	箔	所里刻	按巴
enduri	be	solifi	amba
神	把	宴请	大

按木书	箔	阿拉非	刷因
amsun	be	alifi	suwayan
祭肉	把	纳享	黄

奴勒	特不非	乌拉尖	箔
nure	tebufi	ulgiyan	be
酒	盛入	猪	把

一其匣非	阿木书	箔	阿拉非
icihiyafi	amsun	be	alifi
收拾了	祭肉	把	纳享

阿木书	牙立	箔	夫勒非
amsun	yali	be	weilefi
祭肉	肉	把	制作

莫罗	得	特不非	恩杜里
moro	de	tebufi	enduri
碗	在	盛	神

得	精纳刻	阿不凯	朱舍
de	gingnefi	abka	juse
在	供献	天（阿布卡）	子（朱色）
阿不卡	其	瓦西非	恩杜里
abka	ci	wasifi	enduri
天	从	降下	神
箔	所里刻	辍哈	占爷
be	solifi	cooha	jaye
把	宴请	兵（超哈）	太爷（章爷）
恩杜里	箔	所里刻	芒阿
enduri	be	solifi	manni
神	把	宴请	瞒尼（芒额）
舍夫	恩杜立	箔	所里刻
sefu	enduri	be	solifi
师傅（色夫）	神	把	宴请
阁伦	背舍	恩杜里	箔
geren	beise	enduri	be
各位	贝子	神	把
所里刻	佐	所林	窝册库
solifi	juwe	soorin	weceku
宴请	双	位	神主（倭车库）

恩杜里	箔	所里刻	阁伦
enduri	be	solifi	geren
神	把	宴请	各位
恩杜里	箔	阿叉非	合饽
enduri	be	acafi	hebe
神	把	相会	商议
饽	白非	代民	古呢
be	baifi	damin	gūnin
把	乞求	雕	念（古您）
恩杜里	箔	所里刻	阿昏
enduri	be	solifi	ahūn
神	把	宴请	阿浑
年其	恩杜里	箔	所里刻
niyanci	enduri	be	solifi
年其	神	把	宴请
讷克淋	舍夫	恩杜里	箔
nekliyen	sefu	enduri	be
讷可连	色夫	神	把
所里刻	胡拉拉	背舍	恩杜立
solifi	hūlara	beise	enduri
宴请	读（呼啦啦）	贝子	神

箔	所里刻	那担	那拉昏
be	solihe	nadan	narhūn
把	宴请	七（那丹）	细（纳尔浑）
恩杜里	箔	所里刻	那拉昏
enduri	be	solihe	narhūn
神	把	宴请	纳尔浑
先其	恩杜里	箔	所里刻
hiyanci	enduri	be	solihe
先其	神	把	宴请
恩杜里	昂阿拉	托莫	我勒舍刻
enduri	anggala	tome	eršeki
神	人口	每	请保佑
恩杜里	克西	一撒非	阿哈西
enduri	kesi	isifi	ahasi
神	恩惠	及（施于）	奴才们
恒其舍莫	阿里刻		
hengkišeme	aliki		
频频叩头	请接受		

【译文】

第三篇 白天肉神用

众姓之中的关姓，
东家此时请神。
东家曾上牙碰下牙，亲口许愿，
举行祭祀。
今已是旧月已去，新月来。
择选了良辰吉日，
宴请神灵。
请纳享大祭肉，
盛上了黄米酒，
收拾好了神猪，
遵礼制作了大祭肉，
盛放在碗中①。
供献于神灵。
宴请由天而降的阿不卡朱色，
宴请超哈章爷神，
宴请芒阿色夫神，
宴请各位贝子神，
宴请双位卧车库神，
宴请各位相会合之神。
合族商议乞求：
宴请代民古您神，
宴请阿浑年其神，
宴请讷可连色夫神，
宴请呼拉拉贝子神，
宴请那丹纳尔浑神，
宴请纳尔浑先其神，
乞请神灵施恩，
保佑全族人员平安。
奴才们频频叩头，
乞请神灵纳享。

【注释】

①碗中：此处的“碗”是槽盆，因为要盛放敬神用的大祭肉（摆件猪），非碗所能盛下。

第四篇　闭灯神用

乌车	发	箔	翁苦非
uce	fa	be	ukulefi
房门	窗户	把	放下
胡蓝	商家	古克非	尊
hūlan	šanggiyan	gukufi	jun
烟筒	烟	灭了	灶
托	押哈	吉打非	娘妈
tuwa	yaha	gidafi	niyalma
火	炭火	压住	人
吉干	吉打非	代	芽哈
jilgan	gidafi	dengjan	yaha
声音	隐匿（停止）	灯	（炭）火
吉打非	哀心	撮苦	美分
gidafi	aisin	coko	meifen
压住了	金	鸡	脖
不可打非	因打魂	吉干	秘克非
bukdafi	indahūn	jilgan	micufi
屈（弯曲）	狗	声	爬下

一寒 ihan 牛	抹林 morin 马	我林 erin 此时	开 kai 啊
得一莫 deyeme 飞翔	嘎四哈 gasha 鸟	佛坤 fekun 跳	我林 erin 此
开 kai 啊	佛克西莫 feksime 跑	古里古 gurgu 兽	得克合 dekdehun 稍高的
我林 erin 此时	开 kai 啊	土门 tumen 万	五其哈 usiha 星
土其克 tucihe 出了	我林 erin 此时	开 kai 啊	明恩 minggan 千
五其哈 usiha 星	秘他哈 mitaha 翻上	我林 erin 此时	开 kai 啊
一蓝 ilan 三	五其哈 usiha 星	一蓝哈 lakiyaha 悬挂上	我林 erin 此时

开	那丹	五其哈	那拉哈
kai	nadan	usiha	naraha
啊	七	星	恋着
我林	开	我勒库	五喜哈
erin	kai	eriku	usiha
此时	啊	彗	星
二得合	我林	开	那丹
eldeke	erin	kai	nadan
光亮	此时	啊	七
那拉魂	香其	恩杜里	箔
narhūn	hiyanci	enduri	be
纳尔浑	先其	神	把
所里刻	阿魂	年其	恩杜里
solifi	ahūn	niyanci	enduri
宴请	阿魂	年其	神
博	所里刻	胡拉拉	背舍
be	soliki	hūlare	beise
把	宴请	读（呼啦啦）	贝子
恩杜里	箔	所里刻	讷克伦
enduri	be	solihe	nekliyen
神	把	宴请	讷可连

舍夫	恩杜里	博	所里刻
sefu	enduri	be	soliki
色夫	神	把	宴请
代米	姑娘	恩杜里	博
damin	gūnin	enduri	be
雕	念	神	把
所里刻	左	所林	卧车库
soliki	juwe	soorin	weceku
宴请	双	位	神主
恩杜里	箔	所里刻	合箔
enduri	be	soliki	hebe
神	把	宴请	商议
箔	阿查非	代民	嘎四哈
be	acafi	damin	gasha
把	相会	雕	鸟
恩杜里	箔	所里刻	哈书里
enduri	be	soliki	hasuri
神	把	宴请	众姓氏
哈拉	官家	哈拉	额林
hala	gulgiya	hala	erin
姓	关	姓	此时

得（某属）	阿哈	昂哈	舍莫
de	aha	angga	seme
在	奴才	口	说
二札非	合合里	舍莫	及书勒非
aljafi	heheri	seme	gisurefi
许下	上牙碰下牙	说	说了话
按木巴	阿书	阿里非	哈谈
amba	amsun	alifi	hatan
大	祭肉	纳享	烈
奴勒	多不非	发分	得
nure	dobofi	fahūn	de
酒	供献	肝胆	在
发里非	乌夫苦	得	乌里非
falifi	ufuhu	de	ulifi
连结	肺	在	串结
恩杜里	可喜	得	杀莫舍莫
enduri	kesi	de	šakseme
神	恩惠	在	高高的
瓦吉非	西伦度海	他其提	恩杜里
wasifi	siranduhai	tacihiyame	enduri
降下	连续不断的	指教	神

作里哈	吉孙	我者刻	押路哈
soliha	gisun	ejehe	yaruha
宴请	话	记住了	引导（训导）
吉孙	我者	特不刻	恩杜里
gisun	ejefi	tebuhe	enduri
话	记住了	盛装了	神
发分	打哈刻		
fafun	dahaki		
法	跟随		

【译文】

第四篇 闭灯神用

关闭了房门，

放下了窗帘。

压住了炉中火，

断了烟筒之烟。

熄灭了灯火，停止了说话声。

金鸡弯脖宿窝，犬爬卧不叫。

此时的牛羊啊！赶回了圈里。

此时的飞鸟呀！跳着回巢。

此时跑着的兽禽啊！跃进了窝。

当万星出现之时啊！

当千星翻上天幕之际啊！

三星悬挂之时啊！

七星眷恋在一起之际啊！

彗星闪闪发光之时啊！

宴请那丹纳尔浑神，

宴请阿浑年其神，

宴请呼啦啦贝子神，

宴请讷可连色夫神，

宴请代敏古您神，

宴请双位倭车库神，

合族聚会相商，
宴请代敏嘎四哈神。
众姓之中的关姓，
东家此时请神。
东家曾上牙碰下牙，亲口许愿，
举行祭祀。
遵礼制作了大祭肉，
供献了烈性酒，
连肺接肝胆①，制作了祭肉。
神灵施恩，从高高空中降下，
临神坛纳享供品。
我等牢记神灵所训导之话。
永世跟随神法，
神灵保佑太平。

【注释】

① 连肺接肝胆：将猪的内脏，如肺、肝胆、肠等，按活猪在胸腔的位置摆放好，放入猪腔中，此处是摆件猪的部分过程。

第五篇 闭灯佛箔秘用

那丹	那拉魂	香其	恩杜里
nadan	narhūn	hiyanci	enduri
七	细	先其	神
博	精讷提	阿魂	年其
be	gingneki	ahūn	hiyanci
把	请供献	阿浑	先其
恩杜里	博	精讷刻	胡拉拉
enduri	be	gingneki	hūlare
神	把	供献	读（呼啦啦）
斐舍	恩都里	箔	精讷刻
beise	enduri	be	gingneki
贝子	神	把	供献
讷克林	舍夫	恩都立	箔
nekliyen	sefu	enduri	be
讷克林	师傅	神	把
精讷刻	代民	姑娘	恩杜里
gingneki	damin	gūnin	enduri
供献	雕	想	神

箔	精讷刻	左	所林
be	gingneki	juwe	soorin
把	供献	双	位

卧车库	恩杜里	箔	精讷刻
weceku	enduri	be	gingneki
倭车库	神	把	供献

合箔	箔	阿查非	代民
hebe	be	acafi	damin
商议	把	相会	雕

嘎四哈	恩杜里	箔	精讷刻
gasha	enduri	be	gingneki
鸟	神	把	双手供献

什山[①]	箔	阿妈拉	一四合刻
šašan	be	amala	isahe
会集	把	后面	会合

【译文】

第五篇　闭灯神箔秘[①]用

双手举着供品，供献那丹纳尔浑先其神，

双手举着供品，供献阿浑先其神，

① 什山：不知何意，故此句未译。

双手举着供品，供献呼啦啦贝子神，
双手举着供品，供献纳克林色夫神
双手举着供品，供献代敏古您神，
双手举着供品，供献双位倭车库神，
合族聚会相商，
双手举着供品，供献代敏嘎四哈神，
诸神会集，
纳享供品。

【注释】

① 佛箔秘：即“佛尔不秘”，指萨满举行祭祀跳神时诵唱的一种诵神调，即祈祷之意。

第六篇 小桌上佛尔不秘

阿不凯	朱舍	阿不卡	奇
abkai	juse	abka	ci
天的	子	天	从
瓦西非	恩杜力	箔	京讷奇
wasifi	enduri	be	gingneki
降下	神	把	供献
撮哈占爷	恩杜力	箔	京讷奇
coohajaye	enduri	be	gingneki
超哈章爷	神	把	供献
忙阿	舍夫	恩杜力	箔
manni	sefu	enduri	be
瞒尼	师傅	神	把
京讷奇	各伦	贝舍	恩杜力
gingneki	geren	beise	enduri
供献	各位	贝子	神
箔	京讷奇	左	所林
be	gingneki	juwe	soorin
把	供献	双	位

沃车库	恩杜力	箔	京讷奇
weceku	enduri	be	gingneki
倭车库	神	把	供献

各伦	恩杜力	箔	京讷奇
geren	enduri	be	gingneki
各位	神	把	供献

代民	姑娘	恩杜力	箔
damin	gūnin	enduri	be
代敏	想	神	把

京讷奇	阿混	年奇	恩杜力
gingneki	ahūn	niyanci	enduri
供献	阿浑	先其	神

箔	京讷奇	讷克林	舍夫
be	gingneki	nekliyen	sefu
把	供献	讷可连	色夫

恩杜力	箔	京讷刻	呼拉拉
enduri	be	gingneki	hūlara
神	把	供献	呼啦啦

贝舍	恩杜力	箔	京讷奇
beise	enduri	be	gingneki
贝子	神	把	供献

那旦	那拉魂	恩杜力	箔
nadan	narhūn	enduri	be
七	纳尔浑	神	把
京讷奇	那拉魂	先其	恩杜里
gingneki	narhūn	niyanci	enduri
供献	纳尔浑	先其	神
箔	京讷奇	恩杜里	昂阿拉
be	gingneki	enduri	anggala
把	供献	神	人口
托莫	我拉舍奇	恩杜里	克西
tomo	eršeki	enduri	kesi
每	请保佑	神	恩惠
一杀非西	阿哈西	恒奇舍莫	阿里奇
isifi	ahasi	hengkišeme	aliki
及（施于）	奴才们	频频叩头	请纳享

【译文】

第六篇　小桌上佛尔不秘[1]

双手举着供品，供献由天而降的阿不卡朱色神，
双手举着供品，供献超哈章爷神，
双手举着供品，供献忙阿色夫神，

双手举着供品，供献各位贝子神，
双手举着供品，供献双位倭车库神，
双手举着供品，供献各位神，
双手举着供品，供献代敏古您神，
双手举着供品，供献阿浑先其神，
双手举着供品，供献讷可连色夫神，
双手举着供品，供献呼啦啦贝子神，
双手举着供品，供献那丹纳尔浑神，
双手举着供品，供献纳尔浑先其神，
统请神灵。
乞请神灵施恩，
保佑合族人员平安。
奴才们频频叩头，请纳享。

【注释】

① 佛尔不秘：同第五篇的“佛箔秘”。

第七篇 领生用

哈书里	哈拉	关家	哈拉
hasuri	hala	guwalgiya	hala
众姓氏	姓	关	姓
我林	得	阿哈	舍莫
erin	de	aha	seme
此时	在	奴才	说
贝坤	得	羌哈阿	吉孙
mukūn	de	angga	gisun
家族	在	口	话
而札非	合合立	舍莫	狄书勒非
aljafi	heheri	seme	gisurefi
许下	上牙碰下牙	说	说了话
佛	八	箔	夫得非
fe	biya	be	fudefi
旧	月	把	送
一车	八	箔	阿里非
ice	biya	be	alifi
新	月	把	迎

三因	一能你	箔	孙作非
sain	inenggi	be	sonjofi
良辰	（吉）日	把	选择
恩杜里	箔	精纳刻	按八
enduri	be	gingneki	amba
神	把	供献	大
阿木书	阿拉非	刷烟	奴勒
amsun	alifi	suwayan	nure
祭肉	纳享	黄	酒
特不非	五里间	箔	一气匣非
tebufi	ulgiyan	be	necihiyafi
盛入	猪	把	收拾了
阿哈西	恒刻舍莫	阿里刻	
ahasi	hengkišeme	aliki	
奴才们	频频叩头	纳享	

【译文】

第七篇　领牲用

众姓之中的关姓，
东家此时请神。
东家曾上牙碰下牙，亲口许愿，
举行祭祀。
今已是旧月已去新月来，
择选了良辰吉日，
供献神灵。
收拾好了神猪，
尊礼制作了大祭肉，
盛上了黄米酒，
供献神灵。
奴才们频频叩头祈祷，
乞请神灵纳享。

第八篇 念杆子用

恩吉	阿不卡	阿力莫	街奇
anju	abka	alime	gaiki
宴席	天	纳享	请取
灯	阿不卡	囤吉莫	街奇
den	abka	donjime	gaiki
高	天	听见	请取
哈书里	哈拉	关家	哈拉
hasuri	hala	guwalgiya	hala
众姓氏	姓	关	姓
我林	德（某属）	阿娘	阿哈
erin	de	aniyangga	aha
此时	在	属年	奴才
背坤	德	京文勒莫	阿佈卡
mukūn	de	gingguleme	abka
家族	在	恭敬	天
妈发	克西	德	三因
mafa	kesi	de	sain
妈法	恩惠	在	良辰

一能尼	箔	孙作非	箔撮
ingnggi	be	sonjofi	boco
（吉）日	把	选择了	颜色
五拉见	箔	怀他非	佛迈刊
ulgiyan	be	hūwaitafi	somo
猪	把	拴	索莫杆
乙里不奇	舍勒	莫辰	托活不非
ilibuki	sele	mucen	tohobufi
请立起	铁	锅	使备
舍勒	莫克	杀杀	箔勒
šeri	muke	šaša	bele
泉	水	令混	（黏）米
屯多莫	箔	乙力不奇	扎坤
tondo	be	ilibuki	jakūn
正直	把	使立	八
呼西	呼西勒非	明安	呼西
gūsa	hūsibufi	minggan	gūsa
旗	围之	千	旗
凡他莫	五云	不打	班及不莫
faidame	uyun	buda	banjibume
排列	九	饭	制作

沃云	牙力	班及不奇你	德勒吉
uyun	yali	banjibukini	dergi
九	肉	请制作	上边
阿不卡	恩杜里	妈发	箔
abka	enduri	mafa	be
天	神	玛法	把
足克特奇	我勒奇	阿玛西	唐五
jukteki	aliki	amasi	tanggū
祭祀	请纳享	往后	百
阿娘	他拉嘎	阿库	银朱
aniya	targa	akū	ninju
年	戒	没	六十
阿娘	尼莫库	阿库	阿不卡
aniya	nimeku	akū	abka
年	病	无	天
妈发	可西	德	杀克打托落
mafa	kesi	de	sakdandala
玛法	恩惠	在	至于老
班及奇尼	五吉马	五吉奇	花杀不莫
banjikini	ujime	ujiki	hūwašabume
请生活	养育	请养育	使成长

五车	秃奇奇	五林	八哈不莫
uce	tukiyeki	ulin	bahabume
房门	请捧着	财（谷物）	使得到了

杀出	箔勒	杀勒舍莫	沃布刻
sacu	bele	salaseme	obuki
荞麦	米	令散给	可为

【译文】

第八篇　念杆子[1]用

敬天宴席摆上了，
请纳享吧！
高天听着，
请纳享供品吧！

众姓氏之中的关姓，
东家此时请神。
东家何属相？
奴才恭请天妈法施恩佑护我族。
择选了良辰吉日，
抓来了家养肥壮神猪，
尊礼捆绑。
恭敬树立了正直的索莫杆子，
准备了铁锅，
取来了泉水。
用黏米，制作了敬神供品。
八旗围之，
千旗排列[2]。
制作了九碗供饭，
九件摆件神猪[3]。
祭祀高高的天神妈法，
请纳享吧！
从此以后，
百年无戒，六十年无疾。
天神妈法去施恩，
老者安康，
幼者成长太平。
奴才在房门前，
捧着五谷杂粮，
均撒向空中，
敬献神灵[4]。

【译文】

① 念杆子：指祭天。

② 八旗围之，千旗排列：此处指祭祀场地上的彩旗。

③ 九件摆件神猪：此处叫摆件猪，有八件、九件、十三件，等等，关姓是九件神猪。

④ 奴才在房门前，……敬献神灵：满语音转汉语为“五车……沃布刻”。满族有供献鸟雀之俗，此处就是敬雀鸟神。

十二属相

兴各立	singgeri	鼠
一寒	ihan	牛
他四哈	tasha	虎
古马魂	gūlmahūn	兔
木杜力	muduri	龙
糜赫	meihe	蛇
摩林	morin	马
霍你恩	honin	羊
波牛	bonio	猴
磋库	coko	鸡
因打魂	indahūn	狗
五里阁	ulgiyan	猪

第九篇 换锁用

佛力	佛多	沃莫西	妈妈
furi	fodo	omosi	mama
佛哩	柳枝	奥莫西	祖母
恩杜里	德	白楞我	佛力
enduri	de	bairengge	fodo
神	在	乞求的	柳枝
佛多魂	嘎吉非	五奇	罕奇
fodoho	gajifi	uce	hanci
柳树	取来	房门	近处
特佈非	西林	付他	牙路非
tebufi	siren	futa	yarufi
盛入	线	绳子	引导
他拉嘎	内亲	牙勒舍莫	凡他非
targa	neiki	yarseme	faidafi
令戒	请开	连续不断	摆列上
沃莫西	妈妈	库力凯	嘎不他
omosi	mama	kurku	gabtan
奥莫西	妈妈	背式骨	射

尼累	嘎拉	德	札发非
niru	gala	de	jafafi
箭	手	在	拿
西吉勒	伏他	西拉旦	德
sijire	futa	sirata	de
缝之	绳子	相连	在
怀他非	沃莫西	妈妈	克西
hūwaitafi	omosi	mama	kesi
系上	奥莫西	妈妈	恩惠
德	哈书里	哈拉	关家
de	hasuri	hala	guwalgiya
在	众姓氏	姓	关
哈拉	我林	德（某属）	阿娘
hala	erin	de	aniyangga
姓	此时	在	属年
阿哈	背坤	得	沃莫西
aha	mukūn	de	omosi
奴才	家族	在	奥莫西
妈妈	德	白楞我	昂阿
mama	de	bairengge	angga
妈妈	在	乞求	口

舍莫	尔扎非	合合力	舍莫
seme	aljafi	heheri	seme
说	许下	上牙碰下牙	说
吉书勒舍	倭莫西	妈妈	箔
gisurefi	omosi	mama	be
说了话	奥莫西	妈妈	把
所里奇	佛	八	箔
solifi	fe	biya	be
宴请	旧	月	把
付德非	乙车	八	箔
fudefi	ice	biya	be
送	新	月	把
阿里奇	窝莫西	妈妈	箔
alifi	omosi	mama	be
迎	奥莫西	妈妈	把
京讷奇	夜合	箔	扎发非
gingneki	yehe	be	jafafi
供献	夜合	把	拿
嘎破他	尼瑞	德	怀他非
gabtan	niru	de	hūwaitafi
射	箭	在	拴之

沃莫西	石箔非	合佛力	德
omosi	sibedefi	hafu	de
奥莫西	精细之	通	在
合佈立非	阿婆打哈	三因	德
hafufi	abdaha	sain	de
通达之	叶	好	在
乙婆舍奇	付勒合	三因	得
ibešeki	fulehe	sain	de
慢向前	根	好	在
付舍奇	五莫西	朱舍	付禄
fuseki	omosi	juse	fulu
请繁生	孙子们	儿子们	多
阿库	改	沃莫西	妈妈
akū	kai	omosi	mama
无	啊	奥莫西	妈妈
德	恒奇舍莫	白勒	德
de	hengkišeme	baire	de
在	频频叩头	乞求	在
朱舍	沃莫西	扎林	德
juse	omosi	jalin	de
孩子们	孙子们	为了	在

尼妈哈	阿妈书	多不非	五云
nimaha	amsun	dobofi	uyun
鱼	祭肉	供献了	九
所力	我分	凡他非	箔尔魂
sarseme	efen	faidafi	belhe
散落	饽饽	摆放	令预备
不打	心打非	托活力	厄分
bude	sindafi	toholiyo	efen
饭	放上了	圆饽饽	饽饽
凡他非	京文	三因	心打非
faidafi	ginggun	sain	sindafi
摆上	恭敬	好	放
沃莫西	妈妈	箔	京讷奇
omosi	mama	be	gingneki
奥莫西	妈妈	把	供献
阿因	先	箔	打不非
ayan	hiyan	be	dabufi
阿延	香	把	点燃了
各木	莫讷	牙禄非	厄勒奇
gemu	meni	yabufi	ereci
全	我们	行	从此

阿妈西	唐五	阿娘	他拉嘎
amasi	tangggū	aniya	targa
往后	百	年	戒
阿库	街	银朱	阿娘
akū	kai	ninju	aniya
没有	啊	六十	年
尼莫库	阿库	沃莫西	妈妈
nimeku	akū	omosi	mama
疾病	无	奥莫西	妈妈
克西	德	杀克打托洛	班及奇
kesi	de	sakdandala	banjiki
恩惠	在	至于老	请生活
恩杜力	妈妈	先托	箔
enduri	mama	hiyan	be
神	妈妈	香	把
爱力奇			
aliki			
纳享			

【译文】

第九篇 换锁用

乞求佛哩佛多奥莫西妈妈神，
从柳树上取来茂盛柳枝，
敬栽于庭院中房门近处，
系上子孙绳，
系上了他拉嘎，
以示祭祀之日。
子孙绳上系上了小弓箭、背式骨[1]，
乞请奥莫西妈妈施恩佑合族。

众姓之中的关姓，
东家此时请神。
东家曾上牙碰下牙，亲口许愿，
举行祭祀奥莫西妈妈。
今已是旧月已去新月来，
恭请奥莫西妈妈降临。
奥莫西妈妈神通广大，
枝叶无大，根植深固，
子孙无多。
乞请奥莫西妈妈降临神坛，
供献了鱼、祭肉，
供献了九摞饽饽，
供献了圆片饽饽和供饭，
点燃了阿延香，供献了香火。
我们虔诚供献，遵行祭规。

从此以后，
百年无戒，
六十年无疾。
奥莫西妈妈施恩，
老者生活安康。
乞请奥莫西妈妈纳享供品。

【注释】

① 背式骨：小孩儿玩具。

第三章　杨氏赵文本译注

吉林省永吉县土城子公社渔楼大队五队杨宗哲

满语神谱

朝一

夫其西夫子	fucihi fusa	佛、菩萨
委坐 花占爷	cooha janggin	白山总兵（白山主）
阿布喀朱啬	abka juse	天子
我真师傅	ejen sefu	主人师傅（主祭萨满）
五龙贝子	ulin beile	财物贝子
代名占部	daimin janggin	雕章京

晚二

业嗇恩都利	yase enduri	眼睛神
恩楚阿亚啦	encu ayara	鹰神
穆里穆哩哈	morin moringga	牧马神
那丹那呀嗜	nadan narhūn	七星神

那呀喈恩得利	narhūn enduri	香火神
哦主嗇吞	ejen foyo	亲戚神
嘎头卧云	katu foyo	乌拉草神
穆舒利恩得利	mušuri enduri	高丽夏布神
乌啦棍恩得利	urgun enduri	喜悦神

夜三

那拉哈昏[①]	nari haihūn	母熊神
那拉哈昏	nari haihūn	母熊神
乌真发波乌斯乐呵	ujen fa be ušengge	开窗神
哦林登离牙哈	erin den layaha	未译
穆臣舒克敦	mucen sukdun	锅中气神或灶神
穆喏布呵	monio buha	猴神
哦林舒坤舒坤	erin šukun	弓箭神
乌真发穆臣	无考	
舒克敦登离牙哈	sukdun den layaha	宇宙之气神

补充：文本诵词中所涉及的神灵

1. 分车库	weceku	西炕所祭祀家中之神为神主
2. 卧云吗吗	fodo mama	柳枝祖母（换锁篇）
3. 得以 啊布喀	den i abka	高天神
4. 恩杜里妈妈	enduri mama	祖母神
5. 芒阿舍夫恩都立	manin sefu enduri	瞒尼师傅神
6. 各伦具舍恩都立	geren beise enduri	各位贝子神

① 那拉哈昏：出现两次，不知何故。

第一篇　朝一

哈舒来	哈阿拉	哈拉	刁路
hasuri	hala	hala	diolu
众姓氏	姓氏	氏	赵
刁路	哈拉	额勒	恩得
diolu	hala	ere	ede
赵	姓	这（等）	上面（年）
特勒	阿民阿	哈哈	彪根
tere	aniya	haha	mukūn
那个	属年	男（东家）	家萨满
特勒	阿牙你	呵呵一	额勒
tere	aniya	heheri	ere
那	年	上牙碰下牙	这
恩得	阿阔	嗇莫	阿哈
ede	akū	seme	aha
于此	没有	说	奴仆
阿阔	哔科	嗇莫	孛擦
akū	bihe	seme	becen
没有	曾有	说	吵闹

阿阔	佛	巴	人
akū	fe	biya	i
没有	旧	月	的
孛罗利	夫特非	衣车	巴
bolori	fudefi	ice	biya
秋天	送去	新	月
人	孛	卧利非	哦林
i	be	alifi	erin
的	把	迎来	此时
阿吗孙	德	多布非	白林哦
amsun	de	dobofi	bairengge
阿木孙肉	在	供献	乞求
巴	人	孛罗利	噻摸
bayan	i	bolori	seme
丰富	的	秋天	因为
巴尔他布摸	白林哦	他拉哈	折库
bargiyatame	bairengge	tariha	jeku
收获	乞求	耕种	粮食
孛	达嘛	摩	嘎纪非以
be	taman	be	gajifi
把	公猪	把	取来

乌嘻呵	折库	波	乌啦布摩
ujihe	jeku	be	urebume
养育	粮食	把	使熟
嘎纪非以	额林	得	阿纳非以
gajifi	erin	de	anafi
取来	时候	在	推除（糠）
阿吗孙	簿	唯乐非以	舒恩
amsun	be	weilefi	šusu
祭祀肉	把	制作	供品
孛	他阿吗	额分	波
be	dagilame	efen	be
把	备办	饽饽	把
秃兀非以	摩勒	梭	孛拉法非以
teliyefi	mure	be	belhefi
蒸	米酒	把	准备
舒匹	刷音	波	卧利非以
šusu	šanyan	be	ulifi
供品	白色	把	接连（摆件）
得特立	德	额林	阿吗孙
deleri	de	erin	amsun
上边（神）	在	此时	祭肉

得	多布非以	发撒啦	特利
de	dobofi	fasala	deleri
在	供献	令分散	上边（神）
得	非爱他磨	多布非以	特伦
de	faidame	dobofi	dere
在	摆上	供献	桌
者路	多布非以	秃伦	者路
jalu	dobofi	durun	jalu
满	供献	模样（摆件猪）	满
秃热非以	哈吞	奴乐	孛
tuyafi	hatan	nure	be
弯	烈性	酒	把
寒其	多布非以	郭西昏	奴乐
hanci	dobofi	gosihon	nure
近处	供献	苦辣	酒
孛	郭路	多布非以	白亨额
be	goro	dobofi	bairengge
把	远（外）	供献	乞求
卧卧其	白他阿	卧卧其	梭林哦
wececi	baitangga	wececi	solingge
若祭祀	有事情的	若祭祀	宴请

卧卧其	乌拉根	德	卧其尼
wececi	urgun	de	okini
若祭祀	喜乐	在	望

【译文】

第一篇　朝一

众姓之中的杨姓赵姓，
在某年此时，家萨满跳神祭祀。
东家何属年？
那年此时，
曾上牙碰下牙，
亲口许愿，跳神祭祀。
无人说道，
无人吵闹①，
无奴仆②。

今已送走了旧秋月，
迎来了新秋月。
此时为富秋之时，
良辰之际。
取来家中养育的公猪。
制作了白色阿木孙肉，
弯曲摆件供献神猪。
取来新收的谷物，
除糠蒸熟，制作了敬神饽饽。
准备了米酒，
取来了烈性酒、苦辣酒。
分散供于屋内外各处，
满满的供桌上。
为事情而乞求，
为供献而乞求，
为宴请而乞求，
乞求喜乐平安。

【注释】

① 无人说道，无人吵闹：此处表明全族人员欣然同意。

② 无奴仆：此处表明东家，即主人家亲自操持祭祀，准备祭物等等，以示态度虔诚。

第二篇　晚二

哦林	一	乌肩恩	孛
erin	i	ulgiyan	be
此时	的	猪	把
而波莫	扎法非以	花	衣
ebibume	jafafi	hūwa	i
吃饱（养肥）	抓来	院中	的
乌儿肩	孛	怀他莫	扎法非以
ulgiyan	be	hūwaitame	jafafi
猪	把	拴	拿了
阿纪哥	哦	哦真	年乎腊斐
ajige	e	ejen	niyakūrafi
小	讶	主祭（萨满）	跪下
白林哦	额林	一	恩都力
bairengge	erin	i	enduri
乞求	此时	的	神灵
爱心	怀他哈	啊啊	得
aisin	hūwaitaha	haha	de
金	拴	东家	在

阿里哈	嗇摩	幪文	怀他哈
aliha	seme	menggun	hūwaitaha
承受	等情	银	拴
啊啊	得	穆里哈	嗇摩
haha	de	muriha	seme
壮士（东家）	在	拧	等情
富噜棍	达力	分车库	分车布西
fulukan	dali	weceku	wecebuki
略长（绳）	每（条）	神主	使请祭
哦林	达力	朱克沙	得
erin	dari	jukten	de
时候	每	神坛	在
朱克	多布非以	朱克	得
jukteme	dobofi	jukten	de
祭祀	供献	神坛	在
乌儿肩恩	孛	三日	活日
ulgiyan	be	sain	inenggi
猪	把	好	日子
多西布非以	富勒肩恩	波	活日哒他非以
dobofi	furgi	be	hūwaitabufi
供献	草把	把	使系

富喏勒	穆克得	富喏莫	该以非以
feniyelere	mukden	feniyeme	hujufi
成群（合族）	盛（兴旺）	群（合族）	伏地叩首
额思哈阿	孛	额西啡	富喜哈阿
ashangga	be	wasifi	fusekengge
有翅的（飘带）	把	降下（飘下）	生子孙渐多
孛	富嘻啡	堂乌	活日
be	fusefi	tanggū	sain
把	繁（生养）	百（年）	好
哒	他非	得西活日	得西非
de	tuwafi	debsifi	desifi
在	看护	拂（袖）	摔
卧荣梭力	孛	精其	先
wasiburengge	be	jingci	siša
降下	把	重重	腰铃
富师哈阿	得	特布非以	沙喜
fisihira	de	tebufi	wasi
摔	在	盛	令降临
孛	嗇乐	得	啊查布非以
be	sebjen	de	acabufi
把	喜乐	在	使合

朱噜	撒布喀	朱罗奇	非爱
juru	sabuki	julergi	fisin
双（香）	请看见	前面	密（多）
三日	活日	孛	额其
sain	inenggi	be	eci
好（良辰）	日子（吉日）	把	正是
哦乐	得	啊查啡	得忒力
ejehe	de	acafi	tetele
记住了	在	合适	至今（现在）
得	恩楚	先	人
de	ancu	hiyan	i
在	安春	香	的
孛	呀噜非	朱乐	肩
be	yarufi	juru	hiyan
把	引燃	朱录	香
哒布非以	精文勒莫	斐他非以	
dabufi	gingguleme	faidafi	
点燃了	恭敬	摆上	

【译文】

第二篇　晚二

此时此刻，
将院中养肥的神猪，
遵礼抓来。
主祭萨满跪地乞求神灵。
东家拧制了拴绳，
用金绳子拴住，
用银绳子拴住，
制作了草把，挂于门前。
将神猪供献每处神坛上，
供献于神主的祭坛前。

合族人员众多，繁生子孙渐荣兴旺。

今择选了良辰吉日举行祭祀，
合族伏地跪下叩首。
萨满佩戴整齐，
跳神摔着重重腰铃，
拂袖舞蹈。
供品盛于合适祭器中，
乞请神灵喜乐降临。
切记良辰吉日，
取来朱鲁香，点燃香火，
望神灵看护我子孙，
百年吉顺。
请神灵速速降临。
神坛前已插上密密香火，
安春香已引燃，
朱录香已供上。
恭请神灵降临，纳享供品。

第三篇　夜三

咯伦	嗇	哆布啰哦	额勒刻
ere	se	doborengge	ereki
这个（今）	岁（年）	供献	望（预计）
朱乐西	哦伦	一	哦真
julesi	ere	i	ejen
向前（神）	这里	的	主
波	一	彪昏其	乌夫呼
boo	i	mukūn	ufuhu
家	的	家族（家萨满）	肺
得	叽啦其	洼克昏	得
de	tuleki	fahūn	de
在	请套上	肝	在
发拉其	啊比阿	尼嘛库	波
faliki	aka	nimeku	be
请结上	令伤感	疾病	把
阿克春阿	嗇穆比墙	比阿克力刻	扎克心
akacungga	sembi	aksaki	jeksi
悲伤的	说（等情）	请躲开	令厌恶

噆穆比	阿比阿	呢嘛库	波
sembi	aka	nimeku	be
说	令伤感	疾病	把
阿当阿	卧布摩	比阿克利西	波
etehe	obume	aksafi	be
胜之	可为	躲开	啊
郭乐	卧布奇	呼吞	都喀
golo	obuki	hutu	duka
远	可为	鬼	大门
孛	央克西布奇	呼秃力	昂埃布摩
be	yaksibuki	hūturi	aisilabume
把	请关闭	福	使帮助（开）
班基布齐	巴哈	孛	撒非以
banjibuki	baha	be	safi
请使生	令得之	把	伸开
班基落坐昏	巴哈布齐	三人	特比阿
banjime	bahabuki	sain	teme
过日子	请使得	吉顺	居住
撒克达布齐	乌朱	富热呵	撒拉
sakdabufi	uju	funiyehe	šanyan
使之老了	头	（头）发	白

他拉	刷	未合	舒伦都勒
dara	suwayan	weihe	šuburšere
腰	黄	牙	爱惜
堂乌	阿尼牙	他拉	嘎库
tanggū	aniya	targa	akū
百	年	戒	没有
宁朱	阿尼阿	尼嘛库	阿啊库
ninju	aniya	nimeku	akū
六十	年	病	没有
般基布齐	呀路哈	莫林	孛
banjibuki	yaruha	morin	be
请使生	引导	马	把
发呀得	阿喳布	他拉哈	衣汗
fayafi	acabu	tariha	ihan
费（使用）	令合适	耕	牛
孛	他拉哈昏	卧布	哦勒
be	tarhūn	obu	ere
把	肥壮	可为	这里
乌肩	孛	哦勒	突勒
ulgiyan	be	ere	tule
猪	把	这里	外边

华西其	花	乌肩	花
hūwašafi	hūwa	ulgiyan	hūwa
养育了	庭院中	猪	院（圈中）
衣	遮路	花西其	洼拉吉
i	jalu	hūwašafi	wargi
的	满	养育了	西边（神主）
哈	发兰	衣	遮路
saha	falan	i	jalu
知（佑护）	房内	的	满
花西其	嗳哈拉	未可西	分车库
hūwašafi	aliyara	uksun	weceku
养育了	候之（乞望）	家族	神主
嗇	克西	嘚	般基哈
se	kesi	de	banjiha
等	恩	在	生育
嗇摩	朱克特合	恩都力	嗇
seme	juktehen	enduri	se
说（让）	寺（神坛）	神	等
呼突力	未初呵	嗇摩	哦勒刻
hūturi	ucaraha	seme	ergi
福	逢遇	说（让）	（这）边

阿吗西	富棍哒力	分车布西	哦林哒力
amasi	fuhali	wecebufi	erindari
往后	竟是这样	使祭了	时时

朱克得	布齐	分车库	卧西刻
jukten	buki	weceku	wasika
神坛	请给	神主	降临

啊嘛孙	德	阿里其	舒克肩恩
amsun	de	aliki	sukdun
祭肉	在	请纳享	（吉祥）气

波	撒拉其	梭力	薄
be	sarafi	soli	be
把	展开	令宴请	啊

多穆刻	额勒	薄	哦林
doroloki	ere	be	ere
行礼（祭）	这	把	这

啬其	彪昏	波	嘎嘛其
seci	boigoji	be	karmaki
若	家族	把	请保护

【译文】

第三篇　夜三

早已谋划今年供献敬神，
家萨满将肺、肝连结，
摆件供献。
躲开使人悲伤、令人厌恶的疾病，
躲开远矣，并胜之。
乞请神灵，
将鬼门堵塞，
放开生路，
令得福之道，传扬伸展远矣，
日子吉顺安乐。
老者发白，牙黄腰直身体健安。

乞请神灵佑护，
百年无戒，
六十年无疾。
圈中养猪繁生，
耕牛肥壮，
马匹强健。
乞望院内牛、羊满，
室内儿孙跑，
乞望我族逢福避灾。

时时祭祀，
望神主降临，纳享祭肉，
乞降吉祥之气，
恭敬祭祀敬神，
保护家口平安。

第四篇　祈祷平安（自拟）

原文记述

照抄原文本中的记述，一字不改——笔者

一、使猪时，先念年、月、日、时及当家的年命，后念晚辈的年命。

一、使猪时，先念神谱之二，第一次念至朱克煞得若不领，再念到煞[①]喜簿，再不领念至底止，若具此内而领，应照此内而告祭主，如不然再另设想叨念煞背灯亦然。

一、嗇夫——神匠　　梭拉哈——鼓

夫拉库——肉墩　　凂穆喀——筷子

摸拉——碗　　撒啦——碟

骚路哈拉——外姓　矇文他孛——火色如金（银——笔者）

三十哈——石头

一、使猪时所用之春秋二季，参此酌核用之 属相先念

阿尼亚	哈哈	一	额林
aniya	haha	i	erin
（属）年	男（主人）	的	此时
德	孛热	尼吗库法	巴哈非以
de	beye	nimefi	bahafi
在	身体	病了	得了
唵一	德勒吉	恩都力	嗇勒吗
ani	dergi	enduri	serebu
照常	上边	神灵	令使知晓

① 煞：字海网释，俗【煞】。《可洪音义》：“掷～：所八反。”正作【煞】。

德	热孛	卧活	三音
de	yebe	oho	sain
在	好些	了	好了
图勒棍德	王阿	吉孙	尔扎哈
turgunde	ungga	gisun	aliha
因为	长辈	话	采纳
哈哈	吉孙	哈衲非以	
haha	gisun	ganafi	
男（主人）	话	采取了	

【译文】

第四篇　祈祷平安（自拟）

男主人何属相，
此时身体有病了，
照例祈祷神灵，令使知晓。
长辈之话采纳了，
男主人之话采取了，
乞求神灵保佑好转。[①]

【注释】

① 此段神歌是乞求太平，或治病。

第五篇　换锁

捻三次香，换锁毕跪念一遍，挪出外边。

在柳枝底下念一次，将纸及饽饽等供上，均结束后，再行祷念式，叨念年、月、日、时及十二属相等，完毕再念一次，共念三遍。

哈舒哷	哈阿啦	哈拉	刁路
hasuri	hala	hala	diolu
众姓氏	姓氏	氏	赵
刁路	哈拉	额勒	恩德
diolu	hala	ere	ede
赵	姓	这	上面
忒勒	啊尼阿	哈哈	彪棍
tere	aniya	haha	mukūn
那个	属年	男（东家）	家萨满
忒勒	啊尼阿	哈呵一	额勒
tere	aniya	heheri	ere
那个	属年	上牙碰下牙	这（愿）
恩德	阿阔	噻莫	啊哈
ede	akū	seme	aha
于此	没有	说	奴仆

啊阔	哔克	嗇莫	薄擦
akū	bihe	seme	becen
没有	曾有	说	吵闹
啊阔	佛	巴	人
akū	fe	biya	i
没有	旧	月	是
波罗唎	卧云	吗吗	嗇勒
bolori	fodo	mama	sere
秋天	柳枝	祖母	说（传）
富忒	茅头	花山	啦啦布吔
futa	moton	hoošan	lalabuda
绳子	毛头	纸	蒸饭（水团子）
卧云吗吗	科日	德	梭力
fodomama	kesi	de	soli
柳枝祖母	恩惠	在	令请
孛	乌尖恩	波	嗇嘞
be	ulgiyan	be	sere
啊	猪	把	说（传）
忒勒	梭利	孛	恩都力
dere	soli	be	enduri
桌	令请	啊	神

妈妈	科日	德	唵吧哈
mama	kesi	de	ambula
祖母	恩惠	在	多多

布齐	恩都力	科日	得
buki	enduri	kesi	de
给	神	恩惠	在

【译文】

第五篇　换锁

众姓氏中的赵姓，
萨满何属相？
东家何属相？
曾上牙碰下牙亲口许愿，
举行祭祀敬神。
今于此时请神，
合族无人不同意，更无人吵闹，
没有用奴仆。

今已是送走旧秋月之时，
择良辰吉日，
拴上锁绳，挂上毛头纸条，
供上水团子，乞请佛多妈妈。

神猪供于桌子上，
乞请柳枝祖母施恩，
乞请神妈妈施恩，
保佑合族太平。

第六篇　祭祀天地

备饭二碗 肉二碗 盛头碗饭肉放在西边 拿等在屋内用

二碗饭肉，放在西边，在外头用杆子上用麻绳三条，须在未落太阳前，送骨头。

安吉	啊布喀	啊拉木	改以舒
anju	abka	alime	gaisu
宴席	天	纳享	来取
得	以	啊布喀	得呢木
den	i	abka	dengneme
高	的	天	抬之（双手举起）
该以舒	哈舒路	哈拉	刁路
daisu	hasuri	hala	diolu
取	众姓氏	姓	赵
哈拉			
hala			
姓			

（叨念年、月、日及主祭年龄、属相，若因子许者，先叙其父，后叙其子。为病者，是堂乌阿尼阿。为喜者，许者是乌云喜禄阿布喀。为出花许的是吔啦阿库。再接念穆丹。第二篇由此起。）

忒勒	哈啦	忒勒	啊尼阿
tere	hala	tere	aniyangga
那	姓	某	属年
哈呵一	额勒	恩	忒勒
heheri	ere	ede	tere
上牙碰下牙	这（愿）	于此	某
啊尼阿	哈哈	彪棍	以林
aniyangga	haha	boigoji	ili
属年	男（东家）	家族萨满	站立
卧其	以其嗐莫	比阿哈	卧其
oci	icihiyame	bihe	oci
可为	办理（祭祀）	曾有	可
孛昏	嗇莫	孛	洪昆
mukūn	seme	boo	mukūn
家族	说	家	族
孛	洪昆	吉啡	巴人吧得
be	uku	jifi	babade
啊	令围聚	来了	各处（神）
吞其莫	孛	吞其哑莫	该以非以
donjime	be	donjime	gaifi
听之	啊	听之	取了

乌赫林	三十哈	脱哈非	五合讷
uheri	sehei	tukiyefi	uheri
全	说了	抬之	全部

啊查非以	朦文	他	孛（火色如金）
acafi	menggu	tuwa	be
合适（传统）	银色	火	啊

穆克	多布非以	而心他勒（第一遍至此）
jukten	dobofi	wasibure
神坛	供献	降下

而	德	布非以（供三遍止）
elhe	de	bufi
太平	在	给

【译文】

第六篇　祭祀天地

摆设了祭天宴席，双手举起，

乞请高高的天神纳享。

众姓之中的赵姓，

东家何属相？

家萨满何属相？

曾上牙碰下牙，亲口许愿，

举办祭祀敬神。

全族人员今已围聚在一起，

站立于神坛前。

乞请各处神听之，

传统供品，银色供品[①]已全部[②]抬出啊！

供献于神坛前。

乞请天神降下纳享，

乞请保佑太平。

【注释】

① 传统供品，银色供品：此处指用猪敬神的供品。

② 全部：此处指整猪献牲。

第七篇 满语杂语（自拟）

十二属相 即地支

新额勒阿尼阿	singgeri aniya	属鼠，子
衣汉阿尼阿	ihan aniya	属牛，丑
他思哈	tasha	虎，寅
古拉吗珲	gūlmahūn	兔，卯
穆都鲁	muduri	龙，辰
梅合	meihe	蛇，巳
莫林	morin	马，午
霍尼	honin	羊，未
波牛	bonio	猴，申
委坐 库	coko	鸡，酉
因达昏	indahūn	狗，戌
乌勒尖	ulgiyan	猪，亥

十二个月

衣车必牙	ice biya	正月
左必呀	juwe biya	二月
衣车衣兰	ice ilan	三月
墩云	duin	四月
孙扎	sunja	五月
宁文	ninggun	六月
那丹	nadan	七月

扎坤 必牙	jakūn biya	八月
乌云	uyun	九月
专 必牙	juwan biya	十月
专 额穆	juwan emu biya	十一月
专 左必牙	juwan juwe biya	十二月

三十日

衣车	ice	初一
左	juwe	初二
依兰	ilan	初三
敦云	duin	初四
孙扎	sunja	初五
宁文	ninggun	初六
那丹	nadan	初七
扎坤	jakūn	初八
乌云	uyun	初九
专	juwan	初十
专 衣车	juwan ice	十一
专 左	juwan juwe	十二
专 依兰	juwan ilan	十三
专 敦云	juwan duin	十四
奎佛浑	tofohon	十五日
专 宁文	juwan ninggun	十六
专 那丹	juwan nadan	十七
专 扎坤	juwan jakūn	十八
专 乌云	juwan uyun	十九

卧林	orin	二十
卧林 额穆	orin emu	二十一
卧林 左	orin juwe	二十二
卧林 依兰	orin ilan	二十三
卧林 敦云	orin duin	二十四
卧林 孙扎	orin sunja	二十五
卧林 宁文	orin ninggun	二十六
卧林 那丹	orin nadan	二十七
卧林 扎坤	orin jakūn	二十八
卧林 乌云	orin uyun	二十九
孤心	gūsin	三十

宁尼热哩
niyengniyeri
春

额林	簿	乌西	妈哈
erin	be	usin	mayaha
时	把	田地	消除（化冻）

妈克他哈	嗡卧利洛	哈哈	朱嗜
mataha	onggolo	haha	juse
撒	在…之前	男人	孩子们

吉七勒	嗡卧洛	卧以	簿
jibure	omolo	oi	be
使来	孙子	吆喝	啊

唊以非以	得衣	遂以	巴
gaifi	dehi	suihe	be
取（抱）	四十	穗（谷子）	把

德勒哩	啵非以	德伦	得
deleri	gaifi	dere	de
上边	取	桌子	在

多布非以
dobofi
供献

【译文】

春天：
田地化冻之时，是撒种播种之际。
男人孩子们，抱着孙子，
合族人会聚在一起，
取来四十穗谷子，做成供糕，
供献于供桌上，敬献神灵。

那丹	必牙
nadan	biya
七	月

额林	德	舒连	卧穆子
erin	de	suwaliya	oromu
此时	在	搀合	奶皮子

惟勒非以	嗖伦	德	哆布非以
weilefi	soorin	de	dobofi
制作	神位	在	供献

德伦	得	哆布非以
dere	de	dobofi
桌子	在	供献

【译文】

七月：

此时，制作了奶皮子①，

供献在桌子上，

供献神位。

【注释】

①奶皮子：文本中为“卧穆子”，译为奶皮子，实无把握，有待进一步考释。

巴彦	一	孛洛哩
baya	i	bolori
富	的	秋

呔陵阿	竹库	箔	他哩吗哈
taringga	jeku	be	talmahan
耕种的	粮	把	秋末的霜

额林	德	惟凌额	竹库
erin	de	weilengge	jeku
此时	在	做的（耕种）	粮
孛	毕哩嘛哈	额林	德
be	bargiyaha	erin	de
把	收获	此时	在
额林	一	遂以	孛
erin	i	suihe	be
此时	的	穗（供神）	把
卧以	簿	该非以	德
oho	be	gaifi	den
了	把	取	高
一	遂一	簿	德勒
i	sinda	be	dele
的	令放	啊	上边
非以	啟非以	得伦	德
ci	gaifi	dere	de
从	取	桌子上	在
哆布非以			
dobofi			
供献			

【译文】

秋天：

早已耕种的粮食，

在秋天结霜之时，

是收获粮食之际。

此时将供神所用神谷，

放于高处。

待祭祀之时取出，制作供品，

供于神桌上，敬献神灵。

第四章　杨关赵三姓民间文本神谱

满族民间萨满文本，目前搜集到近百本，观其内容，所反映历史、社会生活及人类观念意识，都大不相同。对于杨关赵三姓文本所呈现的神灵，不按其满族萨满文化中的家神、大神、瞒尼神等内容分类，只按杨关赵三姓萨满文本中出现的所有神灵排列，有的就按其文本排列，如赵姓即是如此。

（一）杨姓萨满文本神谱

《芳裕堂记》和“杨宪本”原为一家族，只是抄本不同而已，所以这两种文本合二为一，其神谱如下。

瞒尼、师傅、祖先及动物神灵：

1. 木兰德特笔恩都立卧车库：居住木兰之地的神灵，神主。参见“杨宪本”第一篇。

2. 阿不卡其瓦其卡按八爱心扶七西：从天而降的三大金佛神。参见第六篇。从此篇起，到第 44 位神“属鼠仁义的祝祷扎哩（即助手）师傅”止，都是在第六篇“排神”中出现的。

3. 阿不卡其瓦其卡爱心按八瞒尼：从天而降的，手执金色双铜镜的按巴瞒尼神。

4. 书不路松坤：舒穆鲁海东青。

5. 西嫩兴根安出利木立干：手执流星锤的安楚河莫尔根。

6. 木立木立干：牧养马群莫尔根。

7. 朱垒哭兰：古代兵营神。

8. 朱垒生恶：古代先知先觉神。

9. 朱垒涉夫：古代师傅。

10. 押亲哭伦娘克处很：山洞舅母神。

11. 达其瞎莫多西哈打啦哈呆民：展翅而入的首雕神。

12. 阿押莫瓦西哈安出勒交浑：飞于架上的安楚河鹰神。

13. 押不勒爱心呆民：行走金雕神。

14. 戉勒干托你戉勒佛也：树枝上圆满天鹅佛爷。

15. 书不可托你舒克得立佛爷：托你书可克得立佛爷。

16. 打特何乌尖西瞒也：原始居住地乌尔尖瞒尼。

17. 翁古妈法：曾祖先神。

18. 乌云祝瞒也：九十岁的瞒尼。

19. 那泊都鸡勒那丹朱瞒也：主管家族土地财产的七十岁瞒尼。

20. 不可他瞒也：驼背瞒尼。

21. 翁古妈法乌奴何勒也瞒尼：曾祖乌奴何哑巴瞒尼。

22. 多活落瞒尼：瘸腿瞒尼。

23. 扎坤朱贝根得载立哈涉夫：善诵唱的八十岁师傅。

24. 乌云朱贝根得卧车何涉夫：家族善祭祀的九十岁师傅。

25. 寒其哈妈法嗽利哈涉夫：令速办祭宴的祖先师傅。

26. 恩得克妈法故亚哈涉夫：善吟唱的祖先师傅。

27. 登阿妈法我非合涉夫：善耍秧鸡（山鸡）的祖先师傅。

28. 活宁阿宁翁古玛法朱谷登：属羊的管神坛曾祖神。

29. 波宁阿宁阿妈法也涉夫：属猴的祖先师傅。

30. 牛何阿宁阿妈妈衣恩都利：属蛇的祖母神。

31. 乌勒尖阿宁阿妈法衣涉夫：属猪的祖先神师傅。

32. 波牛也阿宁阿妈妈爷也宁克：属猴的靠得住的祖母神。

33. 古鲁妈浑阿宁阿妈妈爷恩都利：属兔的祖母神。

34. 话宁也阿宁阿玛法也涉夫：属羊的祖先神师傅。

35. 心恶立阿宁阿故押哈涉夫：属鼠的善吟唱师傅。

36. 波牛也阿宁阿妈妈卧车何卧车：属猴的善祭祀的祖母神。

37. 心恶立阿宁阿墨你恶真也涉夫：属鼠的我们主人师傅的师傅。

38. 莫利也阿宁阿米你恶真也涉夫：属马的我们主人的师傅。

39. 乌勒尖阿宁阿米你恶真也涉夫：属猪的我们主人的师傅。

40. 木都利阿宁阿莫尔根也涉夫：属龙的神射手莫尔根师傅。

41. 古鲁妈浑阿宁阿洒东竟米你恶真也涉夫：属兔的贤者，我们族长师傅。

42. 波牛阿宁阿吞多一米你恶真也涉夫：属猴的公正，我们主人的师傅。

43. 莫利阿宁阿郭心义米你恶真也涉夫：属马的我族仁爱师傅。

44. 心恶立阿宁阿朱勒干载立哈涉夫：属鼠仁义的祝祷师傅。

45. 尊一恶真：灶人，即灶神。（第七篇）

46. 书不何托你书可得立佛也：圆满功能的书可得立佛爷。（第六篇）

47. 阿不卡其瓦西哈按八先出：从天而降的大香火神。

48. 那泊书可得勒那拉浑先出：地上升起的书可得立细香火，即吉祥风水神。（第八篇）

49. 按八瞒关：大瞒尼神。（第九篇）

50. 玛克鸡瞒尼：舞蹈神。（第十三篇）
51. 汉钱妈法涉夫：汉钱玛法师傅。（第十八篇）
52. 乌云得扎不占：九庹蟒神。（第二十四篇）
53. 扎不占也恩都立：蟒神。（第二十五篇）
54. 吉哈那押勒阿笔朱：金钱豹及豹羔神。（第二十六篇）
55. 矮得干肥朱：野猪及猪羔神。（第二十七篇）
56. 他四哈恩都立：虎神。（第二十八篇）
57. 说勒库妈妈：顶针祖母。（第二十九篇）
58. 妈妈恩都立：祖母神。（第三十篇）
59. 堂色恶真：堂子神主。（第三十三篇）
60. 商尖妈法：商尖祖先神，即云雾神。（第三十三篇）
61. 恩都立卧车库：神灵及神主。（第三十三篇）
62. 奥莫西妈妈：子孙祖母。（第三十四篇）
63. 色四库妈妈：索利条祖母。（第三十四篇）
64. 附多活妈妈：柳枝祖母。（第三十四篇）
65. 阿八阿不卡：大天。（第三十五篇）
66. 登阿不卡：高天。（第三十五篇）
67. 阿不卡韩：天汗。（第三十五篇）
68. 杀克窝出库：密林深处神主。（《芳裕堂记》第十一篇）
69. 那大他拉：原始古道荒郊野外神。（《芳裕堂记》第十七篇）

星神

1. 那旦乌西哈：七星。
2. 哈打塞义乌西哈：北辰星。
3. 都林泊：司中星。
4. 佛勒马浑：房日兔星。

5. 巴彦打书兰乌西哈：月孛星。

6. 登义山彦乌西哈：太白星。

7. 三尖乌西哈：三尖星。

8. 卧林扎坤团古敦：二十八宿星。

9. 鸡马达：角木蛟星。

10. 卡木图立：亢金龙星。

11. 吉必：计都星。

12. 何：此星丢音节太多，应为“何色笨巴阿里哈乌西哈”。司命星。

13. 木浑：土星。

14. 法拉：此星应为“丰申博阿里哈乌西哈”，司禄星。

15. 新都必：心月狐星。

16. 威萨哈：尾火虎星。

17. 鸡拉哈：箕水豹星。

18. 得木图：斗木獬星。

19. 牛哈：牛金牛星。

20. 你勒何：女土蝠星。

21. 恒吉立：虚日鼠星。

22. 威滨：危月燕星。

23. 射尖：室火猪星。

24. 八七他：壁水貐星。

25. 魁你何：奎木狼星。

26. 落打浑：娄金狗星。

27. 佛胡莫：胃土雉星。

28. 莫库：昴日鸡星。

29. 冰西哈：毕月乌星。

30. 射不牛：觜火猴星。

31. 射波牛：参水猿星。
32. 京西秃：井木犴星。
33. 魁你：鬼金羊星。
34. 拉哈：柳土獐星。
35. 西莫利：星日马星。
36. 我泊乎：张月鹿星。
37. 衣莫何：翼火蛇星。
38. 真登：轸水蚓星。
39. 衣莫哈：伐星。
40. 爱他哈意申测何：天豕星。
41. 而得客新拉占乌西哈：华盖星。
42. 哭瓦兰非烟旦乌西哈：勾陈星。
43. 哈押寒梅何乌西哈：腾蛇神。
44. 娘门乌西哈：人星。
45. 衣戈立乌西哈：牵牛星。
46. 作讬勒浑乌西哈：织女星。
47. 松阔勒图乌西哈：河鼓星。
48. 尼妈哈乌西哈：鱼星。
49. 衣胡莫乌西哈：龟星。
50. 我也也乌西哈：流星。
51. 我勒库乌西哈：彗星。
52. 姑你拉库乌西哈：姑你拉库星。
53. 胡拉拉库乌西哈：胡拉拉库星。

（二） 关裕峰家族神谱

1. 恩杜里：神灵。（第一篇）

2. 汤色以台立恩杜里：堂子泰立神。（第一篇）

3. 朱舍背勒恩杜里：各位贝勒神。（第一篇）

4. 阿不开朱色：天子。

5. 倭车库恩杜里：神主。（第二篇）

6. 撮哈占爷恩杜里：兵占爷神或白山总兵神。

7. 芒阿舍夫恩杜里：英雄师傅神。（第二篇）

8. 各位背舍恩杜里：各位贝子神。（第二篇）

9. 左所林屋车库恩杜里：双位倭车库神，或夫妻神。（第二篇）

10. 代民姑你恩杜里：会思考的雕神。（第二篇）

11. 阿浑年其恩杜里：阿魂年祈神，或细粉安春香神。（第二篇）

12. 讷克伦舍夫恩杜里：薄耳师傅神，即顺风耳神。（第二篇）

13. 胡拉拉背舍恩杜里：呼叫贝子神，或诵读贝子神。（第二篇）

14. 那丹那拉魂恩杜里：七星神。（第二篇）

15. 那拉魂年其恩杜里：香火神，先其香神。（第二篇）

16. 纳可伦舍夫：纳可连师傅神。

17. 阿不卡玛法：天神妈法。（第八篇）

18. 德勒吉阿不卡：高天。（第八篇）

19. 沃力沃多沃莫西妈妈：柳枝子孙祖母。（第九篇）

20. 恩杜里妈妈：祖母神。（第九篇）

（三） 杨氏赵神谱

朝一

1. 扶其西夫子：佛、菩萨。
2. 委坐花占爷：兵老爷，一般指“白山总兵”或“白山主”。
3. 阿布喀朱嗇：天子，即天神。
4. 我真师傅：主人师傅，或是主祭萨满。
5. 五龙贝子：财物贝子。
6. 代名占部：雕章京，即雕神。

晚二

7. 业嘻恩都利：眼睛神或是千里眼神。
8. 恩楚阿亚啦：异样鹰神。
9. 穆里穆哩哈：牧马神。
10. 那丹那呀唔：七星神。
11. 那呀唔恩都利：香火神，即粉末香火。
12. 哦主嗇吞：亲戚神。
13. 嘎头卧云：乌拉草神。
14. 穆舒利恩得利：高丽夏布神。
15. 乌啦棍恩得利：喜悦神。
16. 分车库：神主。

夜三

17. 那拉哈昏：母熊神。
18. 乌真发波乌斯乐呵：开窗神。

19. 哦林登离呀哈[①]：无考。

20. 穆臣舒克敦：锅中气神或是灶神。

21. 穆喏布呵：猴神。

22. 哦林舒坤舒坤：弓箭神。

23. 乌真发穆臣[②]：无考。

24. 得以啊布喀：高天神。

25. 卧云吗吗：柳枝祖母。

26. 恩杜里妈妈：祖母神。（换锁篇）

① 未译。

② 无译。

第五章　附　录

杨关赵三姓民间文本原件

祭祀神灵书

（杨宪书写）

殺克打沙莫、渾春託克託不莫、卧立何、

愚都立、卧車庳得、卧車勒、團義也華吵特哈、

阿枉哈分、得波婆庳丸土莫、

丸土其膳莫、釒也可釒己不哈、

哈勒很阿勒哈娘們揚憲

木滚德、特肇思都三、卧出库泊娑五勤、烏因肇也撒、
頭又刊 你鳴人哈得、特勤阿孛阿、哈哈依恶林、特勤阿孛阿
何意寒根得、思都五、然頓勤涉肇、而何太平卧不肇、寒
滚娘们泊頓勤涉、波滚山因卧不肇、巴烟波罗五、卧可
多木託朏莫、卧因遜何泊卧、罗五衍肇、得西遜河泥、得
勤五書法肇、法渾得、法五肇、烏夫呼得烏五摩肇、娘
們得、特不肇折庫泊搭鳴肇贼勤何折庫泊卧心不
肇、

祭掌也嫩肉神

二足利 阿拉泡阿纳肇、阿炯放本于、為勒肇、書蔺泊遂、

㭴肇、若可得立教本于、非打肇、爱心肇拉得、阿

又不莫塒不哈、蒙文肇拉得、本路各涉熬哈肇、占璐

奴勤泊、剛卡得、多不肇、哈歃阿其泊、爽其多波肇、

吞嘗铫羽朱勤立、西西肇、毕其甩泊、押罗莫打不肇、

衣拉其乜疋撇

嫣法利。阿兴拉泊。哦鸢疋。阿林阿。打利陛沙、哈肈。

哈尊泊哎鸢哈打意阿打利乜疋打疋、嫣法利、米可

登泊、天勒利、米可登不必、窝乜潭得窝卑不必

嗽利哈、恳都利泊、嗽利得、推不辇、胡可脍何、木

花登泊、温得窝心、不本必阿本、补泊阿立拨、书花

敦泊、陛里拨、

敦音活啾泊。打其瞎莫、衣苎活啾泊衣其瞎莫、

結水朗閙泊、洪哄不必。烏暱胡閙泊、烏亮陞、

拒木必、阿埠跑。多亮补泡步音懸何陦、懸何

凌鳥、你莫庠泊、閙門得、閙真不擬、朗安時米

拒拒不擬

添扎其也肇嫩

阿伻㕭哈、兰必真币打阿、卧不莫、别舒蝎色泡鄙

勤刭、不莫、左託勤朗閙萘家泡起也莫、巫不、

勤、胡喇、噫捉泊吽特葦、吃鳥涉勤吃四哈、阿
庫不何涉勤泊克敦阿庫、衣托各涉衣其
西阿庫、波勤各涉波、勤親阿庫、胡倜利都
卡泊、亞克西葦、新德西倜胡倜衣、昂阿泊、嫩葦心
打八倜賒、都卡泊、押克西葦、新衬、嫩吉不離
味滚泊、八哈不撈、
孚温其也葦嫩
而得克孙阿武米勤阿林倜、其克孙倜何克愚

林閣阿衣立根託木筆、烏勤拔吉詩根門奚、

烏朱泊、不克書筆、佛克西勤、吉魯古魯、佛根

泊、滾勤筆閣阿烏西阿、塌西筆明拔烏西阿

米他筆、那旦烏西哈、闊立筆、衣旦烏西阿、吉

戌恩林得、而得喀、烏西哈得恩都立步泊嗷刺

哈兵、

木都利、阿導阿、得不、沭恩真、我閣哭、阿不、穆

泊、胡克勤筆、得勤押涉泊、剛、不筆、昂阿

泊、新戍肇、胡魏胡赊阿泊、泊也得胡西史
西林西散泊西哈拉得、西郎涉拉肇、乌仍你你
木魏木何乱泊、扎法肇、猴溴夜、鸡米泊戍
拉得、猴戍肇、特摩得、特肇、八克其拉莫白
仍恶木兰得特肇衣四胡仍莫、嗽罢仍恶
特咙阿亭阿、得不林夜恶真、西得塔乌西
哈得、闇林都立涉泊赊林必、
阿不卡其、瓦其卡衣兰拔八爱心扶也西、斋

都利、

阿不卡其瓦、其卡、投八瞒矣、

爱心爱心、

西嫩共猱、（張）

朱墨哭兰、

朱墨涉夫、

達其猴莫、多西哈、打捉哈呆民、

阿押莫、瓦西哈、安出勤豕浑

書不路松坤

投出利木立干（木立木立七）

朱墨生瘂

押龍哭論、眼攜克士根（娘克虚根）

活泊泊活讬勒摟、喇夫泊飛夫鄂摟、木車何宏

詅得、各咯華、法音放本泊、佛勒郭嗽吴巒鸞（哦）

勒惡（阿吉阿）真得、阿打莫、那不勒、愛心尕泯

哦勒干、託你哦勒佛也、書不何、託你書可得

三佛也昧五林打俗何烏哭西爾也

錫古螞法、嗷五哈、烏云礼爾也、

那泊都茁勒、那旦客爾也、

隨分活落澤得、活五哈不可他爾也

翁古媽法、鳥奴何勒也螨也、

润庴泊、卧剥莫、登泊打不莫、多嗷郎多西

哈、多活落螨也、

扎坤末、戛根得、栽立哈涉夫、

鳥云朱、旦根得、卧車何涉夫、

寒其哈、媽法嗷剥哈涉夫、

思免媽法、敢並哈涉夫、

卌登何媽法赖作何涉夫、

法宁阿宁、翁[illegible]法、木克登、
波宁阿宁阿、馮法爺、涉夫、
咔何阿宁阿、嗎嗎衣、昆都利、
烏勒夫阿宁阿嗎法衣濮（涉）夫、
波片也阿宁阿、嗎嗎爺也宁克
古魯嗎渾、阿宁阿、嗎嗎爺昆都利、
活宁也、阿宁阿、嗎法也、涉夫、
心悪主、阿宁阿古、押哈涉夫、

波中也、阿寧阿、嫣媽卧車何卧匿、
心惡三、阿寧阿、墨你惡真也、涉夫涉夫
莫利也、阿寧阿、米你惡真也、涉夫、
鳥勤尖、阿寧阿、米你惡真也、涉夫、
木都利、阿寧阿、莫勤根也涉夫、
古魯嫣彈阿寧阿洒撥意惡米你惡真也涉夫
我林娘莫、两射樓惡根娘莫、欲鳥樓
波中阿寧阿谷多一米你惡擯也涉夫
莫利阿寧阿郭八美惡惡真也涉夫
樓八其扶、七渾阿娘根七图卧渾閑木我三涉華、
心惡立阿寧阿朱勒千儀我三一哈涉夫
他拉哎阿庫
湯鳥阿寧阿、湯成與

哈朱阿亞你、你媽摩、阿摩、阿哄何、八得各背圖肯

圖不莫、亞不哈、八得、拇勒夹也圖不莫、圖立哈、

哈泊圖溪立、圖不莫、得西哈哈泊得勒立、圖

不莫、圖何亮、泊、圖乔摟、阿法胳泊、阿里摟、

思都立、涉悉勒赊肇、圖卓莫涉扣里肇、拃（哈合太平斛不尼）

路哈、莫林泊举衷阿、三音圖不莫、他哄拉

哈、衣轮泊太平、三音悉勒射肇、亮音招路亮、

沙不莫、温竟根勒、福初賒不莫、躍音招賒、烏犁

不莫他莫者莫、他澤卧不莫、我敦者莫、我
滨不莫、阿哭意特、色得、愛心愛文特本嘭、溢
閙澤特色得、烏休耶旦、沱特不嘭、阿咯沱、他哭
拉莫、阿亮打沱、押跤莫、卧莫卧心不木韋、八
亮他拉庫八嘈卧不莫、我他拉庫、阿尖金卧不莫、
卧卑庫、得、卧卑其、烏勤滚涉不莫、卧禦
樓、

○阿鸴歌得沱嗷、恶莫耶旦烏其咯、佛鸟勤、

阔英车、那胡涉八龄赤必登鸡干意分夜笔
得勤巳、思都利、贻泌赞赤必、拨八鸡干泌阿
仮亙笔、搂八涉思都主、浪赊赤必、焉谈豆、朱可
登泌、阿鸡歌、得不瞰、恶真押涉泌、押涉拉
不、足焉、法末、登泌、鸟朱得、翁哭莫、咔赤腾
咔何、勤莫、木拉得札、鸡莫、作涉得、鸟奴莫、
押打拉表、根喂门得、押路莫、作不勤、我赤
得、作立莫、多西笔、郭民法兰、得玄登木巡、

本何本、法兰得、本斧莫、岁我本泡也於、恶

財樓、打泡也泡、打里樓、閉何勤泡、閉乔樓、

阿淥拉泡阿里樓、

尊一 恶莫得 白勤学来

你嘿又哈拉得、特吹阿學阿、哈肴恶非得、特吹

阿學阿、何肴處從得、八音七淑罗利、、國吝

多本託魏莫、淑何教本淑何肇、何肴教本初

咸勤肇、宋瞥魏莫、宋勤立、西西肇、國西

悍國巨泡、宋勤西宋、登必尊一恶莫宋

勤伍阿朱恶、窝四手意恶真、窝鸡（勤）鹤干岜恶、

二疋利

阿鸡歌得不嫩、恶真乌买白仍（白恩）阿乞卡乌拉

按、吉論乌西拉庫乌胥他、徽哈建吉論、敍拉

庫、乌胥庇（也）扶西手、落兰得、木巨波哈西勤

得、恶何南阁泽木克泊、卧西泽、拉西拉腓

得、衣星鸣何、思都隆、衣义庫、託哈、我齋

鸡何、思郝利、泼命何阿庫託哈思得不庫

八、思出戌马撈、义兰不哈八、义四泽乞岜星撈、恶

何难土渾、扎卡必其喇悶、得、土七不摟、明按
得、明拒拒不摟、
一兰疋利
而得克潺懸米勤克、我淋喇其克潺喇何可
我林、阿鸟歌、得不嫩懸真（我）魏喇哭阿、都泌洪
濡勤疋、得勤押涉泊、阅不、疋昂、阿泊、新加疋、
胡靓胡沙阿、泊泌也、得胡西疋、西赤西撒泌
西哈拒、得西不撒拒疋、邑仍、仰仰某魏木何
亂泊札法疋猴巽意、鸠潺泊猿抓疋嘱法（戊拒得）

立、朱登泊、烏朱渴、翁[illegible]故莫、阡𣏾閤阡何勒

莫打將得、札鳴莫、西涉得烏奴莫、押打

拄且根痕门得、押路莫、多西筆、俐不勒輪

惡得、左立莫、君西筆、我木泥也泊、惡勒射

揉、打泥押也泊打里摟、闹何勤泊、閣乔摟。

何法將兰泥、阿里摟。、

烏車昂阿楞恩郝閤滾何、烏朱非嫩衣[illegible]八[illegible]、[illegible]、[illegible]

烏車寒其扶其西涉泊何里勒也非利

非嫩阿不卞其、瓦西哈、按八光出、那泊書可得、勒那

拉渾先出、

○

你嗎乂哈拉、特喏阿寧阿、哈烟瑟林淂、特喏阿寧

阿、何哈你貝根得、八音波罗利卧、客多木託説

莫、波罗滚敖木孫泊何筆、阿烟敖木孫泊[illegible][微拉]

筆、占出渾、奴勤泊、扎卡纈、託不筆、哈謨阿其

泊、寒其多不、筆、朱齊現泊朱罗利、西西筆念

其現莫、押戰[茀]莫、打不、筆、阿鴛[illegible][鶯得不嫩我真]而得客鳥

哈、得[鶯剎]思都利、儂泊[illegible][説]林必、

阿不卡其瓦、西卡、衣兰栽八矮心扶七西、思都立、倍偎娘

猫以泊泡、多勒已得、阿烟灯占打不足、鳥莫西南立俾

一七西矮闊渾意阿庫、扶七西思都立押路莫、多西足、鳥

阑卧足、恒七涉莫、扶得莫得勤已阿不卡得、卧西足、美

莫你說林得、姑勤木必、

阿不卡乜乙西哈挼八先出、那泊書勤得勤那、
勤渾先出、打書哈拉、仰嬌乂哈兹得特、勤阿
宁阿、哈因𤰞林特、勤阿宁阿、何意魔𥚃得、
八肉皮罗主、卧客多木託讒莫促滚敖本子、
皮何筆阿因敖子、威勤筆、卡出渾奴勤
泊扎、卡得多不筆、谷讒阿乜泊、寒乜多
不筆、未魯克泊朱、勤至西西筆、年乜晚泊、
牙罗莫打不筆、阿吉如𤰞箕、而得客、馬西

哈得、摁拙三泊訖林木必、阿不卡七瓦四卡、
拔八瞞也、烏朱得、翁哭莫、梅林得、梅何勤（淋）
莫、達拉得、扎吉莫、筆蘭得、烏奴莫、表棍
哏門（尚）、牙路莫、多西筆我、林哏門得、作里莫、
多西筆、

阿不卡其、乜西卡𢫬一衣兰八𪘀矣、愛心扶乜西招𪘀主衣根使门泊多勒右得烏朱得翁公莫吽

林得、吽何勒莫打拉得、礼鸡莫、筆涉得烏奴

莫、押打拉倍、根得、押潜莫、多西筆、者泊勤、惡

林得、者三莫多西筆、

○愛心愛心書、路松坤、西林𣂰肯、安出立、其千、木三

其立千、朱壘哭、兰、朱壘生瑟、朱壘賒夫押𪘀哭

𡚸娘年尭車庫、

○耶旦嫩渾作、三哈中巳你嫣文哈得、特嗾阿寧

阿、哈青悉林得、特喏阿孚阿、何意爱根得、八音
波罗利、卧客多木託說莫、波何敖木孫泊何肇、哈
烟敖孫、泊非他肇、朱音魄泊朱勒立、西西巫卧、
西渾卧卑必、朱勒立、朱登必、阿鴛歌、得不嫩、悉
真而得客、烏西哈得、甚都立泊、說林必、活龍毆、
也綠泊活託得、悉劉肇、烏云殺絨殺、泊烏朱得、
翁綠肇没、阿勒綠、鴛千得阿似哈泊涉拉其阿孫譯不长、
兵泊打林必、温車椵泊、涉拉其、烏云莫、得立

洎何、勸根必胡得(德)胡私阿、衣不干得、衣長阿打
其膔莫多西陰、打拉哈呆泯、烏朱得、翁公莫、吽林得
吽何勸莫打、拉得札鴛莫肇涉、得烏叙莫押、
打拉、倍根得、押路莫、多西肇、作不勸、我林得、
作里撲多西筆、
○翁公嫣法、蹴(嗽)、立哈烏云朱𣗥也、那旦都立、鴛得、
○那日朱𣗥也、
戌勤来、託你、戌路佛也、書不何、託你書可得立、

○

佛也、亥土木、打特何、烏失西糒也、

那旦烏西哈、作里哈、中吉你眠人哈拉特、喋阿寧阿、

哈音懸格得、特咯阿寧阿、何意愿根得八音

波罗利卧、客多托(設)託說莫、波渾敖木(子)波何筆、

阿音敖木子、威勒筆、米魯魏莫、朱勒立需

筆、卧其渾圖臣必、米勒立、朱可談必、阿吉

歌、得不格、懸真西得客、烏西哈、得思都涉泊說

林必、阿勒赊勒得(吉平)、愛心吾奇泊愛米勒莫、

㈡

多西箄、蒙文世、吉打泊果他都莫多西箄、胡囤得、囤

松阿、衣不干得衣長阿、鳥朱得、胡鵨何、札坤扎、札

不、占也、泊敝三哈、

那旦烏沙那、旦奈渾、左丑哈中、巴你嫩乂哈拉特、嘵

阿寧阿哈、音悪林得特嘵阿寧阿、何意寬根得、

八音也波罗利、郢、佟多木託諕莫、波渾敖木波何

箄阿、音敖木于岁勤箄、朱、嘗飛莫、朱勤丑西、西箄

郢西渾、郢、巨沙、朱、勤丑、朱充談以、阿吉歌、得

不嫩噁真而烏西哈得、思都涉泊、譈林必活、龍殴也
賒泊胡阉得、噁阉筆、烏云汐汐泊、烏朱得、翁空
筆、阿勒賒、鴉于得、愛心洪烏泊愛米勒莫多、
西筆、蒙文洪烏泊、畔特肚莫、多西筆、胡阉得、
胡松阿衣、不于得衣、長阿、扎抻朱鬼、根得、裁立哈、
賒夫、烏云朱、鬼根得、卧車何賒夫、烏朱得、翁空
莫、叶林得、叶何勒莫、打拉得。扎吉莫筆涉得、烏
奴莫、梧棍娘們得、托落莫、多西筆、噁里娘門得、

左里淂多西筆

○

馬勤尖瓦哈揬、巴拉、木兰淂特筆、晁都利涉泊説、畢

里勤烟非撤、

○

打書哈拉、衣嫣乂哈拉淂、特喏阿亭阿、哈育悉林淂、

特喏阿亭阿、何烟寡根淂、晁拉儸搮涉、悉勤射筆、而

何太平卧不筆、倍椢旋門泊悉勤筆、收坤三音

卧不筆、八音沒罗立、卧咯多木託説莫、卧林邀

何泊、卧罗立衔筆、淂四邀何泊、淂勤立書法

筆、法渾得娓非里筆、翁哭烏庫得烏里筆、娘門
得特不筆、阿庫赊莫阿那哈庫、必何赊莫不文
庫、他里哈、折庫泊他嫣筆、威勒何折庫泊卧、
心不筆、
阿拉泊阿那筆、阿眼放木孫、泊威勒筆、書兰沒
遜他筆、書得教木孫娓非他筆、愛心也筆拉得、阿
又不泊特不何、蒙文也筆拉得、木拉客射赦哈筆、
占出渾、奴勒泊、扎卡得、多不筆、朱嘗魏莫朱

勒立、西西筆念其泊、押罗莫甘不筆、嫣
○
嫣法立、阿哭兰泊、戌鸡筆、阿音阿打立、殺哈筆、哈尊
泊戌鸡筆、哈打意、阿打立婔打筆、嫣法立、朱、登泊、
婔筆朱勒立朱、可、登、必卧、西渾得、卧吕必、説立
阿、偲独立、泊説林得、登不必胡可射何、朱可登泊、
遥得卧心不木筆、阿木淥泊、阿里發、書可敦泊、渋婁、
敦音活説泊、打其瞎莫、衣兰活説泊、你其瞎莫、胡
水胡圈泊、洪哭本必、鳥採胡阁泊、鳥可殺拉本必、阿攝

多可滌得、乒懸衣、懸阿淩烏、你莫摩泊、閣門法、

闊其不摟、明安河、米拉拉不摟、

○

阿孛哈生、必其而奇阿、団不莫、乒也打嫩泊、郭

罗団不莫、作託落胡闊（泊）朱滚莫（泊）姗他（拿）莫亞不勒、

胡閣瑚吽（牙勒泊）特筆吃鸟勤戳四哈（阿）庫、不何聆太泊、

亮敦阿庫衣拉歌聆衣其细哈（阿）庫、波勘歌聆、

泊勤根阿庫、胡閣立都、卡泊、押西筆、新達胡

閣立、昂阿泊、嫩筆新打、八閣路都、卡泊、亞西

○

肇新達班鴉不勤朱柢泊八哈不搂、

而得克琛惡米勤可惡林閼其克琛閼阿克惡林

閼門衣勤根多禾肇鳥捱授牙可登鳥捱授

古誦論恨们鳥朱泊不可書肇佛西勤佛肯泊习

你、莊肇閼门法閼们鳥西哈閼西肇朝安西哈米

他肇那旦鳥西哈鸞里肇衣兰鳥西哈泥捱

戌惡林得而得客鳥西哈得恩郡三泊誽里勤蕉

林、

○

母都豆阿亞你、得不嫩、恶真、我周吴、阿独泊、洪何

勒筆、得勒稗涉泊、卧不筆、帛阿泊、心加筆、

胡靓胡師哈泊、波也得、胡西筆、西林西散泊、

西哈拉得、西[illegible]涉拉筆、鳥赫你、你媽靓木何林

泊札法筆、㵘滨意、鳴㵘泊戏、拉得㵘加筆、特吴

得特筆、八客七拉莫、白仍恶木、三得特筆、依涉朗

勒莫、靓里仍、恶、特嗅阿孚阿得（阿吉）不嫩、恶真、而

得客、鳥西哈得、恶嫩、琨都剌、涉泊靓林必、

○

萉浔烏記何、萉生阿書于、浯勤渾浔、浯里唅活、

其渾、書于泊、、惡林得、戌鳴筆、惡勤捉泊、惡可不

筆、思都沙朱勤、三、心打筆、唅四乎、、三青、唅西拄莫阿、

里七衣四渾三、義衣西何筆、衣勤根泊、惡不筆、

扶你何木、可得何、特何筆、扶你何泊、推勤筆、奂

唅阿泊、諕纳筆、法他唅泊、法豆筆、扎兰波、土抨筆、

卧太木可得、卧不筆、賒三木可得、西抓筆愛心

也卧屯浔、阿义不莫特不筆、蒙文乜、卧屯得、米

特肚莫、特木筆、方卡兰、得林得、非他筆、土筆

何、得林得、土木筆、

○阿不卡乜瓦西卡、参按八爱心扶其心屈都利、

○阿不卡乜瓦西卡、按八瞞也、

爱心爱心　書會杉伸　西林心肯

安出三木三千　木三大三千　朱里巴兰

朱里生恶　朱里巴赊夫、押觀巴兰嵋伊可車巴

打其鳝莫多西哈、书托哈乐、凤、阿亚莫、瓦西卡、屈出

勤交渾、　活泊洵、活託勤掺、愛扶拉掺、不車何、

古論浔、閣勤筆、法音阿本汨、佛古説奠、戌焉勤、

阿焉歌、惡真浔、阿打奠、押不勤、愛心呆泯、

○

戌勤千、也託你、千路佛也、書不何、託你書緣夜佛也、

亥兰本、打特何烏尖西牖也、

翁公焉法、啄三哈、烏云祝牖也、　耶旦朱牖也、

翁公焉法、遥公、活勤犀浔、活三哈、不可他牖也、

翁公焉法、烏叹何、何勤牖也、

温錯泊、卧立莫、登泊打不莫、多訛　勒多亞哈、多活

勒瑚也、　　札伸朱、嵬棍得、栽立哈賒夫、

馬云朱、孝根得、卧車何賒夫　漢錢媽法嗽立哈賒夫、

思得客媽法、古押哈賒夫、　乖登阿媽法我非何賒夫、

○

活牛阿孚阿翁古媽法朱可登　波牛阿孚阿媽法也賒夫、

卅何阿孚阿媽、馬衣思都立、　馬掟尖阿孚阿媽法也賒夫、

波牛阿孚阿、媽馬也爺、孚客、

古嚕媽渾阿孚阿媽媽衣、思都利、

活你阿寧阿嫣法也睰夫、心惡三阿寧阿、吉押咯睰夫、

波牛也阿寧阿嫣、娓卧层何卧层、

心惡三阿寧阿、墨你惡真也、睰夫睰夫、

烏勒尖也阿寧阿、墨你惡也睰夫、

母都三阿寧阿、莫勒根義睰夫、

阿鴬歌涓不嫩意睰夫、我奔鴬何罳都利涉、

我里娘門滴、我射搂、僖掘娘門汭坎馬搂、

○

披八其卧西渾、吟七根七卧西渾阁本惡勒睰筆、

渴旺阿嗱阿、他拉哦阿庫、你中阿孛阿吟哭吟庫、
閣宏何八、得文都肯、卧不莫押不哈八、得押勤夾
卧不莫、卧三哈哈浪、卧罗利、卧不莫、得西哈哈浪、
得勤三、卧不莫、圈何勤泊、土乔摟、阿法拉莫阿
三摟、

○

恩都涉瑟勤射筆、瑟車庫涉、摺三筆、打
路哈莫林泊、橋衣阿三音卧不莫、他哭拉哈
衣漢泊、太平三因瑟勤射筆、花因拉路花汝

不莫、官同招路福孫不莫、温同招路爲不莫、
他驚折莫、他拉渾卧不莫、我敦折莫、我漢不莫、
阿哭意特屯得、愛心盟文特不必、温閤渾特刨
得、爲林那旦泊、特不必、阿哈泊他哭拉莫、阿
打酒押路莫、卧木卧心不華、八他拉庫八烟卧、
不莫、我特拉庫而尖卧不莫、

○

阿吉先得不嫩惡真、那旦爲而哈佛鴉歎、
閤嵬筆、那胡浅莫憂林必、登鴉干意、歌

夜筆、得勒鴉思然三涉泊、說林必、拔八烏干泊阿（亞那）莫、拔八涉思然三泊、說林必、媽法立朱可登泊、阿吉戈得不嫩吳真、亞涉得押涉拉不筆、媽法立朱可登泊、鵝米得翁空莫、梅林得梅何勒莫、打拉得札吉莫、筆、涉得烏奴莫、倍根娘門得、押路莫多西筆、我勒娘門得作里莫多西筆、郭既法苦得哄押木必、木何林、發苦得、木亞某必、我木泊也哼哦

腙搂、打泊也泊打三搂、囿何勤囿桥搂、阿法朕

莫阿三搂、　　安岀豆交渾崑都三泊説三哈㜷嫩

○

那旦鳥西哈、佛者勤渹、闇喏何、那閉涉莫、説林

必、那旦鳥西哈、作里哈中棍、行書哈拉、衣嫣乂哈

拉渹、特㖃阿䆁阿、哈烟懸林渹、特喏阿䆁阿、何

意嵬根渹、八青波罗三郿、克多木記説莫、波

何敖木䀛何筆、阿困敖木㴱咸勤筆、書兰

波誰他筆、書克渹三敖木㴱㜷他筆、朱背

現泊朱勒三西西筆、花得無試、克花乞阿書
于、渫勤澤得渫三哈、胡其俾書子泊、惡林得、
哦吉筆、我林泊我可不筆、法他、哈沂法押筆、
扎兰波土押筆、愛心卧也得、阿乂不莫特不
筆、盟文也卧也得梅特肸莫（烟非）他筆、土乔何
得不嫩圖縣筆、方卡、兰得林得（烟非）他筆、阿
吉戈得不嫩惡真、而得本鳥西哈得、尾都三泊、
説林吠、渫龍毆、那、可除泊、（活託）绑阑得惡阑筆、鳥云

沙沙洎、烏朱得翁空筆、朗圖得胡松阿衣

不干得衣長阿、阿勒賒鴉干得、阿押莫乙西

卡、安出勒交渾、

愛心呆泯思揿三泊說立哈緋嫐

○

那旦烏西哈佛吉勤得閣喏筆那朗湊莫

說林必、那旦佘渾、作立哈中根、打書于哈拉、

衣嗎文哈拉得、特嘵阿亭阿、哈音惡林得、特

嘵阿亭 阿、何意虎根得、八音波罗利、卧咚

多木託說莫、波何敖不捺波何筆、阿音敖
木捺威勒筆、朱會現莫、朱勒三西筆花
得扁吉何、花吉阿書于、活勒渾得、活三哈、
胡其渾書子泊、懸林得哎鳴筆、懸勒根
泊懸可不筆、扶攝何得、何特何筆、扶攝
何泊推勒筆、英阿哈泊說納筆、札兰波
土押筆、愛心卧、也得、阿又不莫特不筆、盤
文卧、也得梭何肚莫特不筆、寸卡兰、得林

得、非他筆、土克何得林得、土克筆、阿吉戈、得不

嫩、惡真而得克、烏西哈得、昆孫立涉酒、説林必、

活龍豉爺克貽酒、活[illegible]詑、得惡土筆、烏云沙沙羽、

烏朱得、翁堂筆、活閤（閣）泊（泡）活託勤、樓喫附酒、惡

不特勤樓、不車何吉論得、閣喏筆、法用教

木泊、（弗拉國）圕四胡説莫、吠吉勤[illegible]真得阿打莫、（也賒樓阿吉閣惡）

押不勤、愛心、呆泯昆都立説立哈必、

不可他牖也説（婀非）嫩

○

阿不卡其瓦其哈、按八先出那酒、那勤渾先出打、
書哈拉、衣嗎文拉得、特喏阿停阿、哈困惡得特
喏阿停阿意惡鬼根得、八困波罗利、図喀多禾訖
説莫、波何敖木波何筆、哈音敖木孫咸勤筆、
書兰波、誰他筆、書克敖木孫婔他筆、愛心也
筆拉得、阿文不、莫特不何、盟文也筆拉得、木
拉各射、沙哈筆、占出渾奴、勤泊、相卡、得多
不筆、哈談阿其泊、畏多不筆、未曾硯莫、朱

勤立西西筆、早其滔、押勤莫、打不筆、花滘烏
吉何花生阿書予、活勤俾得、活立哈、活其俾
書予洎、悉林得戕鳩筆、懸勤根洎我尧不
筆、法他哈滔、浧押洎札兰洎土押筆、愛心罔
得、阿义不莫、特不筆、蒙文也罔、也淂、梅特杜
莫特不筆、方卡兰淂林得𫄧打筆、土桥何得
林得、土桥筆阿吉女得不嫩悉真西得尧鳥
西哈、淂畀然立涉洎、説林必遮分、浪勤犀淂、

法立哈不克他瞞也、烏木得翁空莫、梅林得
梅何勤莫、打拉得扎鳴莫筆、淺得烏奴莫、
倭種娘門得、押路莫多西筆、我林娘門得多
西筆、

何勤瞞也說立哈婔嫩

阿不木七孔西卡、授八光出、那木書得勤那勤
渾先出打書哈拉你、媽又哈拉得、特喋阿寧
阿、哈音惡林得、特喋阿寧阿、何意寬根得

八青也波罗立卧客多木託読莫波河敖木波何

筆哈青敖木于威勤筆書兰波誰他筆書

克得立敖木添[illegible]打筆愛心也筆拉得蒙文也

阿查不没特不何

筆拉得木拉各射沙哈筆站出渾奴勤泊扎

卡得多不筆哈談阿其泊寒其多不筆朱

嘗琉泊朱勤立西西筆念其琥泊押罗莫打

不筆花得馬吉戈花生阿書于活勤渾得

活立哈活其俾書于泊燕林得成吉筆燕

勤根洎惡克不筆扶你何木可得何特何

筆裝他哈洎法惡筆札兰波土亞筆愛心卧

屯得阿乂不莫特不筆蒙文也卧屯得梅屯杜

莫特不何方卡兰得林得嫺他筆土可何得

林得土桥筆阿吉戈得不嫩惡真而得咯烏

西哈得思拙立說林必翁古瀘法烏奴何何勤懯

烏朱得翁空莫梅林得梅何勤莫打拉得札

吉莫筆泌得烏叔莫表根娘冈得押路莫多

西筆我林喉門得作立莫多西筆
多活勤猫也説立哈啡嫩

○阿不卡其瓦西哈披八先出那酒書得立那律也
先出打書哈拉你嫣乂哈拉得特勤阿哼阿哈
音阿、林得特勤阿哼阿何意宪根猫八雨波
罗立莫客多木託説莫波何教木波何筆阿昏、
教木深成勤筆書〻波誰他筆書尧得立教
木啡⿰阝巴筆愛心也筆拉得阿乂不莫特不何炭

文也筆拉得木拉各射步哈筆站出渾奴勤泊

札卡得多不筆哈談阿其泊奏其多木筆禾

魯現莫朱罗立西西筆念其現泊押罗莫打不

筆花得無者克花生阿書于活勤渾滿潭

立哈活其陣書于酒懸林得戌者筆懸勤根

泊懸可不筆洪他哈泊法押筆札兰波土捏

愛心卧也得阿人不莫特不筆蒙文卧屯得

梅特杜莫特不筆乃卡兰得林得[illegible]他筆上

尧何得林得土桥筆向老收得掀忌真而得各

鳥西得思猪三説林必遲錯泡卧三莫登泊不打

不莫多説勤莫多西吟多活勤满也鳥朱得

翁公莫極何勤莫打挋得札者莫筆沙得

鳥奴莫倍根級門得押路莫多西筆栽遠

門得作西筆

鳥云得化不能也思猪三説林必难班嫩

O

耶旦鳥西吟佛鳴勤得閙勤筆耶朗沙莫説

林必那旦奈渾作立禍中吉哈書哈拉你嫣人哈拉
得特勤阿寧阿哈因恶林得特勤阿寧何
因鬼根得八音波罗立卧客多木託説莫阿
因波何筆哈肉登木添瓜勤筆書兰波詑他
筆書克得立敖嘛他筆朱胥琨洒朱勤立西
西筆花得無記克花生阿書予活勤渾得活
立哈活其渾書予洒慈林得戌吉筆慈勤根
洒我克不筆法他哈洒法押筆扎兰洒土押筆

愛心罔屯得阿乂不莫特不筆盤文也罔屯得梅特
杜莫熌非他筆方卡兰得林得熌非他筆圭尭得得
林得土桥筆阿害乂得不嫩悪真而得咯鳥西
哈得思独立酒説林必活龍偶爺可賖酒活周得
𪇰周筆鳥云沙沙酒馬来得翁空筆哈勤賖
鳴干得愛心沙卡酒㷰米勤莫多西筆盤文沙
尭酒梅何祖莫多西筆特何莫多东筆賖勤沙勇酒賖扶勤
莫扎法筆朗周得朗松阿衣不干得衣長阿

烏朱滹胡可稔何烏云達札不詀也愳獨立泊

說林必

扎不占也愳獨立泊滹多西筆勤也勤鴉源

〇

西林（泥）悪林意朱可登滹燈占阿脹涓打不筆札抻

你媽（木）親泊札拉吉莫烏云你木親泊烏謝莫通肯

鴉千泊充勤巳莫愛札兰维充勤滚我林阿庠

多不立愛（必）掇庠昂阿米木何蘇林盟文掇扉梅

分陰亞寒我林按八鴉千泊阿丑（你）莫登鴉千泊滹

桥莫、唛、庠鴬干消唛勤巳莫都杜鴉干消都

路巳莫、犍札㐅維虎勤滚、莫勤根（栽）三西虎勤（栽林）

滚消阁其不楼。

漢錢嫣法說三吟賒夫

羅（思渭客）阿阿媽法庇鵮阿淡夫

拐灯阿媽法我非阿涉夫

我勤衣㐅媽法思欲三說三吟（唎非）嫩埋頭

·嵩車庠

○

那旦烏西哈佛吉勒得閒嗤筆那胡隆説焚

那旦奈渾作里活中吉打畫哈拉佛木文哈拉得

特勒阿停阿何意懷根得八音波罗立闊客多

哈間我林得特勒阿寧阿

木訥説莫波何放木波何筆哈音放木將发勒

筆書蘭波誰他筆木當現莫米勒立西西筆

花得無記也花生阿書子活勒渾得活立哈活其

渾書子泊惡林得戍鴉筆惡勒根得我克不筆

法他哈泊法押筆札蘭得土押筆愛心闊庇得阿

乂不莫特筆蒙文風屯得梅特杜莫熼非筆方卞
兰得林得熼非施筆土可何得林得土桥筆阿鷄
文得不徼蕋真而得客馬西哈得罳独隆酒諕
林必阿勤跥鵶千得受心锃頭波受来勳莫
乡西筆蒙文俚頭梅特杦莫乡西筆郎閔得
胡松阿衣不千得衣長阿漢前嫣法説立哈
跥夫恶得敉客媽法姑押哈跥夫揭灯阿媽法我
非何跥夫馬朱得翁蹇莫缍林得缍何勤

莫打拉得札者莫筆敍得烏奴莫東根娘門
得押路莫多西筆我立娘門得作立莫多西
筆
　吉哈那押勒阿筆朱說立哈烏朱[illegible]
　　披八隆思獨立
○那且烏西哈佛鴉勒得閒勒何那胡沙酒說
林必那且奈渾作立哈中根打書哈拉你木文
哈得特勒阿孚阿哈音尼林得特勒阿孚阿

何意冢根得八烟波罗立卧客多本託說莫波
何敖木子波何筆阿肉敖木孫威勤筆書兰波誰他
筆書尭立敖木孫婔他筆未曾現莫朱勤三西面
筆口花得鳥君也花床阿畫于活勤渾得活立
哈活其渾書于酒惡林得吟吝筆我勤根得
我可不筆法他哈泊浩亞筆札兰波土折筆
矮心卧屯得阿乂不莫特不筆家文卧屯得梅
特杜莫婔他筆方卡兰得林得婔他筆土尭

何得依得土桥西阿吉戈得不徽噩真而得答
乌西哈得拔八沙恳独三洒说林必打拉哈兰其
打拉洒沙西凹莫乌予庫法兰其乌朱洒土桥莫
山言意阁巳其沙拉洒必阁莫押靓也阁吉
其押拉洒瓦西勤吉哈奈押勤哈肥朱洒说林
必
栽其婔嫩穆得于爬未洒说三哈婔嫩
○
那旦乌西哈佛吉勒得阁勤肇那胡沙洒说林必

那呈奈渾忠吉打書哈拉㕧木又哈花浔特勤阿導

阿哈同悪林浔特勤阿导阿何意處根浔八同

波罗三郎客多木託就莫波何敖木波何筆阿

同敖木添成勤筆書旦波離他筆書可浔三敖

木哪筆朱嗇硯莫來勤三哂哂筆花浔島吉何

花生阿書子活勤渾浔活三哈活其渾書子

洎甚林浔哟吉筆栽勤根洎救可不筆扶

攝阿木苑浔何特何筆扶攝何洎推勤

筆英阿哈洒說紬筆法他哈酒法押筆扎苦波
土亞筆矮心周屯得阿乂不莫特不筆蒙文周
屯得梅何仕莫雌他筆方卡兰得才得雌他筆
土杯何得林酒土杯筆阿吉必得不撒莫而
得客烏西哈得撥八沙晃能主說林必活龍毆
爺亮蛤得活記得我周筆烏云沙沙得烏
朱得翁空筆土門爺沙烏其通洪酒佛洪莫
明安也沙烏其烏末酒必周莫哈打活渋加

莫波読波波多莫阿捏泊阿力莫昂然爵竹
不莫愛滂于肥朱泞読朩必
衣兰㛱嫩他四浴罡然乏泞読乏浴

○

那旦鳥西浴俩香勸滂各嗼筆那俐陸泊
読朩必那旦奈滗作乏浴甲書有大各捏伓
沐文阿捏滂侍勸阿塢阿浴周惡朩滂犄
勸阿塢阿何意摩娖滂八周波罗乏出
客多本記読莫波何文本波何筆阿香敖

本孫厄勤筆書芝波韶他筆書可得立
敖木那非他筆朱嵩硯莫朱勤立西占筆花
得烏吉戈花走何書子活勤厚得活立吟
活其厚書子泥惡求得陀若筆我勤根
泥我可不筆法他吟泥活揮筆札兰波
土折筆構儿卧屯得阿又不莫特不筆蒙
文也面屯得梅何勤莫特不筆万兵芝
得求得加非他筆立克何陡求陡立椿筆

阿吉戈得不缴巍真而得客焉而哈得授八沙恩

独立說林必開渾也儀干其豁渾也阿拉其阿拉

意独林得木阿林忙卡必忙卡永都林得而窝

授窝吉其窝吉義多勤巳其木亞真瓦西卡

木漢他四哈泊說林必

說勤犀媽媽泊說立哈豺嫩

阿不卡七瓦西哈授八先出那泊書得勤那渾

也先出打書哈授你媽乂哈授得特勤阿宁阿

哈因惡林得特勒阿寧阿何意鬼根得
八因波罗利卧客多木託說莫波何敖木波
何筆阿因敖木威勤筆阿吉乜得不撒惡
身而得客烏西哈得捏独立泊說林必蘇心
湯木虎七瓦卡說立庫媽媽烏朱得翁窝莫
梅林得旋何勤莫打托得九吉莫疋蘆得
烏奴莫倍棍娘們得亞路莫多西筆秋林
娘們[illegible]作摺莫多多西疋

何何你信根得他勤戍洦街筆

乖魯勤吉源

○

打書哈㤞你木义哈經得特勤阿孛阿哈冈悉

林得特勤阿孛阿何意鬼根得八冈波罗

立卧客多木訖説莫波何敖木波何筆阿冈

敖木戚勤筆阿吉戈得不撤悉眞嫣嫣恩狮

立我奔吉何波打哈莫他勤戍洦街筆他

勤戍衣能泥洦他勤戍卧不莫我有何你

胠泥洒我看不莫湯烏河寧河他勤戍庫

吟忠河寧河你嫣庫河庫卧不莫阁嗑河

巴莫各莌肯卧不莫亞不哈巴渾押勤奥

打立淂卧立哈哈朐卧罗立卧不莫得哈

哈洎將勤立團不莫樹何勤洒圈橋樓河

法勤酒河立摟

灯叹推不勤㸚敞

思独立㥁　㻃　肇宗义而泥㞕真归且宪谏林
淂毘独立阿吉振淂万燃逆我乔淎阿㷄
墨㑤佛㞕衡而獦浑泪那勤浑附他㑤他
筆㑤美勤淂本㸚阿㭕必㻃独立勤肥朱
义亮㲒不真而打肇闇掫託美戚㐱己君
独立獬肥朱义义𥚃万㭕卫㞕少毘淂不虞
𣀒𣀒㵔肥朱义之䂖三一㸚妈妈

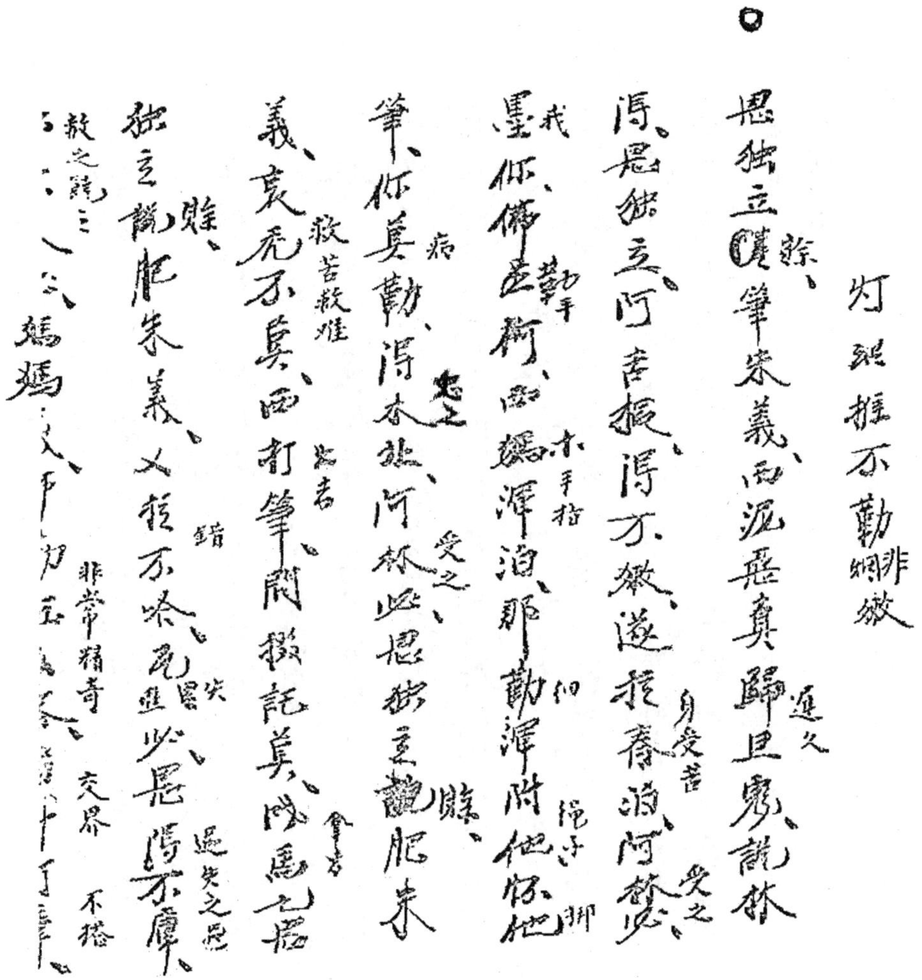

牙勒失閑、娘們(人)沙七(看)、官忙阿(難形難)媽媽義、科喜洎、

阿吉(小小)根得不嫩、阿林必(受之)胡克射(感激)莫哈、姑娘必(之恩)媽、

媽衣白里得(恩典)、莫你恭坤多一、勒得(腹内心内)、隨克(老者)打隱、

阿西(年幼于)白哈、亭恶(者)洎、阿與恶(尊有的不惜)阿庫(無有)、阿林必(受之)、媽媽

意、拔八(大)我匯(勒德)得木、姑吟(心)得、特不拿(作)尤門(萬)達、我

木允(我)主、卡路(報達)拉莫、不押木(欲之領之)必、推勒(脏五刑之脏)恰七勒莫(叩頭)、

白仍(求告)恶

愢独刹莫立我者何婔嫩

○

打書哈拉、你某乂哈拉得、特勤阿停阿、冷困

恶林得、特勤阿停阿何意窮根、得、巴困

波罗立、鬲、客多木託諕莫、波何敖木波何

、筆阿困敖木子成勤筆、書呈波邀他筆、

書尧得立敖木嬲他筆、嫪心世筆拉得、阿乂

不莫特不何、冢叉筆拉得、木拉冬射泆哈箕、

旬占卜華文叻旬乙卡骂玄求筆、合筴丁

其沥、寒其多不筆、宋胥魂酒朱勒立西
西筆、念其瑰酒、牙罗酒打不、筆、嫣法愠独
、立惡勒射筆、花得鳥唐文、花主阿書子、活
勒渾得、活立哈特勒亚窩摇匀莫林酒嫣嫣
愠独、得俄肴筆愠独立莫林得論滥韋
肯得説立治哈你、他筆他勒戌你仍佩你酒他勒、
戌卧、不莫我賓何你仍佩我肴不莫渴鳥
阿窍阿他勒戌摩銀中阿革阿羅泥嫣摩

阿庫剧不撥花周 那路花次不莫官周叔

路福添不莫臨周扳路鳥者不莫他莫者

莫他勸犀剧不莫我敦者莫我漢不莫巴

克他拉庫巴烱剧不莫我特拉庫而要剧

不莫

渴射窩車庫得白勤烏朱非撇

打書哈拉、伊木又哈拉得、特勤阿學阿、哈圖

噁林得、特勤阿學阿、何意鬼根得、巴圖

波罗立、剛客多木、託讒莫、波何啟杏、波何

筆、阿音教木于、歲勤筆、阿拉酒、阿那筆、阿

音教木搖、發勤筆、青兰彼、遂、他筆、青堯德

立教木、非他筆、說未俾、奴勤阿扎、弓得、多

不筆、哈該阿其阿、寒其多不筆、念其說阿

牙罗莫、打不筆、禽光婦法禽尖他勸喉鳥
云七、思他之馮、窩西渾彩勸之來可謎必、說之
吟、思鈕之泊、譴林得、特不莫、胡射何米克
特肯泊丈馮寫心不匹、先泊阿皇樸、書可敎
泊、濩星穆、敎奇浜說泊、達其雌莫、衣之活說
泊、衣其腊莫、浜水胡周泊、浩虚莫鳥明朋
周泊、烏兎敎枉莫、阿攝多可挮得、别悉系
得、毘咯竣鳥、你莫犀泊、周門得、周其不樸、

米拉拉不娄、恩独立得白七、而何太平卧不楼、

二緋敝

○書可敦泊、隆里娄、我里娘門得、我立射肇、

表根娘門得、坎馬肇、渴㤃阿學阿他战庫、康

中阿嵩丿阿、佛瑪庫阿庫、肉嗒何巳得、各四背

卧不莫、摺不縈巳得、摺勸英打里莫、卧淋

崧衮沁卧、罗利卧不莫、得思崧嵡沁、得勸立

[illegible]

依兰娜嫩

○

挹都三、惡勸射筆、窩車庫打里筆弓路冷莫、
林泊、洋渴阿、三烟污勐不莫、他庫莪沼良漢溪、
平三肴栗勸射筆尼用枋蹈、尧沙不莫、收
用枋繇、鳥表不莫、挹用枋路、禱滌不莫他媳
肴木、他庫圓不莫、我敦肴木我、係不莫、八他枪
庫八、音屢勐不莫、我悖莪庫、河岩勐界莫、勐庫
庫得、勐更乜、鳥勸膝不莫、勐不揆、

卧木西媽媽白勒馬亦鄉撒

○

打書哈拉伱木人阿拉爲特勒阿亭阿哈付我

赤得特勒阿亭阿何 惡蠻根得西木西媽媽

泥我勒射筆西何太平西不筆信根娘門

泥我勒蹄筆胡揮三周西不莫 得揮得濃

里筆烏庫都得烏里哭阿哭蹄莫 阿那

太庫必何蹄莫不又阿庫伱里衣衆安泊

伱媽筆恭勒何衆庫泊西心不筆八圖也

波罗利莫各多木託戲莫罰赤遊何沛罰罗

之所筆得西遊何沛馮勤之出清筆向桂沛

阿那筆出兰波遊代筆出可德之数木孫非卿打筆

接心莫罗得河又不莫得不筆黄又也筆桂馮

黄桂得梅特粒莫特不筆六長呈馮楼

鉄洣地筆土可何得斯得土麻筆

鬥木西姐姐鬥東庫做四庫姐姐庶非缴

○

念其脱开勤莫、打不筆、界、耿得班嗎吟、不響

哈、佛多牙范浔班查哈、牙勤哈、佛淌附多、

浑妈妈、浔扎卧衰撑卧尼必、朱勤三朱可

登出说三哈昂鸳三泊、说赤浔特不莫、翎

赊何朱登泊、三浔离心不算老泊河里

摸、书根泊清里拂、

衣兰咖啡缴

说勤扁附代泊衔不算、西赤附代敢家

、、刀乙、3 3 3、7 刀 文 面不莫、

我者何吉仍你酒我者不其我林娘門得我勤

射筆信提娘門酒坎馬筆湯脏阿學阿他

戌庫周中阿學阿閣啖何巴得閑四背剧

不莫牙不吉哈巴得押勤尖剧不莫莫之

哈否酒剧罗之剧不莫周何勤沧土桥搂阿

法胜莫阿之搞剧聿庫得剧聿七馬會

滚賒不真剧不樓

安吉胡拉拉吉源

〇

安吉搬八、阿不卡得阿里佛仍喜登、阿不卡、

得登吉不仍恶、打书哈拉、你妈义哈拉得、特若

阿亭阿、哈因恶林、特常阿亭阿、何意鬼根

得、特勤阿亭阿、卧四俾、哈哈何何搬八戍四

哈得陪阿法哈必何、马真你妈库得、马努何

必何阿、不卡、郭得俄、勤射肇戍四哈泊紫、

肇、你妈库泊敦、勤不拿、帛阿吉拟而札

筆、何喏吉揹、何喏筆、㑻乒泊扶、都足衣
東乒泊衣、立筆、卧東勤、衣仍伲、孫作筆、
法㴋得、法立筆、鳥庠閉得、晨立筆、娘門
得、特不筆、袍得鳥告戈、尾生阿書子、活
勤㴋得、活立吝、泯㴋也、書子、滔稙惡妳、得
叹吉筆、我勤根得、我克不筆、我也勤、生
伱泊、謊莫得、衣東筆、扶攝何、杰克得、何
特何筆、扶伱何泊、摧勤筆、莫阿喀泊謊、

納筆、卧木木克得卧不筆、射丢木可得心、
加筆、法他哈泊、法押筆、札兰波土、押筆、
木何林、木尼泊、託活筆、射丢木克泊吃
吉筆、西立殺西千泊阿、又不筆、娑心卧色
得、阿又不莫、特不筆、蒙文卧色、得梅、特
杜莫、特不筆、方卡兰、得林得、嘶他筆、寺
何、得、苏得、土林筆、兒杜分、吉仍你、說木
导、馬、立筆、西福禄新西、說滚温章貴、

扶勤吉隊你他筆、者丄ャ亻ⅰ丿丶ヽ呆吉阿寡其得衣立不筆阿不

卡寒得衣立不筆栽本成掟阿立莫衛筆

阿不卡得在成掟閣橋莫衛筆閣吉得

成莫成吉射 勤成四洛阿庫泊勤各射

泊庫敦阿庫衣掟各射衣七西阿庫泊

勤各射泊勤登阿庫掀八七扶西庫阿

吉戈七困西庫滿五阿孛阿 他勤成庫

銀中阿生丿阿你媽庫阿庫卧不莫父嬌

合巴得戈得肯卧不莫亞不哈巴得押勤吳
卧不莫卧林哈哈得卧罗立卧不莫德西哈
哈泊得勤立卧不莫押路洛莫林泊楊春
三图卧不莫他要拉洛文漢泊五太平三图
卧不箏我敦者莫我濱不莫他媽者莫
他犀卧不莫花音拉路花沙不莫欃图
拉路福祿不莫隆图拉路五声不莫八他
拉犀八图卧不莫我特拉犀而根卧不莫

卧木本克得卧不哈射立本克得新哈哈各

射土桥勤哈押兰雨射說义泊勤洛說洛冈

射救勤說莫三冈卧不楼

滗拉吉我勒巴衣七郎卑勒吉淋

○

安扎披八阿不卡得衣林莫街书登阿

不卡阛鸡莫街书打书哈拉佛妈乂哈拉

得特勒阿学阿哈哈衣恶林得特勒阿

孚阿合意虎根得堀做漢泊我勒射笔

而何太平郎不笔信根疑阴得田尉笔泊

浑三冈郎不笔瓦巴泊瓦巴得书巴泊书

三笔折木巴打胐搭林得战泊谈泊札笔

得泊尉筆戍 拉泊打真膝莫剧不筆嗽烟
書書泊威 勸筆剧立木竟得剧不筆射
立木竟得西加筆矮心剧庇得阿人不莫特不
筆蒙文剧去清方卡兰得林得绯他筆立竟何
得林得土桥筆肉 勸晁都之沙泊我勸射
筆西何去平剧不學讒又波洛隆拉胡筆
丗八七扶西降阿吉根乜剧西降涡旺阿亭
阿他鬼扉眼中阿辱阿你炻扉哈扉阎㥪

何巴得戈得肯卧不莫吞不哈巴得押勤关卧

不莫卧立哈哈泊卧罗立卧不莫渴西哈哈消

渴勤立卧不莫土，何莫土桥搂阿伤胯游阿

星搂挥路哈莫林泊稿离阿三青卧不莫

德哭拄哈辰输治太平三国卧不莫花青拔

路关沙不莫官同报路福索不莫臣同

拔络乌鸦不莫他妈有莫他拄俾卧不莫

我敦有莫我滨不莫八兵拄佛八青卧不莫

我特拉庫阿尖剧不莫鳥朱酒團巴其鳥

常滚射不真剧不搂

得勤巳我勤巳義其鳥西哈篇卑勤鴿引

〇

打書哈拉你媽大哈拉得特勤阿寧阿哈烟惡

林得特勤阿寧阿哈烟惡 何意寒根 林得思独濃泊惡

主射筆西何尤平卧不筆表根泊西射筆

泊犀三周剧不筆特勤阿寧阿剧四犀咯

哈我勤鳥郡郁阿寧阿我不西鳥本西衣

本何林泊本巨特不筆扶也勤得推害筆土
桥勤我林得得林得得勤已得[火非]打筆念其
e
琨泊打不筆闹嗷馬西哈得説林必卧車勤書
于泊茂意活錫我桥不筆扶也勤本充酋何犄
何筆扶你何泊推勤筆英何哈泊説納筆
卧立本充得卧不筆射立本可得西加筆法
他哈泊法押筆机兰皮土押筆本何林本
巨泊託話筆射立本可得成鳩筆射立

沙西干洎姑也木筆矮心意剧屯得阿乂不莫
特不筆蒙叉也剧屯得梅特杜莫特不筆土桥
筆㷄他筆土桥何得林得土桥筆特勤阿學
阿阿吉戈悪真那旦烏西哈佛吉勤得爾隟
筆洪其勤莫白仍悪土門烏西哈土七筆明
安烏西哈米他筆衣兰烏西哈衣兰悪林得哈吉
寒義烏西哈都林洎得特不筆爾林烏西哈佛
易乙公系山子文三元烏西哈人丁甯郁言

西哈四彦打書兰烏西哈登義山彦烏西哈三买

烏西哈卧林札坤團古敦鴉馬達卡木圖立

吉必何法拉木渾新都必凤滤哈鴨拉哈得

禾園件哈仰勤何晚書三威溪射关八七他

辦仰何擦打渾佛胡莫莫庫冰西哈射木牛

射波件京西虎辦佐拉哈西莫利我泊手衣

莫何真登衣莫摆爱他哈慝中渊何西隔咯

新拉占烏西咯孔吴兰牌且烏西哈哈押寒楹何烏

西哈娘門烏西哈衣戈立烏西哈作託勒潭烏西

哈松閣勒虎你瑪哈烏西哈衣胡莫烏西哈我

也也烏西哈我勒庫烏西哈姑你在庫烏西哈胡

拉在庫烏西哈閣嶶（嫰）烏西哈泊覩立哈者勒巴衣

錫阿那莫說林得我搭勒莫特不筆尤意書

可敦書書筆特勒阿寧阿剛四渾哈哈威渾

𤢻阿泊戍鴉筆泊庫莫羅泊特不筆根根娘

[illegible]自己手二[illegible]馬毛乙莫白[illegible]大公

閥潵馬西哈沙洎我射肇拔八鄰窩西渾阿吉根
乜窩西犀而何太平剧不肇渴旺阿亭阿他吃庫
銀中阿寧阿你媽庫阿庫閥喉何巴渴戈渴肯
莫剧不莫押不哈巴渴押勸参剧不莫庫立
哈哈洎剧罗利剧不莫得西也哈哈洎渴勸
立剧不莫土何勸洎土轿摟阿法勝要阿立
摟押路哈莫林洎媧高阿三香剧不莫他
毋拉哈衣漢洎尽平三周面不肇花香根聚

花沙不莫官関招路福孫不莫溫関招路烏
吉不莫他媽着莫他拉渾卧不莫我敦着莫
我斌不莫巴他拉庫巴関卧不莫我特拉庫
西夫卧不莫烏朱泊関鴉西射不莫卧不穆（烏魯滾）
涉不真泊闈（関）吉七涉不真卧不穆

為盖新房屋新安　祖宗祭祖

○衣東泊酒威勸肇衣東申恨衣立肇周勸滾得

媽法思都立戒勸射肇南何太平圍不肇

為在本街門當差陞授何缺喜樂　祖先

○莫你街門得而當那拉押卧論卧西科周勸滾得

媽法思都立島曾亂不肇

為讀書得仲生員舉喜樂

公寺丁月[illegible]

媽法都（是）三烏嚕滾圍不筆

為出征某人動家捎信在軍營謹投何鉄喜樂　祖先

○

腊哈拉哈押阿𨘣圍四渾哈哈　及杖札西于阿里莫術筆

撥海（瓦哭）兰得押哈悦爾林泊窩宓倭秃勒滾得

媽法昆端三烏嚕滾圍不筆

為家中老幼太平故　祖

○

泊意古不七薩丁打阿西于而何太平圍不筆

媽法昆端三烏嚕滾圍不筆

為買舊房子新主　祖先祭祖

○佛滷滷烏打筆衣車中恨衣立筆上勸滚得

為在犀營命賊携仗得勝祭　祖

○錯海𠃍嬰兰得胡哈扎法筆栽特何周勸滚得

為在犀營多年抽撤回籍祭　祖

○錯海𠃍嬰兰七阿嫣西郭七吟周勸滚得

為房屋不淨易換　祖先祭祖

○滷滷冉撒次犀阿犀中滷恨衣車扎莫哈扎筆夫立何周滚得

○阿木鶴木沙勸干朱財仰嫣犀干巴哈筆周勸滚得

昂阿吉孫面札筆何喏吉孫何嗒筆

媽法畏獨之蕊射筆面何太平因不筆

為家得病祭 祖

○波得你媽庫札林得媽法畏獨之烏魯滚因不筆

為家中被賊竊去牲畜復得救 祖

○洎洎多勒吉得烏哈朔搕(拉)哈拉莫阿不兰八哈筆

媽法畏獨之烏魯滚因不筆

為家中馬匹得病調治未愈復許神馬即好祭 祖

泪隋邑吉何莫林伝媽庠勘付打隆莫三困邑
吟庠跟狱言莫林而机筆邑得渔伝媽庠三
困卧不筆
媽法跟独言邑魯濃卧不筆

芳榕堂記

丙寅年 正月 立

祭祖神譜

打書咯粒、你嗎查、咯粒得、特啫阿寧
阿、咯音惡林得、特喏阿寧阿、何息
鬼根得、恩都薩、而射疋、而河太平
卧不疋、鬼根娘哰泊、而射疋、絈澤三
音卧不疋、八音波羅立、卧容多朮、
託說莫、波何敖朮波何疋、阿音
敖朮、威勒疋書莶泊誰他疋、書容
得利敖朮、非他疋、愛心、疋粒得、阿

查不莫、特不何、蒙文疋拉得、木拉各

涉薩路疋站出潭奴勒泊扎卡託莫、

多不疋、路談阿其泊、寡期多不疋、豬魯

瑰莫、豬勒利、西西疋、僉期瑰泊、牙路

莫打不疋、西泥悪真、阿不卡乜、侃

西卡按八滿也嗽利哈

弟二鋪神

西泥悪真、翁姑媽法嗽利哈烏云豬滿也

第三鋪神 不達兊

西泥惡真、那冶肚勒巳喏、那且豬滿也

第四鋪神

西泥惡真、戉勒干託你、戉勒佛也畫

不何託你、書科得利佛也、嗳差莫、打得

特何、鳥共西、滿也、嗽利哈

打粒哈呆泯 神

西泥惡真那且鳥西哈、佛鴉勒得、

瀰若何阿勒 賒勒烏干得、阿恩哈泊、
薩拉西、孫兵泊、達林必、丈測。恨泊、灌拉
西烏云莫、得立泊、何勒金必、胡土泊、
胡松阿、衣不干得、衣長阿、達其賻
莫、多西哈、達拉哈呆泯恩都立敕利哈
媽赦墨神譜
扎坤猪、兎根得、栽林哈、賒夫烏云朱、
兎根得卧車何賒夫愛心也洪烏泊

愛米勒莫、多西疋蒙文也、洪烏泊、
克西莫、多西疋、賒勒也、洪烏泊、賒
勒莫扎、法疋、泊泊衣、法兰徥、書克
得莫、媽克西疋

鷹神譜

西泥惡真、賒可賒、殺克殺、賒利哈打、哈
打衣、都林得惡木打、殺克山必、殺克
山衣、佛鴉勒、綑衣卧補、阿棵莫瓦

西卡、按出兰文渾、嗽利咯

下半夜神譜

打書哈拉伲嗎查哈拉得特喏阿寧阿
哈青悉林得特喏阿寧阿何意甚
根得、八音波羅利卧容多木託說
莫、波何敦木波何疋阿音敦木威
勒疋、書兰泊誰他疋書客得利敦

木、非他疋花得無巳何花侄阿書子渣
勒渾得、活立哈、胡其渾、書子泊、我林
得戌鴉疋、我勒根泊、我可不疋伕你、
何木可得何特何疋扶你哈泊推勒疋、
英阿哈泊、説訥疋、卧木莫可得、卧不
疋、賒利木可得心加疋、法他哈泊、法捭
疋、扎兰泊、土捭丕、木何林、木匡泊、託渣
疋、賒利木可得、戌鴉疋、西立殺西干

得、阿查不疋、愛心卧屯得、阿查不莫、
特不何、蒙文卧屯得、梅屯杜莫、特
不疋、方卡兰得諭得、非他疋土克何、
得林得、土克疋、西泥惡真、隨分活
勒渾得活利哈、不克他、滿也敕利哈

第二鋪神

西泥惡真、翁姑媽法、烏奴何、何樂
滿也嗽利哈

弟三舖神

西泥悪真、愛心捞婦泊愛迷梃莫、多

西正蒙文捞婦泊梅何勤莫多西正

文撮泊剧立莫登泊打不莫、訖克

説落莫多西哈多落落滿也嗷剌哈

殺克窩出庫

西泥悪真那且鳥西哈佛鴉勤得阁喍

何、阿勒賒樂、鴉干得愛心殺克泊、愛
米勒莫多西疋蒙文殺克泊梅何勒
莫、多西疋賒勒殺克泊賒法勒莫、札
法疋阿打力薩木得阿那不垃庫我力
薩木得 濶那栓庫胡土泊胡裕阿衣不
干得衣常阿左託羅胡土必七豬韞
泊非他疋稞不勒胡、土必七稞勒酒咔
特疋敦音浩説泊他其、嚕莫衣兰

活訖泊、衣其噶莫、胡水胡土泊、洪哭木必、烏咀湖土泊、烏克殺拉木必、阿欄多克孫泊、兵我哈得、阿哈凌烏保莫庫泊、土门得、土七不樓明安得米拉、拉不樓、西尼丕真、烏侏得胡克賒何烏云打扎不占、恩都利嗽利結

金錢豹神

打書來哈拉來你縸查哈拉得八音波
羅利、卧容多木託說莫恩都立、疋
諸泊說林哈必達拉哈、濤兰其、達拉濤
殺娘莫烏呼一法兰其烏諸泊土克
莫、山言也土巳其殺拉泊、必土莫牙
親一土巳其猓拉泊乞西勒、吉何丐
猓勒哈疋諸說林哈必我奔吉何泊、

打哈莫、我林娘媽泊、我勒賒樓雹
根娘嫣泊、卡勒馬樓、敦音活說泊
他其䵹莫、衣兰活說泊、衣其瞎莫、胡
水呼土洎、洪哭木心烏咀胡土洎烏克
殺扎木心、阿𬌗多克孙渴兵我哈得、
阿哈凌烏你莫庫洎土门得、土七不
樓、明安得、米粒粒不樓、恩都力、正諸
酉、我奔吉何洎達哈莫、我思呼

勒勒泊、那卡白、文得卧西乏、敷
殂泊、阿里樓、書克敦泊、殺立樓
挨出現泊、阿書七、念其現泊、娘库
七

熊神

恩都力疋諸泊説林咯必土门一薩

馬七通鳥泊斟乎木必明安一薩

馬西鳥猪泊、必土莫、咯達泊咯加莫

泊書泊泊多莫阿拉泊、阿柯莫、安

土泊打不莫唛土渾疋諸泊説林咯

必、朱勒〻巳活説得我木打敍克山

必殺克山衣併鴉樂、敍勒戌涉莫

我識必我勒西旦得、音得渾泊我
識必沙沙立我識必卧白那卡白打
哈拉拉栽抹得打勒朱勒干泊、卧立
七我涉勒栽抹得、我不其吉浪泥
泊卧立七兵哈兵哈他了疋烏車阿
木勒已得卧立七文得卧西疋敦木
孙泊阿里樓書克敦泊殺里樓樓出
現泊阿書七念期現泊娘牛七

常神

恩都力足諸治說林胳必戈渾衣必干
其涉渾衣阿立七阿拉衣獨林得木
何林牤卡必牤卡衣、獨林得、而胳書
卧吉其卧吉衣、多勒吉其、木棵莫
佤西卡、木何山、他子胳、說林胳必朱
勒二已阿拉得、而胳不哱、不克
何必、阿亞莫、多洒正、阿書義治、木

拉七、多立莫、多西疋、多哭阿搽泊
以拉七卧哭莫多西疋併特何、阿
搽泊、木拉七、我壘戌山、法而疋、衣
樂戌山得、衣立七、文得卧西疋、敦
木孙泊阿里樓、書克敦泊、殺里樓、
挨出現泊、阿書七、念期現泊娘
牛七

祭祀用

安吉扎被八、阿不卡阿里不仍恶登阿
不卡登吉(若)不仍恶打書哈拉、衣嫣查、
哈拉得特勤阿寧阿哈音恶林得特
嗐阿寧阿何意鬼根得剧說渾、哈哈
何何、被八戊四哈禮阿法哈必何、烏真
你莫庫泊烏奴何必何阿不卡寒得
我勤射疋、戊四哈洎、内不疋、你莫庫洎

都内不迓昂阿壹孙洎、而者疋、阁喏何、壹
孙洎、何那疋、佛兵洎、都内不疋、衣車
兵洎、一心吉疋、我車勒一仍你孙生疋
法渾得、法里疋、烏乎胡得烏立疋花
得烏吉何、花生阿書子活勒渾得、活立
晗、胡其渾、書子洎、我林得、戒吉、疋我
勒根洎、我可不疋、我也勒生你洎、說
木得、衣車疋、佚你何木可得、何特何疋、

佚榼哈泊、稚勒疋、奐阿晗泊、說那疋、卧
木莫可得卧不疋涉立木可得心加疋浩
他哈洎浩亞疋扎苎洎土稞疋木何恭
匡泊、託活疋渋立木可得戍吉疋西立
沙西干得阿查不疋愛心卧乜得、阿查
不莫、特不何盟文卧乜得、梅乜杜莫、特
不疋、方卡岦、得諭得、非他疋土可何得林
得土可疋吉都夂吉郎也、說木得、烏立

疋、西福魯、鋭力牙力、不打心細書、溫車
例、土勒巳得、怀他疋竹立車寒其得都卡丁貝得衣立疋、阿
不卡寒得、阿立不疋、我木哎拉阿立莫、街
疋阿不卡寒得、戎馬左哎拉、土桥莫、街疋
土巳得哎媽、哎杏涉勒、哎四咯阿庫不
何涉勒、波可敦阿庫、衣兰各涉、一其
親阿庫、波勒各涉、波勒親阿庫、按
八其窩西渾阿吉阁其瓦西渾湯武

阿寧、他勒戌阿庫、岭朱阿寧伱嫣
庫阿庫、卧不莫阁那何八得、文土肯
卧不莫、牙不勒八得、棵勒尖卧不莫
卧林哈丁得卧落立、卧不莫得画哈
得、得勒立、卧不莫、牙路哈莫林洎羊
生阿、三音卧不莫、他立哈、衣漢泊太
平三音、卧不莫、我敦枳莫、我心不莫
他瞞者莫、他渾卧不莫、花札路花沙

不莫、官札路、伏孰不莫、温札路、烏吉
不莫、八他特拉庫、八音卧不莫、我特
拉庫、而金卧不莫、卧莫木可得卧不
哈阁涉、涉立木可得、心哈了、戈涉、[illegible]
勒戈涉、哈棵拉、戈涉、所查汝勒詵落
各涉、沙拉說莫、三音卧不樓

烧官香用

吉郎也泊渾得昂阿吉孖泊而者疋

阁嗒何吉孖、泊 何嗒疋薩木得他其

不勒、佛泊賒木得衣車衣立疋

吉郎你泊渾得昂阿吉孖泊而者

疋、阁嗒何吉孖泊何那疋薩木賒莫

他其不勒薩木得恩都力賒我勒賒

疋滿朱吉孙 烏勒四渾佛泊衣

问特恨泊衣車衣力疋嫣法恩都

立烏勒淩卧不疋

扎坤諸兔根得、莪林哈賒夫

烏云諸兔根得卧車何賒夫

寒其哈嫣法嗽剎哈 賒夫

恩得克嫣法、故𥡴哈 賒夫

那大他拉用
卧木刃、卧木樓伏郎也泊潬得鷃里
賒銀得岸八他拉析已扎拉鴉丹愛
洪武衣車拉莫哈拉疋得也七其泊
得也莫阿亞七其泊阿椑莫 咯亞拉
莫、弄你泊、土勒鞎得媽法恩都立我
勒賒疋、而何太平卧不疋

回病用

烏真你莫庫泊烏奴何心何歸阿

吉孫泊而者疋濶嗐何吉孫泊何那疋、

恩都立賒我勤射疋你媽庫泊、都叻

不疋、媽法、恩都文、烏勤輥、卧不疋

盍新房子用

衣車泊了為勤疋衣車賒木得衣立

疋、嫣法恩都力、烏勤輥卧不疋

侑大神用
打舒哈拉 尼媽查一哈拉得格木恩都
力、我勒赊疋 卧木孙卧木洛阿吉
格得不仍查媽得特喏阿年那旦
乌西哈佛吉勒得格讷何吉何乃捭勒
哈、安打干他子哈一兰必干恩都力
説力哈必乌朱得胡可賒何打拉得
打哈拉莫梅偏得、梅何勒莫洎得多
西疋、恩都力媽法我勒赊疋、二合太平

卧不疋
　国家中起火用
一利勒乌哈拉拉 達不仍懸恩
都力媽法 我勒賒疋、二合太平卧
不疋
　国家中委馬用
洎洎、多勒巳得 乌哈拉莫 阿媽
挂、吧哈疋 土勒輥得、恩都媽法、

乌勤粮卧不疋
回當兵回家用
撮海誇莫七阿媽七鄭西恪、恩都
刹媽法、栽勤踪尽、二合太平卧不疋
修譜神普
達爵哈拉你媽查咯拉得、惡木阿年、阿
牛丘、三音一能你孙坐疋都勤千泊達

沙莫湼金多洛登阿立勤土勤衮得
恩都立嫣法乌勤鞎卧不正恩都立
嫣法我勤賖正我木貝鞎得路又合又湯
乌阿年德勒戏阿庫音珠阿年伊莫
庫阿庫、宗沙卧木洛西兰西兰一牙棵娘门
得、卧心不莫路夫瑟宁七力敖木孙泊
卧客訖莫、訖説莫、

閉文查嗎無猪用

打舒哈拉你嗎查哈拉得按八木坤特

勒阿寡阿哈音我林得三（阿牛兵）音一能你孙

坐疋都勒干得虚沙莫我林得格木

恩都立說林得阿吉格得不仍薩嗎得

濶力彬坤我登得濶立他其不勒恩都

竈法我勤賒疋各木恩都立說林得恩特

合莫先泊上央街疋泊糯敖木子依車扎

卡多不疋蘇子敖木子阿庫恩都力嗎法
無莫砢車木必寨七力敖木孙泊卧客多
莫訖棁莫占出渾奴勒泊扎卡多莫
多不疋哈譏阿其泊賽其多不疋朱勒
先泊、朱勒力西西疋 年其先泊 牙路莫打
不疋 西你恩真

為家中馬得痛許、神馬用
泊得烏吉何莫林你媽庫勤何打謹莫
三音烏咯庫恩都立莫林而扎疋烏
得海你媽庫三音卧不疋恩都力媽
法、烏勤輥卧不疋
為買舊房子新立禮兒祖先（手）
佛泊泊烏打疋衣車中恨衣立疋土勤
輥得恩都力媽法烏勤輥卧不疋

為在軍營殺賊人打仗得勝。祭祖（手）
錯海誇莫乜胡略娘洧扎法疋
我特何土勒輥得恩都立瑪法
烏勒輥斷不疋。

東：得勒巳　南：朱勒巳
西：瓦勒巳　北　阿莫巳

借房子上名堂用

衣泥嫣、特勤阿年、賺夫恩都立嫣法

説林得格佈卧心太心尊洎得申特恨

洎衣車衣力足土勤轆得恩都立、嫣法烏

勤轆卧不足、

敦音 卧林 姑心 得西書邑 銀朱

全户上名堂備房子用

衣泥嫣法特勒阿年賒夫榕木貝棍

古寧土七疋恩都立嫣法說林得格不泊

卧心木必阿查不莫榕木恩都立先涌商

夬街疋尊泊得申車恨泊衣車太立

疋、土勒𨍉得、恩都立嫣法隻勒𨍉卧不疋

上名堂用 俫告 (手)

打舒㗅挂你瑪查㗅拉得觡木恩都力
格土恨一沙不木心特勒阿寧阿沙亮
達一薩瑪得吐勒亮阿年特勒乎阿庫
㗊叙惡 衣你洎也乂思蹤何特勒阿寧
阿哈一惡赫得洎一搩打渾衣你阿瑪格不
洎説林得 臥心不疋胡孙阿庫 土蘄韃
得我、勒洎 格力一你俫蹤洎 洎棍教木子

卧車何我木昂阿得失路扎卡泊思都力

瑪法烏勒輥卧不疋

郭心一 朱干一

出天花 種花

青路土其疋 他里路土其疋

五行

愛心 莫 其可 他 貝渾

敖音佛勤棍 硕扎佛登

毛駝

西正何推勤正雷唛昂阿胡咯正

水獭神

某可哦四四咯恩都力

耶神

什西潭恩都力

旺屋请神用

說卉哈、恩都泊說卉得泊得多

西疋

請種神等同受香烟

阎木恩都力說卉得恩特何莫先

泊高兴月寧阿、街不莫

牙色朱赊泊

送神多香烟用

説林哈恩都力沿 説林得卧西渾

阿林一巴得榙訥何特疋恩特

何莫先沿、高夾街疋土勒輥得

恩都力媽法烏勤輥卧不疋

烏特海民得烏西不勒阿雨摟栽林得

薩哈

送神用

還生三吉

西兰西兰一衣兰折勒巴卧心必

恩都立說林得卧西渾阿林一巴

得閤訥何特疋

问乃佐神下來用

綫說林得、撒木卧西得乞西卡

不必生氣

無莫矶車、木必、那卡不勤三音吉孙泊

鳥勤輥者不

影員。 達力庫寒其得衣立疋

新祖宗板。 衣車。賒木得。衣立疋。

舊 祖宗板。佛。 賒木得 衣立疋。

買房子用。 鳥打泊得。

買猪用。 鳥林圖其疋。 鳥打数木子書芓。泊

大门 都卡達必得

~~[illegible]~~

佛洛多木必、那卡不勒、三音吉孙泊、烏勒

輯、者不

十二鼠

子鼠 心惡林 丑牛 衣漢 寅虎 他子哈 卯兔 姑馬渾 辰龍 木都力

巳蛇 咩何 午馬 莫林 未羊 洛牛 申猴 波寧 酉鸡 [illegible]庫

戌狗 因得渾 亥猪 烏魯尖

遍年 吉得勒、阿年

一恶木 二左 三衣兰 四敦云 五孙扎 六宁文

七那旦 八扎坤 九乌云 十寿 廿卧林 卅古心 四十得西 五十书邑

十二月 六十章荣

正月阿牛兵 二月左兵 三月衣兰兵 四月敦云兵 五月孙扎兵 六月宁文兵

七那旦兵 八月扎坤兵 九月乌云兵 十月寿兵 十一月卧木和兵

十二月左勤辊兵

民国 水图子 託附恶分

衣力根古伦

恩都立、交浑、良西卡、款木子得、焕库、牙里者特勤

笑賊人　胡哈娘媽扎法疋

眼睁疼　牙色你莫庫泊

寡婦　昂阿西　穿孝人西那西

南土渾　打羔土门悪分

不潔净　问土渾　沙羔佛四何悪分

大喜　按（大）八烏勤（喜）輥

好　三音（好）三音（好）　坐下　特庫特庫

媽（祖）法恩（神）都力　我勤射疋（保佑）

西那西（穿孝）　娘（人）媽必其勤（中柱）

春祭用

鳶纙利 敦木孖淌卧客多木託說莫

秋祭用

八音沒羅利、卧審多本託說莫

𠂉鮻 何力 何富利德把哈疋

群子 胡子哈 [illegible]

易其山言。易其下樓、

恩都利哦吉疋。哈士山言。哈而拉莫。

洎也南土渾　阿不卡鄂手

活（神）龍（茂）也（又）（何烞）（恩典）䅁（大）八　阿吉薦德不仍

[redacted]克西洎

河福犁德、吧哈疋栽巘必

洘烏勤輥。卧不疋

登占推不勤土勤輥得、恩都剌、嗎

卧車庫、恩都剌嗎洘洸。說抹得、

登占推不勤阿庫土勤輥得、一車

阿渾他。鯢特洎。殺勦千居

名 号 有 無有

阏不洎、卧心木必、必七 阿庫

上名堂用

依尼蘼禱特勦阿年阿賒夫恩都力

嫣法 説犿得格不洎倭心木必恩都

力嫣法烏勦棍卧不疋

吉林縣鄉一區第廿一小學校學生關
神書
學年第四學期
關裕峯氏
神書
華民國十七年正月

早長髒々神用
早長髒髒
神用

哈書里哈拉來。瞞家哈拉我林得。阿哈舍莫背坤得。昂阿吉涨
二劄筆。合合立舍莫皮書勒非。佛边筍吊得非。一車边筍。丁里非。三
因乙能你筍孫作非。思杜里筍精納提阿巴阿莫書阿拉非。剧因奴
勒特不非。阿因兆筍犬不非。思杜筍精納刻湯色臺立思杜里筍所
里刻。猪色舍背勒思杜里筍所里刻思杜里我所刻思杜里客西一杀非。
阿哈西恒其舍莫阿里刻。安木巴寅、我憂克大非。阿几各寅、我窝西
魂街。思杜里我勒舍刻。昂阿拉托莫白义非。思杜里我勒舍刻杀克。
打杀媽、杀克打非。阿反各莿媚。他其刻。思杜里、我勒所刻。思杜里、他其布

哈及孫我者刻忌杜里作里哈及孫特不刻阿哈西奈克打多落班及刻
湯壓阿年他拉嘎阿庫街腿朱阿年你莫庫阿庫街無珠付舜合
奈拉托落阿哈西奈克打多落班吉刻灯箔打不莫文轂箔五里莫
忌杜里我勒舍刻箔一多落刻太分卧七花一我倫文車非一寒莫林
劉路非五及馬花奈非忌杜里我勒舍刻阿哈西忌杜里箔精
納刻代夫嘎拉八里牙刻五皇嘎拉阿里刻我因先箔大不非
忌杜里箔阿里刻

哈書里、哈拉喇官家哈拉我林得 杲屬 阿哈舍莫背抻得 昂阿舍莫

二扎非 合合里舍莫、及書勒非 佛边箔、伏特非 車边箔、阿里非三

固椰能椰箔、孫作非 息杜里箔、所里刻阿木巴阿書、阿里非 刷因奴勒

特不非 哈說奴勒特不非 五拉(喇)閣箔立西逼非阿不書箔阿拉非 阿不鬧呆色

閙不凱其尼西非 息杜里箔所里刻 撮哈占倫、息杜里箔所里刻 芒隆

阿舍夾、息杜里箔所里刻 各倫背舍息杜里、箔所里刻 左所林

疊車庫息杜里箔所里刻 各倫息杜里 合箔箔阿詹非 合箔箔

拉嘎阿庫餱朱阿娘你莫庫阿庫三因你能你箔他拉嘎刻我合
一能你箔我者刻壘朱伏聶合杀拉多羅阿哈西杀拉多羅班金刻燈箔
打不莫文稷箔五里莫思杜里我勒舍刻箔一多落提太分卧刻花一我
論文処倒非一寒抹林礼路非五及馬花乂非思杜里我勒舍刻阿哈西
哭客及合芒你精納刻思杜里客西一杀非恒其舍莫阿里刻阿哈西
精綝納合舍莫精文卧霍卧車合舍莫五林卧霍代夫嘎拉八里
家刻玉皇嘎拉阿里刻阿因先箔八拉家刻

白非阿哈西箔我勒舍刻代民姑伱、晃杜里箔所里刻阿魂年其晃杜
里箔所里刻訥可倫舍夫晃杜里箔所里刻胡拉拉背舍、晃杜里箔所
里刻那丹那拉魂晃杜里箔所里刻那拉魂年其晃杜里箔所里刻杀克
打杀媽、杀克打非阿及各杀媽他其刻晃杜里我勒舍刻晃杜里作里
哈、吉孫我者刻他其哈、吉孫特不刻晃杜里我勒舍刻阿木巴寧我杀
克打非阿及我寧我木、嚕闊舍木特非晃杜里我勒舍刻芁阿拉托
莫白查非晃杜里我勒舍刻阿哈西杀打多落班金刻湯蛩阿娘他

白天向神用

白天向神用

哈書里哈拉喇宫家哈拉莪林得其屬阿哈舍莫背坤得昂阿壽
二札非合合立舍莫及書勒非佛八翁又特非一車八翁阿里非三
因一能你翁孫作非恩杜里翁所里刻按巴按木書翁阿拉非刷因奴
勒特不非烏拉尖翁一其匣非阿木書翁阿拉非阿木書牙立翁
夫勒非莫羅得特不非恩杜里得精納刻阿不凱宋舍阿不卡
其尼西非恩杜里翁所里刻輟哈占爺恩杜里翁所里刻芒阿
舍夫恩杜立翁所卒刻閣倫背舍恩杜里翁所里刻佐所林窩册

庫昆杜里箔所里刻閣倫昆杜里箔阿又非合歸了白非代民古呢

昆杜里箔所里刻阿昏平其昆杜里箔所里刻訥克淋舍夫昆杜里

箔所里刻阴拉拉背舍昆杜五箔所里刻那坦那拉昏昆杜里箔所

里刻那拉昏先其昆杜里箔所里刻昆杜里昂阿拉托莫祇勒舍刻

昆杜里克西一儆非阿哈西恒其舍莫阿里刻

閉燈神用

烏車發箔翁苦非胡藍商家吉克非尊托押哈吉打非娘媽吉

閉燈神用

平吉打非代芽哈吉打非哀心撮苦矣分不可打非困打魂吉千秋

克非一寒抹林我林開得一莫嘎四哈佛坤我林開佛克西莫吉里吉得

克合我林開土門五其哈立其克我林開明思五其哈秘他哈我林開一

藍五其哈一藍哈我林開那丹五其哈那拉哈我林開我勒庫五喜哈二

得合我林開那丹那拉魂香其思杜里箔所里刻阿魂年其思杜里

胡推拉背舍思杜里箔所里刻胡先倫舍莫思杜里箔所里刻

博所里刻代米姑娘思杜里博所里刻石所林卧車庫思杜里箔

所里刻合箔箔阿查非代民嘎四哈思杜里箔所里刻哈書里哈

拉官家哈拉額林得某屬阿哈昂哈舍莫二札非合合里舍莫及

書勒非按木巴阿書阿里非哈談奴勒多不非發分得發里非烏夫
昔得烏里非恳杜里可喜得奈莫舍莫危吉非西倫度海他其提恩
杜里作里哈吉孫我者刻押路哈吉孫我者特不刻恳杜里發分打
哈刻

閑燈佛箔秘用

閑燈佛箔秘用
那丹那拉魂查其恳杜里博精訥捉阿魂年其恳杜里博精訥
刻胡拉拉斐舍恳都里箔精訥刻訥克林舍夫恳都立箔精訥刻
代民姑娘恳杜里箔精訥刻左所林卧車庫恳杜里箔精訥刻合
箔箔阿查非代民嘎四哈恳杜里箔精訥刻什山箔阿媽拉四合刻

頗生用

我拉舍奇恩杜里克西一杀西非阿哈西恒奇舍莫阿里奇

頗生用

哈書里哈拉嗣家哈拉我林得阿哈舍莫貝坤得羌哈阿吉孫
而札非合合立舍莫秋書勒非佛八箔夫得非一車八箔阿里
非三因一能你箔孫作非恩杜里箔精納刻按八阿木書阿拉非
刷烟奴勒特不非五里間箔一氣迪非阿哈西恒刻舍莫阿
里刻

念杆子用

念杆子用

思吉酉不卡。阿力莫街奇。灯阿不卡。困吉莫街奇。哈書

里哈拉。斷家哈拉我林德。其屬阿娘。阿哈背坤德。京文勒莫。

阿佈卡媽、發克西德。三困一能尼箔孫作非箔撮五拉見箔

懷他非、佛邈列、乙里不奇。舍勒莫辰、托活不非。舍勒莫克、

杀杀箔勒。色多莫箔。乙力不奇扎坤呼西。呼西勒非。明安

呼西。凡他莫、五云不打班及不莫、沃云牙力、班及不奇你、

德勒吉阿不卡、思杜里、媽發箔、足克特奇、我勒奇、

十二属

阿媽西、唐五阿娘他拉哎阿庫、銀朱阿娘、尼莫庫阿

庫。阿不卡媽發。可西德。杀克打托落、班及奇、尼。五吉馬、

五吉奇、花杀不莫、五平秃奇、奇。五林八哈不莫。杀出

稻勒。杀勒舍莫、沃佈刻。

十二屬

鼠興各立牛一衆虎他四哈兔古馬魂龍木杜力

蛇麋赫馬摩林羊霍你恩、猴波牛雞碴庫狗因打魂

豬五里阴

換鎖用

換鎖用

伏力伏多沃莫西媽媽。思杜里德、白楞我伕力伕多魂戍吉非、五奇罕奇、特佈非西林付他、牙路非。他拉戍内親、牙勒舍莫。凡白他非。沃莫西。媽媽、甫力凱。戍不他尼累、戍拉德、扎發非、西吉勒伏他。西拉旦德、懷他非、沃莫西、媽媽、克西德哈書里、哈拉、闌家哈拉我林德。某屬阿德。阿哈背坤得、沃莫西媽媽德。白楞我。昂阿舍莫不扎非。合合力舍莫。吉書勒舍、倭莫西媽媽、貓、所里奇佛八箔、付德非。乙卑八箔。阿里奇、當莫

小樽上
佛尔不秘

小樽上神佛不秘

阿不凯宋舍阿不卡奇。无西非。恳杜力箔。京讷奇。撮哈占爷
恳杜力箔。京讷奇。忙阿舍夫恳杜力箔京讷奇。各伦贝舍恩
杜力箔京讷奇。左所林沃専庫。恳杜力箔京讷奇。各伦恳
杜力箔京讷奇。代民姑娘恳杜力箔京讷奇。阿混年
奇。恳杜力箔。京讷奇。讷克林舍夫。恳杜力箔京纳刻。
呼拉拉贝舍。恳杜力箔京讷奇。那旦那拉魂。恳杜力箔。
京讷奇。那拉魂先其恳杜里箔京讷奇。恳杜里。昂阿拉托莫

西媽媽箭京訥奇、廢夜合箭扎發非、吥破他、尾端德懷他非。

沃莫西、石箭非、合佛力德合佈立非阿婆打哈三因德乙婆舍奇、

付勒合三因得付舍奇、五莫西、朱舍、付孫阿庫改沃莫西媽

媽德恛奇舍莫白勒德朱舍沃莫西扎林德尾媽哈阿媽書、

多不非、五云所力我分吥他非、箭尔魂不打心打非托活力厄

分、吥他非、京文三因心打非、沃莫西、媽媽箭京訥奇阿

因先翁打不非、各木莫訥牙褋非尾勒奇、阿媽西唐五

阿娘他拉哦、尚庫詼銀朱阿娘尾莫庫阿庫詼、沃皀

西嗎媽。克西德。奈克打托洛班及奇。思杜力媽媽。先

托箱。愛力奇。

十二個月

正月 阿呢牙逼牙（娘八） 二月 左逼 閏二月 阿納干左逼牙

三月 衣蘭逼牙 四月 墩音八 五月 孫孔八 六月 寅文八

七月 那但八 八月 孔坤八 九月 烏云八 十月 專八

十一月 卧木孫八 十二月 作拉滾八

本年我勒阿呢牙 本月我勒八 本日我倫伱能伱消

初一日一車 初二日車左 初三日一車蘭 初四日一車敦音 初五日一車孫扎

初六日一車寧文 初七日一車那担 初八日一車扎坤 初九日一車烏云 初十日專

十一日專我木 十二日專左 十三日專衣蘭 十四日專敦音

十五日專托夫奇 十六日專寧文 十七日專那但 十八日專扎坤

十九日專烏云 二十日卧林 二十一日卧林我木 二十二日卧林左

二十三日卧林衣蘭 二十四日卧林敦音 二十五日卧林孫扎

二十六日卧林宁文　二十七日卧林那但　二十八日卧林扎坤

二十九日卧林乌云　三十日姑心

滿語神譜

（鱼楼杨氏赵姓）

吉林省永吉县土城子公社漢樓大队五队

楊宗哲

誌

夫滿清立國二百餘年始以德配終以委讓其族不殆其文乃廢瓜瓞綿澤慶有蔭餘文制淪移慨無挽術歷代文治皆以漢文清室亦宗之但於俎豆饗祀仍用滿語禱之迨清末葉文廢日久漸苦於學舉凡滿族黎庶亦均如是我族於民國丙寅正月擇吉修譜並敎神匠六人均由前輩神匠口傳因恐日久譜忘泯沒難繼特將禱神用語以漢字結成滿語綜合成帙署曰滿語神譜其音字之不符者不以字會以口音傳庶幾音義俱澈可免以訛傳訛學者務應於此深加理會但此祇以數漢字合而為一滿語聯句成譜而於每句其謂何語或何物者即前輩神匠亦所未得傳授殊饒慨憾者也福成學淺識薄自膺神前効命每慮及此深虞後之學者不得優傳且受訛傳乎爾以誌

民國十三年歲次丙寅正月下澣 吉林縣克勤鎮 楊福成誌併書於故里宗舍 楊福成章

滿語神譜

朝一

夫其西夫子

雅花占爺

阿布喀朱齒

哦真師傅

五龍貝子

代名占卜

晚二

棠嗒恩鄰利

恩楚何丑粒

穆里穆哩哈

那丹那呀嗡

那呀嗡恩得利

哦主嗡under

嘎頭卧云

穆舒利恩得利

烏蘇棍恩得利

夜三

那拉哈昏

那拉哈昏

烏真發波烏斯樂呵

哦林登齊牙哈

穆臣舒克歘

穆喝布呵

哦林舒坤舒坤

烏真發穆臣

舒克敦登漓牙哈

朝一

哈舒来　哈阿啦　哈拉才路　才路哈拉　额勒恩得　特勒阿哥　哈哈趋棍　特勒阿

哥　阿呱一　额勒恩得　阿闊嗬英　阿哈阿闊　罕抖嗬英　孛擦阿闊　佛巴人　孛

罗利　夫特恩　衣串巴人孛　卧利恩　哦林阿鸣孫德　多布恩　白林哝　巴人孛罗

刚　嗬恩　巴阿他布撰　白林哝　他拉哈　祈库孛　達麻库　嘎纪恩　乌嗬呵　折

库波　乌雅布库嘎纪恩　额林得　阿纳恩　阿鸣孫薄哏樂恩　舒恩孛　他阿鸣　额

分波　秃兀恩　库勒极孛拉法恩　舒匹　俐音波　卧利恩　得特立德　额林阿鸣孫

得　多布恩　發撒啦　特利得　發他虎　多布恩　特倫者路多布恩　秃倫者路秃熱

恩　哈吞奴樂孛　寒其多布恩　郭酉肯　奴樂孛　郭路多布恩　白亨額　卧卧淇

白他阿　卧々其　极林哝　卧々其　乌拉拟德　卧其兀

晚　二

哦林一　烏屑恩寧　而波英　扎法烈　花衣烏兜屑寧　懐他莫　扎法裴　阿杞哥
哦々真　年子朧發　白栿哦　頼林一　恩都力　愛心懐他哈　阿八得　阿里哈　啫
庠　嗏文懐他哈　阿々得　務里哈　啫庠　富嚕棍達力　分車庠　分車布西　哦林
撻力　朱克沙得　朱克多布裴　朱克得　烏兜屑恩寧　三日活日　多西布猇　富勒
屑恩波　活日撻他裴　富咄勒　務克得　富咄莫　蘇以裴　額恩哈阿寧　額西啡
富喜　哈阿寧　富嚕啡　堂烏活日　撻他賬　得西活日　得西賬　卧榮棱力寧　精
其先　富師　哈阿得　將布且　沙喜寧　嚕樂得　阿查布裴　朱嚕撒布喀　朱羅奇
叓　三日活日寧　額其哦樂得　阿查賬　得忒力得　恩楚先人寧　呀嚕叓　朱樂屑
撻布且　栺文勒英　棱他裴

夜 三

喀倫嘴 吵布嘮哦 賴勒刻 朱樂西 嗔倫一 哦莫波一彪嗒其 爲夫呼得吼啦其
涅克尓得發拉其 阿得尼嘛庫波 阿克春阿嗜務比 得克力刻 扎克心 嗒務比
阿得呢嘛庫波 阿當阿卧布摩 得克 刹西波 郭樂卧布奇 呼春都喀守 央克西
布齊 呼秃力 昂挨布摩 班基布齊 巴哈李 撒栽 班基落坐昏 巴哈布齊 三
人得得 撒克達布齊 烏朱當熱呵 撒拉 他拉 嘴泰合 舒倫都勤 堂烏阿爵
他拉嘤炸 寧朱阿得尼嘛炸 阿呵庫 敖基布齊呀路哈 莫林李 發呀得 阿嗟布
他拉哈 衣汗守 他拉哈昏 卧布哦勒烏肩守 哦勒奚勒革西其 花烏肩花衣 退
路花西其 涅拉吉猎喀 發蘭杏 退路花西其 哎哈拉 赤可西 分車庫嗟 克西
嘴 敖基哈 嗜 摩 朱克 將合 思都力 嗒 呼奚力 赤初呵 嗒 摩 哦勤
刻 阿嗎西 力 分車布西 哦林噠力 朱克裡布齊 分車庫 卧西刻 啊
嘛勝德 阿里其 舒克肩恳波 撒拉其 挨力薄 多務刻 額勤薄 哦林嗜其 彪
昏波 嘎嘛其

一、使猪时先念年月日时及當家的年命後念晚辈的年命

一、使猪時念神譜之二、第一次念至朱克慈待若不願再念至慈喜漢再不願念至底止若其此内丙領慮

照此内丙吉祭主如不然再另鼓想叨念　背燈亦然

一、嗡夫神位　撥拉哈鼓　夫拉庫由墩　迭移喀筷子　摸拉碗　撥啦碟　騷路哈拉外姓　曚文他字大色如金

三十哈石頭

一、使猪時所用之春秋二季奏此兩樣用之屬村先念　阿尼亞　哈之　額林德　字敖　尼瑪庫法巴哈哉

嗡一　德渦吉　恩都力僧勒瑪德　熱亨　卧活　三音　圖勒拟德　王阿　吉孫　爾扎哈　哈　吉孫　哈納哉

换 锁 拴三次杳兴萌羊既念一遍掷出外边在外枝底下念一次将纸及符三等均结木依再行祷念式叨念年月日时及十二属等完毕再念一次 共念三遍

哈舒咪 哈阿啦 哈拉刁路 刁路哈拉 额勒恩德 忒勒啊爵 哈々彪棍 忒勒阿

爵 哈呵一 额勒恩德 阿阔嗜唉 啊哈啊嗣 哔克嗜唉 涛擦啊溷 佛巴人 波

罗明 卧云鸣々 嗜勒富忒 芽头花山 啦々（水鹊子）布吮 卧云鸣々 科日德 拔力亭

扁尖恩波 嗜勒忒勒 拔利亭 恩都力妈々 科日德 喀吧哈布齐 恩都力 科日得

祭祀天地　備飯二碗　内二碗　以頭碗飯内放在西邊第在屋内用　二碗飯内放在西邊在外頭用扦子上用麻繩三條須在未落太陽前送宵内

安吉啊布嘧　啊拉木妝以舒　措以啊布嘧　得呪木啾以舒　哈舒路哈拉　丑姓　刁路哈啦　叨

念　年月日及主祭年齡屬相若因子許者先叙其父後叙其子為病者是安鳥阿舒　為喜事許者是鳥雲

書祿阿布嘧　為出花許的是嗤嗞阿閦　再接念糅其　係出花　忑嘞哈啦　忑勒啊舒　哈呵一　額勒忍　忑勒

啊舒　哈々莛梶　以林卧其　以其嚕嘆　搞哈卧其　孛昏嚕嘆　孛洪昆孛　洪昆吉

啡　巴人吧將　吞其英孛　吞非噁嘆　啾以非　烏赫林　三十哈　下戒　脱哈非　五合訥

啊查嘿　嚎文他孛　六色如全　穆克多布斐　而心他勃　以上念完　而德布裁　共三遍止

十二屬卯天干

新額勒阿㒳子衣汗阿㒳下同丑他思哈寅古拉瑪琿卯穆都魯辰梅合巳莫林午霍尼未

波牛申鞋序酉因達昏戌烏勒尖亥

十二個月

衣車必牙正月左必呀下同二月衣車衣兰三月墩寅四月孫扎五月寧文六月那丹七月扎坤必牙八月

烏云九月專必牙十月專額穆十一月專左必牙十二月

三十日

衣車初一左初二依兰初三敦云四孫扎五寧文六那丹七扎坤八烏云九專十專衣車十一

專左十二專依兰十三專敦云十四寞佛渾十五專寧文十六專那丹十七專扎坤十八專烏云十九卧林二十

卧林額穆廿一卧林左廿二卧林依兰廿三卧林敦云廿四卧林孫扎廿五卧林寧文廿六卧林那丹廿七

卧林扎坤廿八卧林烏云廿九芫孤心三十

春　寧尼然哩　額林溥　烏西媽哈　媽克他哈　嗡卧剃洛哈々　朱嚕　吉七勒
嗡卧洛　卧以溥　喉歇悲　得衣遂以已　德勒哩　嗽悲　德倫得　多布悲
七月[illegible]那丹必牙　額林德　舒連　卧穆子　惟勒悲　嗖倫德　哆布悲　德倫得
哆布悲
秋　巴彥一　寧洛哩　吠陵阿　竹庫箔　他哩媽哈　額林德　惟堎阿額　竹庫寧
畢哩嘛哈　額林德　額林一　遂以寧　卧以溥　嗽悲　德一遂一溥　德勒悲
嗽悲　得倫德　哆布悲

图书在版编目（CIP）数据

满族杨关赵三姓民间文本译注 / 宋和平，高荷红译注. -- 北京：社会科学文献出版社，2021.4
（中国社会科学院老年学者文库）
ISBN 978-7-5201-8066-5

Ⅰ. ①满… Ⅱ. ①宋… ②高… Ⅲ. ①满语－文献－汇编－中国 Ⅳ. ① H221

中国版本图书馆 CIP 数据核字（2021）第 042033 号

中国社会科学院老年学者文库
满族杨关赵三姓民间文本译注

译　　注 / 宋和平　高荷红

出 版 人 / 王利民
责任编辑 / 李建廷　杨春花　周志宽

出　　版 / 社会科学文献出版社 · 人文分社（010）59367215
地址：北京市北三环中路甲 29 号院华龙大厦　邮编：100029
网址：www.ssap.com.cn
发　　行 / 市场营销中心（010）59367081　59367083
印　　装 / 三河市东方印刷有限公司

规　　格 / 开　本：787mm × 1092mm　1/16
印　张：41　字　数：431 千字
版　　次 / 2021 年 6 月第 1 版　2021 年 6 月第 1 次印刷
书　　号 / ISBN 978-7-5201-8066-5
定　　价 / 458.00 元

本书如有印装质量问题，请与读者服务中心（010-59367028）联系